A DICTIONARY
OF PROVERBS

DICCIONARIO
DE REFRANES

Del mismo autor:

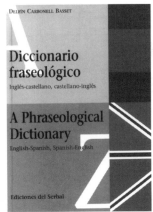

Diccionario fraseológico inglés-castellano, castellano-inglés
A Phraseological Dictionary English-Spanish, Spanish-English

Este diccionario bilingüe contiene más de 10.000 expresiones y frases de los idiomas castellano e inglés, con ejemplos prácticos de uso. Las expresiones que emplean los nativos en su conversación cotidiana. Una obra de consulta que será de ayuda para estudiantes, profesores, escritores, traductores, viajeros... para todos aquellos que desean ahondar en su conocimiento de las lenguas inglesa y castellana.

* * *

Delfín Carbonell Basset se educó en Pittsburgh, Pensilvania, USA, donde se graduó de la Duquesne University con un BA. Obtuvo el MA de la University of Pittsburgh y en Madrid se Licenció y Doctoró en Filología por la Universidad Complutense. Su tesis doctoral, *La novelística de Juan Antonio de Zunzunegui*, (Dos Continentes), de la que fue ponente y prologuista el Catedrático Joaquín de Entrambasaguas, obtuvo la calificación de Sobresaliente.
Ha sido profesor de las universidades de Pittsburgh, Scranton, Franklin and Marshall y Murray State, de USA.
Ha colaborado en *Cuadernos Hispanoamericanos, Duquesne Hispanic Review, Revista de la Universidad de Yucatán, Dos Continentes*, etc.
Ha escrito más de doce libros: Edición de *Los amantes de Teruel*, (Anaya); *Hombres solitarios*, (Dos Continentes); *The Battle with English*, (gramática inglesa en cuatro volúmenes); etc. Los últimos han sido un diccionario de argot/slang, *Diccionario malsonante*, inglés-castellano-inglés (Ediciones Istmo, de Madrid) y un *Diccionario fraseológico*, inglés y castellano, (Ediciones Del Serbal, de Barcelona).
Es miembro de la Modern Language Association of America (MLA) y está colegiado en el Distrito Universitario de Madrid con el núm. 25.508.
Es profesor y Director del Marshall Institute de Madrid.

A DICTIONARY OF PROVERBS,

sayings, saws, adages.

English and Spanish

DICCIONARIO DE REFRANES,

proverbios, dichos, adagios.

Castellano e inglés

by/por
DELFÍN CARBONELL BASSET
BA Duquesne University
MA University of Pittsburgh
Licenciado y Doctor en Filología
Universidad Complutense de Madrid

 Ediciones del Serbal

Primera edición: 1996

© 1996, Delfín Carbonell Basset
Publicado por Ediciones del Serbal
Francesc Tàrrega 32-34 - 08027 Barcelona
Impreso en España
Depósito legal: B 4266-96
Diseño gráfico: Marina Vilageliu
Impresión: Grafos, S.A. - Arte sobre papel
ISBN 84-7628-167-6

*Más fácil es juzgar que la obra imitar. (Refrán castellano).
*Más fácil es de la obra juzgar que en ella trabajar. (Refrán castellano).

The proverbs of Solomon the son of David, king of Israel;
To know wisdom and instruction; to perceive the words of understanding;
To receive the instruction of wisdom, justice and judgment, and equity;
To give subtilty to the simple, to the young man knowledge and discretion.
A wise man will hear, and will increase learning; and a man of understanding
shall attain unto wise counsels:
To understand a proverb, and the interpretation; the words of the wise, and
their dark sayings.

The Bible,
Proverbs 1, 1-7

Proverbios de Salomón, hijo de David, rey de Israel.
Para conocer sabiduría y disciplina, para comprender discursos inteligentes,
Para adquirir una instrucción sensata, justicia, equidad y rectitud,
Para procurar a los simples sagacidad, al joven ciencia y prudencia;
Que el sabio escuche y aumentará su saber, y el entendido adquirirá destreza;
Para comprender proverbios y dichos agudos, las sentencias de los sabios y
sus enigmas.

La Biblia,
Proverbios 1, 1-7

Abbreviations used in this Dictionary / Abreviaturas utilizadas en este Diccionario:

Vide: See, ver.
L. : Latin, latín.
cf. : (confer) Compare, comparar.
c. : (circa) Alrededor de, around.
B.C. : Before Christ, antes de Cristo.
a. C. : Antes de Cristo, before Christ.
Var. : Variant(s), variante(s).
d.C. : Después de Cristo, A.D.

INTRODUCCIÓN

Refrán: Dicho agudo y sentencioso de uso común.

Este Diccionario bilingüe contiene unos 2500 refranes de los idiomas inglés y castellano.

Los he compilado sobre toda clase de temas: *amor, justicia, dinero, tiempo, muerte, hombres, mujeres, abogados, pobreza*, etc.

No han sido parafraseados ni traducidos: todos son equivalencias; refrán por refrán. Todos son constatables. Muchas veces las palabras difieren, pero el sentido siempre es el mismo o casi el mismo. En algunos casos no hay problemas porque existe una equivalencia exacta: *Better late than never, más vale tarde que nunca*. En otros casos ya no es tan simple: *En todas partes cuecen habas, in every country dogs bite*, por ejemplo. El sentido es el mismo aunque la manera de expresarlo difiere. Yo he decidido, tras minucioso estudio, qué refrán inglés concuerda con qué refrán castellano, y viceversa.

El plan es el siguiente, por ejemplo en la parte inglesa:

Refrán en inglés. Le sigue uno o más refranes españoles que son sus equivalencias. Y luego una glosa aclaratoria en castellano sobre el significado, origen o posible procedencia. Las citas de la Biblia van en ambos idiomas. A veces la nota aclaratoria es una simple paráfrasis del refrán.

La parte castellana sigue la misma pauta excepto que las glosas aclaratorias están en inglés. La razón es simple: es éste un diccionario bilingüe y los dos idiomas, el castellano y el inglés, deben tener la misma importancia. Además, la persona que consulta posee unos buenos conocimientos de ambos idiomas.

En las explicaciones he añadido variantes y posibilidades.

Las citas son más aclaratorias que eruditas y quieren responder a la curiosidad del usuario sobre el origen, cuando se sabe, de ciertos refranes y proverbios. El estilo empleado en los dos idiomas es llano y coloquial, salpicado a veces de unas gotas de humor que aderece un poco el tema.

Encontrar en un refranero el refrán que buscamos es difícil porque clasificarlos es una tarea ardua. Los diccionarios monolingües sobre el tema son complicados. Los que siguen una simple pauta alfabética son un desastre y los ideológicos responden al capricho del compilador. En nuestro caso tenemos una gran ventaja al ser bilingüe: siempre podemos ir de un idioma al otro. Y, además, he incluido muchísimas referencias cruzadas como ayuda, como gran ayuda.

Este diccionario se puede utilizar como lista de refranes para acrecentar nuestro conocimiento de los idiomas inglés y castellano.

Naturalmente que he respetado la ortografía y la puntuación original en las dos lenguas.

Será de gran utilidad para todos aquellos interesados en los idiomas inglés y castellano y que desean profundizar en ellos.

Para dominar una lengua muy bien es necesario manejar su fraseología idiomática y sus refranes, por supuesto. Lo demás es arañar la superficie.

Como sólo yo he trabajado en el diccionario, soy el único responsable de los errores que pudiera tener.

delfín carbonell basset
Madrid, febrero de 1996.

PREFACE

Proverb: A short saying in common use that strikingly expresses some obvious truth or familiar experience; adage; maxim.

Proverbs, Saying, Saws and Adages form the cumulative wisdom of a language. They were and are used to settle an argument or prove a point. And nobody contradicts them. They are taken and accepted as the last word. They form an important part of the oral background of the English and Spanish peoples. Without a knowledge of proverbs and sayings, a deep understanding of their language and culture will always be incomplete.

There are thousands in Spanish and in English with multiple variations to them. Every subject has a few proverbs, be it the weather, women, lawyers, the rich, the poor, death, God, health, and so on.

They are used and applied in everyday speech. And what is peculiar, few people will reject them as outmoded, archaic, old fashioned or unknown to them. "We must do it now! Strike while the iron is hot!", says one. "The car my father has bought for my birthday isn't much. But as the saying goes, don't look a gift horse in the mouth", says another.

Barkham Burroughs wrote about the Chinese and their proverbs: *They not only employ them in conversation - and even to a greater degree than Spaniards, who are noted among Europeans for the number and excellence of their proverbial sayings...* And the French and Italians and English, of course. All languages have sayings, proverbs, which are an important part of verbal communication.

This Dictionary offers a good sample of sayings in both English and Spanish which will aid the student and the curious to have a better understanding of both languages. And many will be surprised to discover the similarities.

I have done all the research and have chosen the equivalents after weighing carefully the possibilities and alternatives, therefore I cannot pass on the responsibility for errors. They are mine alone.

delfin carbonell basset
Madrid, February 1996.

ENGLISH-SPANISH
INGLÉS-CASTELLANO

A

ABSENT

Long absent, soon forgotten.
Larga ausencia causa olvido.
(A los que no vemos, pronto olvidamos. Los dos refranes se complementan perfectamente. También: *Seldom seen, soon forgotten.*)

The absent are always in the wrong.
Ojos que no ven, ladrillazo que te pego.
Ni ausente sin culpa, ni presente sin disculpa.
(Al no estar presente, al ausente se le pueden imputar toda clase de desatinos porque como no puede defenderse, siempre está equivocado. Otra versión es: *He who is absent is always in the wrong*, del francés *les absents ont toujours tort*. También se dice: *The absent party is always in the wrong, or to blame.*)

The absent saint gets no candle.
El santo que no está presente no tiene vela.
(Para que reconozcan la valía de uno hay que estar presente, en el lugar de los hechos.)

To dead men and absent there are no friends left.
Idos y muertos, olvidados presto.
(Se explica en este refrán que los ausentes son pronto olvidados, así como los muertos. Cf. *Long absent, soon forgotten.*)

ABUNDANCE

Abundance, like want, ruins many.
Los que miden el oro por celemines, suelen ser los más ruines.
(La abundancia, como la necesidad, estropea el carácter de la gente y es, a veces, su perdición.)

Abundance of things engenders disdainfulness.
La abundancia mata la gana.
Hasta lo bueno cansa si es en mucha abundancia.
La abundancia trae fastidio.
(Da a entender que no se aprecia lo que se tiene en grandes cantidades. Lo que
escasea se da por bueno y mejor.)

ACCIDENT
Accidents will happen.
Una desgracia a cualquiera le pasa.
(Se suele añadir *in the best-regulated families*. También: *Accidents do happen*.
Este dicho lo empleó Walter Scott en 1823 por primera vez y todavía sigue
vigente.)

ACCUSATION
A clear conscience fears no false accusations. *Vide*: CONSCIENCE.

ACCUSE
He who excuses, accuses himself. *Vide*: EXCUSE.

ACORN
Great (big) oaks from little acorns grow. *Vide*: OAK.

ACTION
Actions speak louder than words.
Obras son amores y no buenas razones.
Dicho sin hecho no trae provecho.
Buenas acciones valen más que buenas razones.
(Tiene varias posibles variantes: *Deeds speak louder than words* y *Actions are
more precious than words*, por ejemplo, pero todas coinciden en que la palabrería
vana no va a ninguna parte si no tiene algo tangible que ofrecer.)

ADAM
We are all Adam's children.
Todos somos hijos de Dios.
(Otra versión dice: *We are all come from Adam and Eve*. Todos somos iguales pues
procedemos de los mismos padres. La humanidad tiene el mismo origen.)

When Adam delved and Eve span, who was then the gentleman?
Cuando Adán cavaba y Eva hilaba, la hidalguía, ¿dónde estaba?

(Indica que todos somos iguales y procedemos de un mismo origen. No había hidalgos, *gentlemen*, en tiempos de Adán y Eva. Según John Simpson *et al.*, en la revuelta campesina de 1381, un tal Ball utilizó la frase para agitar a las masas contra los nobles. En italiano es: *Quando Adamo zappava e Eva filava, dov'era il primo nobile?*)

ADVENTURE
Adventures are to the adventurous.
Los que buscan aventuras, por una que hallan blanda, hallan nueve duras.
(Los riesgos son para los que gustan de ellos; para los que pueden soportar las aventuras, que son siempre inciertas.)

ADVERSITY
Adversity makes strange bedfellows.
Desdichas y caminos hacen amigos.
(*Bedfellow* además de compañero de cama, quiere decir socio, aliado, confederado. En circunstancias adversas nos asociamos con gente que en momentos normales ni miraríamos. También existe la variante: *Adversity tests friends*. Shakespeare en *The Tempest* [II, 2] dice, *Misery acquaints a man with strange bedfellows.*)

ADVICE
Advice most needed is least heeded.
El consejo no es bien recibido donde no es pedido.
(Los que necesitan ayuda y consejos suelen ser los más reacios a aceptarlos. *To heed*: escuchar, hacer caso, atender. También se dice: *Advice when most needed is least heeded.*)

If you wish good advice, consult an old man.
Quien quiera saber, que compre un viejo.
(Los viejos dan buenos consejos por su experiencia en el mucho vivir. También es cierto que a la gente mayor le encanta dar consejos.)

Never give advice unasked.
Quien da el consejo da el tostón.
Consejo no pedido, consejo mal oído.
(Indudablemente que es conveniente romper el pésimo hábito y mala costumbre de dar consejos sin que nos los pidan. La versión castellana va más lejos e implica que dar consejos es inoportuno y un incordio para el que los recibe. La gente, parece ser, tiene el derecho a cometer sus propios errores.)

AGAINST

He who is not with me is against me.

Quien conmigo no está, contra mi está.

(El refrán es tajante al diferenciar al amigo del enemigo: el que no me apoya y ayuda, es mi enemigo. San Mateo, Matthew, 12.30, *He that is not with me is against me; and he that gathered not with me scattereth abroad. El que no está conmigo está contra mí, y el que no recoge conmigo desparrama.*)

ALE

Adam's ale is the best brew.

Agua no enferma, ni embeoda, ni adeuda. / Agua corriente no mata a la gente.

(*Adam's ale* es el agua. Adán no tenía otra cosa que beber en el Paraíso ya que no se había inventado el *ale* todavía. El refrán explica que beber agua es mejor que otra cosa. También se dice en otro refrán: *Drink only with the duck*, que implica que se debe beber sólo agua.)

ALL

All things are possible with God. *Vide*: GOD.

ALONE

Better be alone than in ill company.

Más vale solo que mal acompañado.

(La soledad es preferible a las malas compañías. Los amigos, las compañías, ejercen una gran influencia en las personas; por ejemplo, *Cf. A man is known by the company he keeps.* Y cuantos menos, mejor: *Two is company, three is a crowd.*)

Leave well alone. *Vide*: WELL.

ANGER

Anger and hate hinder good counsel.

Tomar las cosas a pechos, da fin a los hechos.

(El odio y la ira ciegan y hacen cometer imprudencias. *To hinder*: impedir, embarazar, estorbar, etc.)

Anger is a short madness.

La ira es locura, el tiempo que dura.

(El refranero aconseja control de las emociones, especialmente de la ira. En otro refrán se dice: *Never let the sun go down on your anger.* Este dicho es de origen latino: *ira furor brevis est*, la ira es una locura breve.)

Anger punishes itself.
Enojar a otro y herirse en el ojo.
(El que se enfada se castiga a sí mismo más que al otro. El enfado hace subir
la presión arterial, entre otras cosas.)

A

ANGRY

A hungry man is an angry man. *Vide*: HUNGRY.

An angry man never wants woe.
Enojar a otro y herirse en el ojo.
(*Woe*: desgracia, aflicción, pena. Una persona enfadada es presa de aflicciones
y sinsabores de toda índole.)

When a man grows angry, his reason rides out.
Quien se enoja no negocia.
(La persona enojada, airada, pierde el juicio y es incapaz de razonar y discernir
con propiedad. Cf. *Anger is a short madness*.)

ANSWER

A soft answer turneth away wrath.
Cortesía de boca, gana mucho y poco costa.
Más apaga la buena palabra que caldera de agua.
(La ira, *wrath*, se apaga con buenas palabras, *soft answer*, y no con improperios.
El refrán viene de la Biblia, Proverbios, Proverbs, 15.1, *Una respuesta amable
calma la ira*, frase que no es muy conocida en castellano. Cf. *Good words cool
more than cold water*.)

No answer is also an answer.
Quien calla otorga.
(El refrán inglés simplemente indica que no responder es una manera de
contestar pero el castellano dice que al no hacerlo se admite algo, se está de
acuerdo.)

Not every question deserves an answer. *Vide*: QUESTION.

The shortest answer is doing.
Diciendo y haciendo.
(La palabrería vana debe suplirse por la acción, la actividad. Cf. *Talk is cheap*.
Var.: *The shortest answer is doing the thing*.)

ANVIL
When you are an anvil, hold you still; when you are a hammer, strike your fill. *Vide*: HAMMER.

APE
An ape's an ape, a varlet's a varlet, though they be clad in silk or scarlet.
Aunque la mona se vista de seda, mona se queda.
(La palabra arcaica *varlet* significa, en castellano moderno, *sinvergüenza, bribón*. Aparezcan como aparezcan, los ruines no dejan de serlo. En los *Adagios* de Erasmo, se encuentra: *simia simia est, etiamsi aurea gestet insignia*. También se puede decir *dress up a monkey as you will, it remains a monkey still.*)

APPEARANCE
Appearances are deceiving.
Las apariencias engañan.
So vaina de oro, cuchillo de plomo.
Mucho ojo, que la vista engaña.
(La versión británica dice *deceptive* por *deceiving* pero en ambos casos se advierte que no debemos juzgar por lo que vemos, por lo que parece. L. *Fallitur visus*. También se decía en latín: *fronti nulla fides*, no te fíes de las apariencias.)

APPETITE
Appetite comes with eating.
El comer y el rascar, todo es empezar.
Comiendo entra la gana.
(No sólo habla del comer, sino de cualquier otra actividad, como el rascar del refrán castellano. Aunque no tenga uno ganas de comenzar una tarea, una vez puestos en ello se le toma afición. También indica que cuanto más se come, más gana se tiene. Los franceses que saben mucho acerca del buen comer, dicen que *l'appeti vient en mangeant*.)

Leave off with an appetite.
Más vale quedar con gana que caer en cama.
(Este proverbio advierte que es bueno ser comedido a la mesa y que es mejor levantarse de ella con un poco de apetito.)

APPLE
An apple a day keeps the doctor away.
Una manzana cada día, de médico te ahorraría.
(El refrán inglés es muy popular y común en los Estados Unidos; no así la versión

castellana que aunque aparece en diversos refraneros no es muy conocida o usada en España. Está claro, no obstante, que en ambas culturas se tiene a la manzana como fuente de salud. También se dice: *Eat an apple going to bed, make the doctor beg his bread.*)

An apple never falls far from the tree.
De tal palo, tal astilla.
(El que la manzana caiga cerca del árbol quiere decir que los hijos, por ejemplo, se parecen y rondan a los padres. Cf. *Like father, like son.*)

Small choice in rotten apples. *Vide*: CHOICE.

The rotten apple injures its neighbors.
Uva podrida daña racimo.
La manzana podrida pierde a su compañía.
(Una cosa mala acaba dañando las que tiene cerca. En latín se dice: *pomum compuctum cito corrumpit sibi junctum*. Cf. *One bad apple can spoil the whole barrel.*)

APRIL
March winds and April showers bring forth May flowers. *Vide*: MARCH.

ART
He that has an art, has everywhere a part.
Quien tiene arte, va por (a) toda parte.
(Los dos refranes se complementan: el tener un oficio, un arte, una profesión tiene posibilidades en la vida, en todas partes. Otro refrán dice *A useful trade is a mine of gold.*)

ASK
Ask a silly question and you get a silly answer. *Vide*: QUESTION.

Ask and it shall be given you.
Pedid y se os dará.
(Matthew, San Mateo, 7.7, *Ask and it shall be given you; seek, and ye shall find; knock and it shall be opened onto you. Pedid y se os dará; buscad y hallaréis; llamad y se os abrirá.*)

Better to ask the way than to go astray.
Quien lengua ha, a Roma va.

A

Quien pregunta no yerra.
(Hay que ser humilde y admitir la ignorancia antes que ir perdido por la vida. *Astray* significa ir por mal camino o extraviarse.)

ASS

An ass must be tied where the owner will have him.
Ata la burra donde el amo manda, aunque se ahorque.
(Cf. *Obey orders if you break owners*. Hay que obedecer y punto, pase lo que pase y ocurra lo que ocurra.)

The braying of an ass does not reach heaven.
Oración de perro no va al cielo.
(Las quejas, peticiones o demandas de la gente de medio pelo no suelen prosperar. La gente llana tenía y tiene una actitud fatalista.)

When all men say you are an ass, it's time to bray.
Cuando todos dicen que eres un asno, rebuzna.
(Cuando todos están de acuerdo acerca de nuestros fallos y faltas, hay que hacer algo.)

ATTACK

Attack is the best form of defense.
El ataque es la mejor defensa.
(También: *The best defense is a good offense*. Es mejor perpetrar un ataque que ser objeto de uno.)

ATTORNEY

A client twixt his attorney and counsellor is like a goose twixt two foxes.
Ansí está el labrador entre dos abogados, como el pez entre dos gatos.
(Los abogados siempre han tenido mala prensa en la literatura y folklore populares y los dos refranes explican lo mal que le va al que cae entre dos abogados. *Twixt*, de *betwixt*, es una forma arcaica de *between* y ya no se emplea en conversación corriente.)

ATTRACT

A great tree attracts the wind. *Vide*: TREE.

AVARICE

Poverty wants many things, and avarice all. *Vide*: POVERTY.

B

BABY

Don't throw the baby out with the bath water.

Echar la soga tras el caldero.

(Don Quijote [II, ix] dice el refrán castellano en una plática que tiene con Sancho. No hay que deshacerse de lo esencial por lo accesorio. Lo importante es el *baby*, no el agua sucia.)

BAG

Toom bags rattle.

El tonel vacío mete más ruido.

(*Toom*, vacío. Los necios hablan más y meten más bulla, porque están vacíos dice el refrán.)

BAIT

The bait hides the hook.

El pez que busca el anzuelo, busca su duelo.

(Las buenas apariencias no sólo engañan sino que pueden ser nuestra ruina.)

BARE

It's too late to spare when the bottom is bare. *Vide*: LATE.

BAREFOOT

The shoemaker's son always goes barefoot. *Vide*: SHOEMAKER.

BARK

A dog that is idle barks at his fleas. *Vide*: DOG.

The dogs bark but the caravan goes on. *Vide*: DOG.

B

BARNABY
Barnaby bright, Barnaby bright, the longest day and the shortest night.
Vide: DAY.

BATTLE
A good beginning is half the battle. *Vide*: BEGIN.

BE
What will be, will be.
Lo que sea sonará.
(Hay que esperar para ver cómo salen las cosas y aceptar lo que sea.)

BEAM
You can see a mote in another's eye but cannot see a beam in your own.
Hay quien en el ojo de su vecino ve una paja, y en el suyo no ve una tranca.
Ver la paja en el ojo ajeno, y no la viga en el nuestro.
(San Mateo, Matthew, 7.3, *¿Cómo es que ves la paja en el ojo de tu hermano y no adviertes la viga en el tuyo? And why beholdest thou the mote that is in thy brother's eye, but considerest not the beam that is in thine own eye?*)

BEAR
Bear and forbear.
La mejor felicidad es la conformidad.
(Hay que ser paciente y aguantar lo que nos toque sufrir si queremos alcanzar la felicidad. Erasmo decía: *Sustine et abstine*, soporta y abstente, que era la máxima de los estoicos.)

Don't sell the skin before you have caught the bear.
No vendas la piel del oso antes de haberlo muerto.
(Este refrán recomienda que no es aconsejable precipitarse en la acción. Cada cosa a su tiempo. Cf. *Do not count your chickens before they are hatched.*)

BEAT
If you can't beat'em, join'em.
Si entre burros te ves, rebuzna alguna vez.
(Si no puedes con ellos, resígnate y haz como ellos. El refrán castellano no es perfecto para el inglés, pero es el que refleja mejor la idea del poverbio inglés que es, por cierto, muy popular y de uso muy corriente.)

One beats the bush and the other catches the birds.
Uno la liebre levanta y otro la mata.
(*Birds* o *liebre*, el resultado es el mismo: unos trabajan y otros se apuntan los tantos o recogen los beneficios. En castellano se dice también que *uno siembra y otro siega*.)

BEAUTY
Beauty draws more than oxen.
Más tira moza que soga.
(En castellano hay varios refranes mucho más descriptivos como, por ejemplo, *más tiran tetas que sogas ni guindaletas, o más tira coño que soga*. Indudablemente que la versión inglesa es mucho más elegante. *Oxen*, por cierto, es el plural de *ox*, buey, como ya sabemos. Existe otro refrán inglés que dice: *One hair of a woman, draweth more than a hundred yoake of oxen*, que aunque no es tan explícito como las versiones castellanas de arriba, también es muy descriptivo.)

Beauty is but skin-deep.
La flor de la belleza es poco duradera.
(La belleza es lo que se ve y no tiene más profundidad. El refrán castellano implica lo mismo al hablar de la transitoriedad de la belleza y lo efímera que es. Cf. *Beauty fades like a flower*.)

BED
Early to bed, early to rise, makes a man healthy, wealthy and wise.
Acostarse temprano y levantarse temprano, hace al hombre activo, rico y sano.
A las diez en la cama estés, y si puedes, a las nueve.
(El refrán inglés es muy popular y se cita con frecuencia. La segunda versión que aporto en castellano no es muy conocida y nos habla de las bondades de acostarse temprano. Quizá sea porque al español eso de trasnochar le ha ido siempre. Shakespeare dice en *Twelfth Night*, [II.3]: *Not to be a-bed after midnight is to be up betimes*.)

Who goes to bed supperless, all night tumbles and tosses. *Vide*: SUPPER.

BEE
No bees, no honey; no work, no money.
El que no trabaje, que no coma.
No hay miel sin hiel.

B (Las abejas son el símbolo del trabajo y la aplicación y eran, como todos sabemos, el emblema de Napoleón. Si no se trabaja, no se obtiene dinero o no se come.)

BEG
Better beg than steal. *Vide*: **Steal.**

Neither beg of him who has been a beggar, nor serve him who has been a servant. *Vide*: **SERVE.**

BEGGAR
Beggars' bags are bottomless.
Zurrón de mendigo, nunca henchido. / A la codicia no hay cosa que la hincha. El codicioso, lo mucho tiene por poco. / Hasta los gatos quieren zapatos.
(Existe una creencia muy arraigada que dice que los sacos de los mendigos, *beggars*, no tienen fondo y por mucho que se les dé no parecen tener bastante a fuerza de querer. ¡Encima de pobres se acusa a los mendigos de codiciosos!)

If wishes were horses, beggars would ride. *Vide*: **WISH.**

Plain dealing is a jewel but they that use it die beggars. *Vide*: **DEAL.**

BEGIN
A good beginning is half the battle.
Buen principio, la mitad es hecho.
(Cuando se comienza bien algo, con buen pie, el resto de la tarea resulta fácil y es más probable que se tenga éxito. Cf. *A good beginning makes a good ending* y *Well begun is half done.)*

A good beginning makes a good ending.
A buen principio, buen fin.
(L. *Boni principii bonus finis.*)

Well begun is half done.
Obra empezada, medio acabada.
Lo que no se empieza, no se acaba.
(Lo importante es comenzar la tarea que pensamos emprender. Los refranes, tanto el inglés como el castellano, dan a entender lo difícil que es poner manos a la obra al principio. Esto puede indicar que no sólo en España se procrastina. En latín es: *Dimidium factique caepit, habet*, de Horacio.)

B

BEGINNING
From small beginnings come great things.
De chicas causas, grandes efectos.
(Implica que no todo comienza grande y poderoso.)

BEHIND
He that looks not before, finds himself behind. *Vide*: LOOK.

BELIEVE
Seeing is believing. *Vide*: SEE.

We soon believe what we desire.
Lo que se apetece presto se cree.
(Lo que se desea parece bueno y necesario, aunque no sea así. Y lo que apetece nos parece lo mejor.)

Words are but wind, but seeing is believing. *Vide*: WORD.

BEND
Better bend than break. *Vide*: BREAK.

BEST
Hope for the best and prepare for the worst.
Procura lo mejor, espera lo peor y toma lo que viniere.
(Tanto la versión inglesa como la castellana del refrán, son muy antiguas y de uso corriente. Es posible que dadas las condiciones de vida de antaño había que estar preparado siempre para lo peor, aunque siempre con optimismo. Aparece en inglés en el siglo XVI.)

The best is the enemy of the good.
Lo mejor es enemigo de lo bueno.
(Por mejorar u obtener algo mejor a veces perdemos algo que es bueno. En francés se dice igual: *Le mieux est l'ennemi du bien*, que dijo Voltaire [1694-1778] en el artículo *Art dramatique*, del *Dictionnaire philosophique*.)

The best things are hard to come by.
Lo bueno es difícil.
(Todo lo bueno, lo que nos gusta y apetece, es difícil de conseguir. *Come by* significa conseguir, obtener. Y lo que se nos antoja bueno puede ser la amistad, la felicidad, la riqueza, etc.)

B

BETTER

Better a lean peace than a fat victory. *Vide*: PEACE.
Better a poor compromise than a strong case. *Vide*: COMPROMISE.
Better a sparrow in the hand than a pigeon in the roof. *Vide*: BIRD.
Better an egg today than a hen tomorrow. *Vide*: EGG.
Better aught than naught. *Vide*: NAUGHT.
Better be alone than in ill company. *Vide*: ALONE.
Better be an old man's darling than a young man's slave. *Vide*: MAN.
Better be born lucky than wise. *Vide*: LUCKY.
Better be envied than pitied. *Vide*: ENVY.
Better beg than steal. *Vide*: STEAL.
Better bend than break. *Vide*: BREAK.
Better brain than brawn. *Vide*: BRAIN.
Better is a neighbour that is near than a brother far off. *Vide*: NEIGHBOR.
Better is one acipe than to say twice Dabo Tibi. *Vide*: SAY.
Better late than never. *Vide*: LATE.
Better lose the saddle than the horse. *Vide*: HORSE.
Better one word in time than afterwards two. *Vide*: WORD.
Better pass danger once than be always in fear. *Vide*: DANGER.
Better the devil you know than the devil you don't know. *Vide*: DEVIL.
Better to ask the way than to go astray. *Vide*: ASK.
Better to have than to wish. *Vide*: HAVE.

BEWARE

Beware of still waters. *Vide*: WATER.

It is good to beware of other men's harms.
Cuando la barba de tu vecino veas pelar, pon la tuya a remojar.
Cuando las barbas de tu vecino veas afeitar, pon las tuyas a remojar.
(*Cf.* comentario a **RAIN**, *Thatch your roof before the rain begins.*)

BIRD

A bird in the hand is worth two in the bush.
Más vale pájaro en mano que cien(to) volando.
Más vale pájaro en mano que buitre volando.
(Es mejor lo que uno tiene ahora que lo que puede tener en el futuro. La frase latina también habla, como en inglés, de dos pájaros: *plus valet in manibus avis unica quam dupla silvis*. Y en francés es: *Le moineau pris vaut mieux qui l'oie qui vole*. Dos variantes: *Better a sparrow in the hand than a pigeon in the roof* y *A feather in the hand is better than a bird in the air*.)

Birds of a feather flock together.
Cada oveja con su pareja.
Dios los cría y ellos se juntan.
(Se suele creer que la gente de mala calaña, que tiene las mismas característi-
cas, se lleva bien. Tanto en castellano como en inglés el refrán se emplea
peyorativamente. En la Biblia, Eclesiastés, Ecclesiastes, 27. 9, se dice que *los
pájaros se juntan con sus iguales.* Es éste uno de los refranes más conocidos de
la lengua inglesa. Los franceses dicen: *Chacun cherche son semblable.* Y en latín
omnis avis quaerit similem sui.)

It's an ill bird that fouls its own nest.
Pájaro de mal natío el que se ensucia en el nido.
(Donde se vive o se trabaja hay que comportarse. El que ensucia, *fouls,* su casa
o donde vive o trabaja, es una mala persona. Y, claro está, el *nest* se refiere
también a la familia. *Natio* es nacimiento y, por lo tanto, *mal natío* es mal
nacido. Ambos refranes son en latín: *nidos commaculans inmundus habebitur ales.*)

One beats the bush and the other catches the birds. *Vide*: BEAT.

The early bird catches the worm.
El que madruga coge la oruga.
(Un *early bird* es un madrugador. Se utiliza en ambos idiomas para loar las
ventajas de madrugar y lo bueno y sano que es. Cf. *A quien madruga, Dios le
ayuda.*)

To kill two birds with one stone.
Matar dos pájaros de un tiro.
(Conseguir dos propósitos a la vez haciendo sólo un esfuerzo. La palabra *tiro*
en castellano significa en este caso "disparo".)

You cannot catch old birds with chaff.
Pájaro viejo no entra en jaula.
(*Chaff*: hollejo, cascabillo, husks of grain. Es difícil engañar a los viejos, a los
que ya tienen experiencia y están de vuelta de todo.)

BIRTH
Birth is much but breeding more.
Dime no con quien naces, sino con quien paces.
(La cuna es importante pero la educación y las compañías quizá más, nos
dice este refrán.)

B **BITE**
A bleating sheep loses a bite. *Vide*: SHEEP.

Dead men don't bite. *Vide*: DEAD.

If you cannot bite, never show your teeth.
Amagar y no dar es apuntar y no tirar.
(No amenaces si no puedes cumplir la amenaza. *Amagar* significa amenazar.
En italiano es: *Chi non puo mordere, non mostri i denti.*)

In every country dogs bite. *Vide*: DOG.

Once bitten, twice shy. *Vide*: SHY.

The biter is sometimes bit.
Donde las dan las toman.
(Usualmente se emplea para el que hace una mala pasada, como en castellano.)

To bite off more than one can chew.
Quien mucho abarca poco aprieta.
(Acometer una empresa más grande que nuestras fuerzas. Si el bocado es
demasiado grande, quizá no podamos ni masticarlo ni tragarlo.)

BLACK
Black will take no other hue.
Sobre negro no hay tintura. / La cabra tira al monte.
(Lo negro es negro y no puede ser otro color, *hue*. Hay ciertas cosas que no
pueden cambiar por propia naturaleza y hay que aceptarlas como son. Plinio:
Lanarum negrae nullum colorem bibunt.)

Two blacks don't make a white.
Un yerro no se remedia con otro.
(Cf. *Two wrongs do not make a right.*)

BLAME
A bad workman (always) blames his tools. *Vide*: WORKMAN.

BLIND
A blind man's wife needs no paint.
La mujer del ciego, ¿para quién se afeita?

(Se supone que la mujer sólo se arreglaba para el marido y no para sí misma, para sentirse mejor consigo misma. Así resulta que la mujer del ciego puede ir, según los dos refranes, de cualquier manera. Ambos refranes son muy antiguos y el inglés proviene del castellano. *Afeitarse*: arreglarse, maquillarse.)

Blind men can judge no colors.
Al ciego no le hace falta pintura, color, espejo o figura.
(L. *Caecus non judicat de colore*. Estos son refranes-perogrulladas. Pero indican lo cruel que era la gente con los ciegos. Otro ejemplo: *A blind man will not thank you for a looking glass*.)

If the blind lead the blind, both shall fall into the ditch.
Y si un ciego guía a otro, ambos caen en el hoyo.
Cuando guían los ciegos, guay de los que van tras ellos.
(Matthew, San Mateo, 15.14, *Dejadlos. Son ciegos, guías de ciegos, y si un ciego guía a otro ciego, ambos caerán en el hoyo. Let them alone: They be blind leaders of the blind. And if the blind lead the blind, both shall fall into the ditch.* Cf. *The blind leading the blind*.)

In the country of the blind, the one-eyed man is king.
En el país de los ciegos el tuerto es rey.
(Desiderio Erasmo de Rotterdam [1467-1536]: *In regione caecorum rex est luscus*. Entre los bobos, una chispa de ingenio, por pequeña que sea, parece inteligencia. Naturalmente que también hay traducción francesa: *au pays des aveugles les borgnes sont rois*.)

There's none so blind as those who won't see.
No hay mayor ciego que el que no quiere ver.
(Hay de los que, aun viendo, no quieren ver o aceptar la realidad y esos sí que son ciegos de verdad. Cf. *There's none so deaf as those who won't hear*. En latín: *oculos habent et non videbunt*.)

BLINDNESS
There is no blindness like ignorance. *Vide*: IGNORANCE.

BLOOD
Blood is thicker than water.
La sangre tira.
(Los lazos familiares son fuertes. *Blood*, sangre, ha sido siempre sinónimo de

B familia en ambos idiomas. Se creía, erróneamente, que los parientes llevaban la misma sangre.)

You cannot get blood out of a stone.
No se puede sacar agua de las piedras.
(El que nada tiene -dinero, inteligencia, tiempo,- nada puede dar y es inútil intentar obtener algo que es imposible. El refrán inglés se suele aplicar a aquellos que no tienen dinero. También existe la variante: *you can't get blood out of a turnip*. Un *turnip* es un nabo.)

BOLD
Be not too bold with your biggers or betters.
A quien más que tú es valiente, no le muestres el diente.
(No es conveniente propasarse con aquellos que son más o pueden más que uno.)

BOOK
A book that is shut is but a block.
Libro cerrado no saca letrado.
(Para que un libro sea beneficioso hay que estudiarlo o leerlo, o sea: abrirlo. Amonesta a aquellos que tienen libros sólo para que hagan bonito en las estanterías.)

Don't judge a book by its cover. *Vide*: JUDGE.

BORROW
Neither a borrower nor a lender be.
Quien fía y promete en deudas se mete.
(Famosa frase de Shakespeare, *Hamlet*, Acto Primero, escena III, donde Polonio le da un discurso a Laertes. Dice Polonio que no preste, *For a loan oft loses both itself and friend*. También se dice: *He that goes a-borrowing goes a-sorrowing*.)

BOY
You can take the boy out of the country but you can't take the country out of the boy. *Vide*: COUNTRY.

BRAIN
Better brain than brawn.
Más vale maña que fuerza.
(La astucia y la inteligencia pueden más que la fuerza bruta. *Brawn* significa músculos desarrollados, musculatura. Ambos refranes son muy conocidos.)

B

BRAN
Much bran and little meal.
Mucha paja y poco grano.
(Cf. *Much cry and little wool. Bran*, salvado. *Meal*, comida, harina.)

BRAVE
Fortune favors the brave. *Vide*: FORTUNE.

BREAD
Cast your bread upon the waters.
Arroja tu pan sobre la superficie de las aguas.
(Eclesiastés, Ecclesiastes, 11.1, *Lanza tu fortuna sobre las aguas, porque mucho tiempo después la volverás a encontrar. Cast thy bread upon the waters: for thou shalt find it after many days*.)

Man cannot live by bread alone. *Vide*: LIVE.

BREAK
Better bend than break.
Antes quebrar que doblar.
(En vez de *bend* se emplea también *bow*. Es mejor aceptar los deseos de los demás y no ser demasiado intransigente, tal como hace el árbol que dobla ante el viento para no romperse. El refrán castellano tiene las dos posibilidades. Y es que los testarudos prefieren *quebrar* antes que *doblar*.)

BREED
Familiarity breeds contempt.
La mucha confianza es causa de menosprecio.
(El mucho trato es causa de menosprecio. También hay otro refrán que dice: *No man is a hero to his valet*. Y tanto es así que hasta los franceses lo dicen: *La trop grand familiarité engendre le mépris*. En castellano también se dice: *La mucha conversación es causa de menosprecio*.)

Old cattle breeds not. *Vide*: OLD.

Plenty breeds pride.
Abundancia y soberbia andan en pareja.
(La riqueza ha sido siempre objeto de escarnio entre los pobres; por envidia, se supone. La abundancia era, y es, la fuente de males como el orgullo, *pride*, y la soberbia.)

B BREVITY

Brevity is the soul of wit.

Bueno y breve, dos veces bueno.

(De Shakespeare, *Hamlet*, acto II, escena II. *Wit* quería decir *sabiduría*. En latín se dice: *Quidquid praecipies, esto brevis*, cualquier cosa que expliques, sé breve.)

BRIDE

Happy is the bride the sun shines on.

Novia mojada, novia apaleada.

(Una superstición acerca de lo que acontecerá a la novia el día de la boda según el tiempo que haga. En inglés se supone que si hace buen tiempo, la novia será feliz y en castellano si hace mal tiempo, la novia será desgraciada, y apaleada.)

BRIDGE

Do not cross the bridge till you come to it.

No cruzar el río hasta que se llega a su margen.

(No te preocupes por posibles dificultades hasta que surjan en realidad. Existe también la variante: *to cross one's bridges when one comes to them*.)

It is good to make a bridge of gold to a flying enemy.

A enemigo que huye, puente de plata.

(Erasmo: *Hostibus fugientibus pontem argenteum exstruendum esse*. Iribarren le atribuye el dicho al Gran Capitán Gonzalo Fernández de Córdoba entre otros y no menciona a Erasmo [1466-1536].)

BROOM

New brooms sweep clean.

Escoba nueva barre mejor. / *Escovas* nuevas barren bueno.

(Lo nuevo funciona mejor que lo viejo o usado y da más satisfacción también. Se refiere también a los nuevos dirigentes, jefes que lo cambian, lo barren, todo en la oficina o la empresa.)

BUILD

It's easier to pull down than to build.

Más fácil es destruir que construir.

(Es mucho más fácil criticar que hacer; tanto es así que poner reparos a la obra lo hace casi todo el mundo.)

Rome was not built in a day. *Vide*: ROME.

BULL
The bull must be taken by the horns.
Hay que coger el toro por los cuernos.
(Salta a la vista que este refrán es de origen español.)

BURDEN
A burthen of one's own choice is not felt.
Sarna con gusto no pica.
(Llevamos con gusto las penas que nos deparamos a nosotros mismos. *Burthen* es la forma arcaica de *burden*.)

BURN
A burnt child dreads the fire.
Gato escaldado del agua fría huye.
De los escarmentados nacen los avisados.
(También tenemos la variación: *Once bitten, twice shy*. También se oye *fears* por *dreads*. Indica que la experiencia enseña. Cf. *A scalded cat fears the water* y *Dogs once scalded are afraid even of cold water*.)

If you play with fire you get burnt. *Vide*: FIRE.

You cannot burn the candle at both ends. *Vide*: CANDLE.

BUSINESS
Business before pleasure.
Primero es la obligación que la devoción.
(Los negocios, los asuntos importantes, son lo primero que hay que atender y, luego, la devoción, *pleasure*.)

BUSY
Busiest men find the most leisure time.
Quien tiempo toma, tiempo le sobra.
(Se dice siempre que si quieres que alguien te haga algo, encárgaselo a una persona ocupada. Los que no tienen nada que hacer no parecen tener tiempo para hacer nada.)

To be too busy, gets contempt.
La demasiada diligencia causa sospecha.
(El que está demasiado atareado y se queja siempre, suele ser sospechoso porque ésos no suelen hacer mucho.)

B BUY

Buy at a fair but sell at home.
Compra en la plaza y vende en tu casa.
(Si se desea hacer buen negocio hay que comprar al por mayor en el mercado o feria, *fair*, y vender en casa, al por menor y a precio más elevado.)

He that blames would buy.
Lo que pienses comprar, no lo has de alabar.
(Proverbios, Proverbs, 20.14, *"Malo, malo", dice el comprador, pero cuando se ha ido se felicita. It is naught, it is naught, saith the buyer: but when he is gone his way, then he boasteth.* Para comprar bien hay que menospreciar la mercancía para obtener mejor precio.)

He that buys what he does not want, must often sell what he does want.
El que compra lo que no puede, vende lo que le duele.
(El que gasta sin freno acaba teniendo que vender para vivir. También hay otro refrán similar que dice: *wilful waste makes woeful want.*)

He that speaks ill of the mare would buy her. *Vide*: SPEAK.

Honor buys no meat in the market. *Vide*: HONOR.

Never buy a pig in a poke.
Nunca compres a cierra ojos.
(*Poke* es un saco y un *pocket* es un saquito o bolsillo. No es buena idea comprar algo sin verlo o examinarlo primero para que no nos engañen. Ya se dice en latín: *Caveat emptor*, que el comprador se guarde.)

BUYER

A buyer has need of a hundred eyes, the seller of but one.
Quien compra ha de tener cien ojos; a quien vende le basta uno solo.
(Encomia la cautela al comprar. En italiano es: *Chi compra ha bisogna di cent'occhi; a qui vende ne basta uno solo.*)

C

CAESAR

Caesar's wife must be above suspicion.
Sobre la mujer del César no debe caer ninguna sospecha.
(Plutarco en sus *Vidas paralelas*, le atribuye la frase a Julio César que la empleó al repudiar a Pompeya sin aducir acausación alguna porque, según él, sobre la mujer del César no debe caer ninguna sospecha. Se entiende que la mujer del César se refiere a cualquier persona que *debe* estar libre de sospecha.)

Render therefore unto Caesar the things which are Caesar's; and unto God the things which are God's.
Pues dad al César lo que es del César y a Dios lo que es de Dios.
(Mark, San Marcos, 22.21. A cada cual lo suyo y no mezclemos o confundamos las cosas.)

CAKE

You can't have your cake and eat it too.
Soplar y sorber, no puede ser.
No se puede repicar y andar en la procesión.
Comer y beber, todo no puede ser.
(Tiene este refrán otra versión: *You can't eat your cake and have it too*, que viene a ser lo mismo porque el caso es que no podemos tener siempre lo que queremos, especialmente dos cosas a la vez. A un *tonto* le preguntaron una vez si quería chocolate o una tajada de carne y respondió que quería *chocolatajá*.)

CALENDAR

Death keeps no calendar. *Vide*: DEATH.

CALL

For many are called but few are chosen.
Porque muchos son ciertamente los llamados, mas son pocos los elegidos.

(Matthew, San Mateo, 22.14. Se emplea para decir que muchos son los que quieren cosas, por ejemplo, pero pocos las consiguen.)

CALM
Vows made in storms are forgotten in calms. *Vide*: STORM.

CAMEL
It is the last straw that breaks the camel's back. *Vide*: STRAW.

CANDLE
The absent saint gets no candle. *Vide*: ABSENT.

You cannot burn the candle at both ends.
Vela que arde por las dos puntas, poco dura.
(No se pueden hacer muchas cosas a la vez. La demasiada actividad es contraproducente. Se cuenta la anécdota de Benjamin Franklin que dijo a manera de respuesta al refrán: *Yes, you can, if the candle is long enough.*)

CANDLEMAS
If Candlemas Day is fair and bright, winter will have another flight; if on Candlemas Day it be shower and rain, winter is gone and will not come again.
Cuando la Candelaria llora, ya está el invierno fora. Que llore o que cante, invierno atrás y delante.
(Estos dos refranes son sólo un ejemplo de la Candelaria, 2 de febrero, en ambos idiomas. Otro dicho sobre la Candelaria es: *At Candlemas, the cold comes to us.*)

CAPON
If thou has not a capon, feed on an onion. *Vide*: FEED.

CARE
A pound of care will not pay a pound of debt.
Pesadumbres no pagan deudas.
(La preocupación no sirve para nada. Es mejor actuar que darle vueltas a la cabeza.)

Care killed the cat.
Las penas no matan, pero rematan.
Las penas para el otro mundo.

Sustos y disgustos matan a muchos.
(El gato, que proverbialmente tiene siete vidas en castellano y nueve en inglés, muere por culpa de las preocupaciones. Se le dice a la gente que se preocupa mucho y que está muy estresada. También: *It's not work that kills, but worry*.)

CAREFUL
If you can't be good, be careful. *Vide*: GOOD.

CARPENTER
A carpenter is known by his chips.
Mal carpintero, buen virutero.
(La Biblia dice que por sus obras les conoceréis. A la gente se la conoce por lo que se ve, por lo que hace. Hay otra versión que dice: *He is not the best carpenter that makes the most chips*.)

CARRY
Every man must carry his own cross. *Vide*: CROSS.

CART
To put the cart before the horse. *Vide*: HORSE.

CASTLE
Every Englishman's home is his castle. *Vide*: HOME.

CAT
A cat has nine lives.
Siete vidas tiene un gato.
(Los gatos sobreviven siempre. Hay muchas teorías sobre el número nueve en inglés y el siete en castellano. Por ejemplo: el tres es un número de suerte y así tenemos tres veces tres, nueve. Pero creo que el número, tanto en inglés como en castellano, es indiferente porque se trata de decir que los gatos se las arreglan para sobrevivir a todo tipo de accidentes. No obstante no deja de ser curiosa la creencia que los gatos son poco menos que inmortales. Quizá las leyendas de los gatos negros y del diablo que se disfrazaba de gato tengan algo que ver.)

A scalded cat fears hot water.
El gato escaldado, del agua fría huye.
(Cf. *A burnt child dreads the fire*. El que ha sufrido un daño, es más precavido y teme más por experiencia.)

All cats are gray in the dark.
De noche todos los gatos son pardos.
(Se utiliza en inglés, como en castellano, para indicar que las cosas no se distinguen bien en la oscuridad o por la noche, pero también indica que en determinadas circunstancias las cosas no están claras y se puede engañar ya que cuando falta luz, o información, todo parece igual, aunque no lo sea. Existe la versión *All cats are grey after dark*. Nótese que en inglés es *gray*, o *grey*, y que en castellano es *pardo*, palabra de difícil traducción. Tiene también las variantes: *At night all cats are gray; when candles are out all cats are grey*. Los franceses también dicen: *la nuit tous les chats sont gris*.)

Care killed the cat. *Vide*: CARE.

Like cats and dogs.
Como el perro y el gato.
(Se suele decir *to agree like cats and dogs*. Quiere decir que dos personas no se ponen de acuerdo y se llevan a matar, como el perro y el gato.

The cat would eat fish but would not wet her feet.
Pescado quiere el gato mas no quiere mojar el plato.
(Muchos quieren algo pero no están dispuestos ni a trabajar por ello ni a correr un posible riesgo. En latín es: *Catus amat piscem, sed non vult tingere plantas*. Cf. *El que algo quiere, algo le cuesta. No pain, no gain*.)

When the cat's away the mice (will) play.
Cuando el gato no está los ratones bailan (o hacen fiesta).
(Está claro que el gato era un animal doméstico por su utilidad en matar a los roedores que competían por la comida del hombre. Si el gato se halla ausente los ratones lo pasan en grande sin su enemigo. Así, también, cuando el jefe no está presente, los empleados no trabajan, aunque quizá esto ya no sea cierto hoy en día.)

Who will bell the cat?
Ponerle el cascabel al gato.
(Es la antigua historia de un congreso de ratones que se reunieron para hablar de un gato peligroso que hacía estragos entre ellos. Uno de los asistentes propuso ponerle un cascabel al gato y así sabrían siempre dónde estaba y se podrían esconder. Pero un ratón hizo la famosa pregunta: ¿Y quién le pondrá el cascabel al gato? Iribarren en su estupendo libro *El porqué de los dichos*, páginas 41-42, avanza varias teoría sobre el origen de este dicho: Samaniego, Lope de Vega, *El libro de los gatos*, etc. En francés es: *Qui prendre le sonnette au chat?*)

CATCH
A shut mouth catches no flies. *Vide*: FLY.

One beats the bush and another catches the birds. *Vide:* BEAT.

You cannot catch old birds with chaff. *Vide*: BIRD.

CAUSE
Take away the cause and the effect must cease.
Quita la causa, cesa el efecto.
(Si la causa desaparece los síntomas también. En latín es: *sublata causa, tollitur effectus*, suprimida la causa, desaparece el efecto. En castellano también se dice que *en la causa está el remedio*.)

CERTAIN
Nothing is certain but death and taxes.
No hay cosa cierta en la vida, sino que será finida.
(Nada hay cierto y seguro en la vida y todo es problemático. Lo de *taxes* es un añadido gracioso.)

CHAIN
The chain is no stronger than its weakest link.
Siempre quiebra la soga por lo más delgado.
(Todos tenemos nuestro punto débil, el eslabón débil, *the weak link*, y por ahí es por donde quebramos.)

CHANGE
A change is as good as a rest.
La variedad es la madre de la amenidad.
(Un cambio de actividad equivale a descansar. La monotonía se rompe mejor, no descansando o no haciendo nada sino ocupándose en otra actividad. *Aliquando vectatio iterque et mutata regio vigorem dabunt*, a veces un desplazamiento, un viaje, un cambio de horizontes dan un vigor nuevo, de Séneca.)

The leopard cannot change his spots. *Vide*: SPOT.

CHARITY
Charity begins at home.
La caridad bien entendida (ordenada) empieza por uno mismo.

(Este refrán nos indica que debemos preocuparnos de las propias necesidades y de las de los nuestros antes que preocuparnos de los extraños. En latín se conocía por *prima charitas incipit ab ego*.)

CHASTEN

He that chastens one, chastens twenty.

El castigo de uno, advierte a muchos.

De un castigo, cien escarmentados.

Quien a uno castiga a ciento hostiga.

(Es provechoso castigar para escarmentar, para dar ejemplo a otros. L. *Cum unis corrigitur, multi emendatur*. También: *He that chastises one, amends many*.)

CHATTER

Who chatters to you will chatter of you.

Quien de otros te habla mal, a otros de ti lo hará.

(El que te cuenta chismes y te habla mal de otros, a otros les contará de ti. Lo mejor es no prestar oídos a habladurías.)

CHEAP

Cheap things are dearest.

Lo barato es caro. / Lo de balde, caro es.

(Con el afán de ahorrar compramos cosas baratas que, a la larga, resultan caras porque no son de buena calidad, o son defectuosas y debemos arreglarlas o reemplazarlas. También se dice: *Nothing is cheap if you don't want it*.)

CHEAT

Cheats never prosper.

Quien a su prójimo engaña, a sí mismo engaña.

(Los tramposos acaban mal porque a la larga adquieren mala fama que va en detrimento de su carácter y crédito.)

CHEEK

But whosoever shall smite thee on the right cheek, turn to him the other also.

Al que te hiera en tu mejilla, vuélvele también la otra.

(Matthew, San Mateo, 5.39.)

CHICKEN

Do not count your chickens before they are hatched.

No cantes victoria antes de hora.

No hay mujer tan ladina, que cuente los huevos en el culo de la gallina.
Hijo no tenemos y nombre le ponemos.
(De todos los huevos incubados no siempre sale polluelo y por eso el refrán
exorta a no contar con futuras ganancias hasta que se esté seguro de tenerlas.
En vez de *chickens* también se dice *chicks*. *El cuento de la lechera* es algo
parecido.)

CHILD
Spare the rod and spoil the child. *Vide*: SPARE.

CHILDREN
Children and fools cannot lie.
Los niños y los tontos no saben mentir.
(Los niños porque no tienen malicia y los tontos porque su falta de
entendimiento les resta la picardía necesaria para mentir.)

Children and fools have merry lives.
Todos los tontos son dichosos.
(Tienen *merry lives* en su ignorancia, claro. En latín se decía que *risus abundat
in hore stultorum*, que la risa abunda entre los bobos.)

Children and fools tell the truth.
Dicen los niños en el solejar lo que oyen a sus padres en el hogar.
Lo niños y los locos dicen la verdad.
(L. *Ex ore parvulorum veritas*. Cf. *Children and fools cannot lie*. También dicen
todo lo que oyen como dice este otro refrán: *Little pitchers have long ears*. Las
largas orejas se refieren al buen oído de los niños que todo lo oyen.)

Children should be seen but not heard.
A los niños se le ve pero no se les oye.
(Se les decía a los niños cuando interrumpían la conversación de los mayores.
Ahora ya no se les dice nada y hacen lo que les da la real gana.)

Old men are twice children. *Vide*: OLD.

Suffer the little children to come unto me.
Dejad que los niños se acerquen a mí.
(San Marcos, Mark, 10.14.)

We are all Adam's children. *Vide*: ADAM.

CHOICE
Small choice in rotten apples.
Entre ruin ganado poco hay que escoger.
(Si todas las manzanas están podridas, ¿cuál vamos a elegir? A veces lo tenemos crudo al tratar de elegir entre cosas que no valen la pena.)

CHOOSE
For many are called, but few are chosen. *Vide*: CALL.

CIVILITY
There's nothing lost by civility.
La palabra honesta mucho vale y poco cuesta.
(Ser educados con los demás no cuesta ni dinero ni esfuerzo y se puede conseguir mucho.)

CLEAN
New brooms sweep clean. *Vide*: BROOM.

CLEANLINESS
Cleanliness is next to godliness.
La limpieza es media riqueza.
Limpieza y sanidad son amigos de verdad.
(La limpieza es muy importante. *Godliness*: santidad.)

CLIENT
A client twixt his attorney and counsellor is like a goose twixt two foxes.
Vide: ATTORNEY.

CLOTH
Cut your coat according to your cloth. *Vide*: COAT.

The best cloth may have a moth in it.
No hay tela sin falta.
(*Moth*: polilla. Todo, por bueno que sea, puede tener un defecto o imperfección. Nada ni nadie es perfecto.)

CLOTHES
Clothes do not make the man.
El hábito no hace al monje.
(También se puede decir que *Clothes make the man*, como decía Erasmo en latín,

vestis virum facit. Esta versión moderna indica que el buen vestir es importante para causar una buena impresión independientemente de los atributos culturales de cada cual.)

CLOUD

Every cloud has a silver lining.

Muchas veces la adversidad es causa de prosperidad.

No hay mal que por bien no venga.

(Cf. *A stumble may prevent a fall*. Siempre hay algo bueno en lo malo. Tras una nube negra se esconde el sol.)

CLOY

Too much honey cloys the stomach. *Vide*: HONEY.

COAL

To carry coals to Newcastle.

Echar agua en el mar.

Llevar leña al monte.

(Equivale a hacer algo completamente inútil.)

COAT

Cut your coat according to your cloth.

Según sea el paño, hazte el sayo.

(Hay que vivir con lo que se tiene y ser comedido. Hay que hacerse la ropa según las posibilidades que uno tiene, nada más.)

COCK

Every cock crows on his own dunghill.

Cada gallo canta en su muladar.

(*Dunghill*: muladar, estercolero. También existe la variante *every cock will crow upon his own dunghill*. Cada cual se siente fuerte y confiado cuando está en casa o en territorio propio. En latín: *Gallum in suo sterquilinio plurimum posse*, de Séneca.)

COIN

Much coin, much care.

A más oro, menos reposo.

(El dinero trae muchos quebraderos de cabeza. Y el no tenerlo, también. Lo contrario es: *Little wealth brings little trouble*.)

COMFORT
Comfort is better than pride.
Ande yo caliente y ríase la gente.
(Este refrán explica que lo importante es nuestra comodidad más que el orgullo
y el qué dirán. Otro: *I will go warm, and let fools laugh on*, que es muy
posiblemente una traducción de 1707 del refrán castellano.)

COMMAND
He that cannot obey cannot command. *Vide*: OBEY.

Through obedience learn to command. *Vide*: OBEDIENCE.

COMPANY
A man is known by the company he keeps.
Dime con quién andas y te diré quién eres.
(Las amistades ejercen una fuerte influencia y cada cual tiende a frecuentar y
alternar con los de su propia estofa. Los franceses dicen, *dis moi qui tu hautes,
et je te dirai qui tu es*.)

Keep not ill men company, lest you increase the number.
Quien mal anda, mal acaba.

Misery loves company. *Vide:* MISERY.

Two is company; three is none.
Compañía de dos, compañía de Dios.
(Hay otra variante, quizá más conocida y moderna: *Two is company, three is a
crowd*. En castellano también se dice: *A menos bulto, más claridad*.)

Who keeps company with the wolf will learn to howl.
El que con un cojo se junta, al año cojo y medio.
(Cf. *A man is known by the company he keeps*. Todo se pega, hasta los defectos
de nuestras amistades. Cf. *La manzana podrida pierde a su compañía*.)

COMPARISON
Comparisons are odious.
Las comparaciones son odiosas.
(No es aconsejable hacer comparaciones entre cosas o personas. A nadie le gusta
que le comparen con alguien mejor. Es cierto que son odiosas las comparaciones.
Cf. John Donne's "The Comparison". Y William Shakespeare, en *Much Ado*

About Nothing dice que *comparisons are odorous...* Y también se dice que: *It is comparison that makes men happy or miserable.*)

COMPROMISE
Better a poor compromise than a strong case.
Más vale mala avenencia que buena sentencia.
Más vale mal ajuste que buen pleito.
(Los juicios, los abogados, los litigios, son mala cosa y siempre es mejor evitarlos. L. *Cum licet fugere, ne quoere litem,* más vale mal arreglo que buen pleito.)

CONCEAL
What soberness conceals, drunkenness reveals. *Vide*: DRUNKENNESS.

CONFESS
Confess and be hanged.
Hecho confesado, hecho probado.
(El que confiesa un delito no tiene ya escapatoria y debe sufrir las consecuencias.)

CONSCIENCE
A clear conscience fears no false accusations.
Ten segura tu conciencia y llame el juez a tu puerta.
(El que tiene la conciencia tranquila porque no ha hecho mal alguno, no debe temer nada.)

A good conscience makes a soft pillow.
La mejor almohada es la conciencia sana.
(Duermen bien los que tienen la conciencia tranquila porque no han hecho mal a nadie. Cf. *A quiet conscience sleeps in thunder.*)

A guilty conscience needs no accuser.
La propia conciencia acusa.
(Porque la conciencia de uno acusa.)

A quiet conscience sleeps in thunder.
Sueño sosegado no teme nublado.
(El sueño de los que tienen una buena conciencia no se ve turbado por nada.)

Conscience is a thousand witnesses.
La buena conciencia vale por mil testigos.
(Muchos no actúan mal porque la propia conciencia hace de testigo de la fechoría.)

CONSENT
Silence gives consent. *Vide*: SILENCE.

CONTEMPT
Contempt of a man is the sharpest reproof.
Mucho castiga quien desprecia.
(El desprecio es el mayor castigo que podemos infligir.)

Familiarity breeds contempt. *Vide*: BREED.

To be too busy, gets contempt. *Vide*: BUSY.

CONTENT
Content is better than riches.
Quien se contenta es dichoso.
(La dicha es mejor que la riqueza. Conformarse con lo que se tiene es la verdadera riqueza.)

CONVENIENCE
No convenience without its inconvenience.
No hay conveniencia sin inconveniencia.
(Para conseguir algo que deseamos tenemos que sufrir algunas molestias. Cf. *El que algo quiere, algo le cuesta.*

COOK
Every cook praises his own broth.
Cada ollero alaba su olla.
(Cada cual pone por las nubes lo suyo, lo que hace y le interesa.)

Too many cooks spoil the broth.
Obra de común, obra de ningún.
Muchos componedores descomponen la olla.
(Cuantos más se afanan por hacer algo, peor sale. La burocracia es un buen ejemplo de la verdad de estos dos refranes. Se supone que al ser la tarea compartida, nadie asume responsabilidades.)

C

COST
Courtesy costs nothing. *Vide*: COURTESY.

What costs little is little esteemed.
Lo que poco cuesta no se aprecia.
(Apreciamos más lo que conseguimos con dinero, esfuerzo o voluntad. Lo que nos viene como llovido del cielo no se suele estimar tanto.)

COUNSEL
Night is the mother of counsel. *Vide*: NIGHT.

COUNT
Don't count your chickens before they are hatched. *Vide*: CHICKEN.

COUNTRY
You can take the boy out of the country but you can't take the country out of the boy.
Muchos entran en la corte y no la corte en ellos.
(Este refrán tiene muchas variantes en los Estados Unidos y significa que las personas no cambian y siguen siempre, en el fondo, aferradas a sus costumbres. El campesino en la ciudad seguirá siendo campesino. En el refrán castellano por *corte* se entiende la capital de España.)

COUPLE
Every couple is not a pair. *Vide*: PAIR.

COURTESY
Courtesy costs nothing.
Lo cortés no quita lo valiente.
(Para una ampliación de la versión castellana Cf. *Cortesía de boca, mucho vale y poco costa*. Se explica que ser cortés no cuesta dinero y es conveniente porque nada se pierde siéndolo.)

COVET
All covet, all lose. *Vide*: LOSE.

COVETOUSNESS
Covetousness breaks the sack.
La codicia rompe el saco.
Codicia mala, saco rompe.

(No es bueno ser codicioso y desear demasiadas cosas. Naturalmente que ahora la palabra *greed* se emplea más que *covetousness*. También: *Over covetous was never good.*)

Covetousness is the root of all evil.
La codicia es la raíz de todos los males.
(También se dice que *Idleness is the root of all evil*, y que *Money is the root of all evil*.)

COW
The cow that is first up, gets the first of the dew.
El que madruga, coge la oruga.
La buena jornada empieza muy de mañana.
(Madrugar es bueno y trasnochar no lo es. Hay varios refranes que incitan a levantarse temprano: Cf. *Early to bed, early to rise, makes a man healthy, wealthy and wise* y *the early bird catches the worm*.)

COWARD
Cowards die many times.
Quien teme la muerte no goza la vida.
(Los cobardes mueren muchas veces en el sentido de que pasan por el mal trago de su miedo con frecuencia. El refrán español indica cosa parecida ya que el que anda preocupado por la muerte no puede disfrutar de la vida. En ambos idiomas se nos amonesta a despreocuparnos de la muerte. Cf. *He that fears death lives not.*)

COWL
The cowl does not make the monk. *Vide*: **MONK.**

CRADLE
What's learnt in the cradle lasts till the tomb.
Lo que se aprende en la cuna siempre dura.
(L. *Quod nova testa capit, inveterata sapit*. Lo que se aprende de pequeño o en la primera juventud, nunca se olvida. Los viejos pierden la memoria reciente pero recuerdan su niñez y juventud perfectamente. En francés es: *De ce qui s'apprend au berceau l'on souvient jusqu'au tombeau.*)

CREDIT
He that has lost his credit, is dead to the world.
La mala fama, al hombre mata.

(La buena fama, *credit*, lo es todo y el que la pierde, no es nada. Shakespeare dice en *Otelo* [III,3]: *Who steals my purse steals trash; 'tis something, nothing... ...But he that filches from me my good name, robs me of that which not enriches him, and makes me poor indeed.*)

CRIPPLE
He that dwells next door to a cripple, will learn to halt.

Quien con un cojo se junta, al año cojo y medio.

(La palabra *halt* aquí significa *limp*, cojear. Cf. *Who keeps company with the wolf will learn to howl*. Y también, *A man is known by the company he keeps*. Ambos refranes indican que los defectos se contagian.)

CROSS
Cross the stream where it is shallowest.

El río por donde suena se vadea.

(No lo pongas difícil; las cosas hay que hacerlas de la manera menos complicada y más segura. En el caso del río, no cruces por lo más profundo sino por el vado. Cf. *No safe wading in an unknown stream*.)

Every man must carry his own cross.

Cada uno tiene su cruz.

Grande o pequeño, cada uno carga con su leño.

(Hace referencia a la cruz de Jesucristo. En la vida, cada cual tiene una carga que soportar.)

CROW
He has brought up a crow to pick out his own eyes.

Cría cuervos y te sacarán los ojos.

(Se refiere a que la gente es desagradecida. Los franceses dicen: *nourris un corbeau, il te crèvera les yeux*.)

CROWD
Two is company, three is a crowd.

A menos bulto más claridad.

Compañía de dos, compañía de Dios.

(El refrán se aplica cuando un hombre y una mujer están juntos y no quieren la presencia de un tercero. En cuestiones de amor especialmente, dos es más que suficiente. Se pueden decir cosas que con un tercero, con público, no se pueden decir.)

CRUEL
Sometimes you must be cruel to be kind. *Vide*: KIND.

CRY
It's no use crying over spilt milk. *Vide*: MILK.

Much cry and little wool.
Mucho ruido y pocas nueces.
Más pan y menos manteles.
(*Mucho prometer y poco dar* es otra posible versión castellana. A mucha gente se le va la fuerza por la boca. Este refrán tiene la siguiente coletilla: *quoth the Devil when he sheared his hogs*. L. *Multum clamoris parum lanae*.)

CURE
No pain, no cure. *Vide*: PAIN.

What can't be cured must be endured.
Hacer de tripas corazón.
Mal que no tiene cura, quererlo curar es locura.
Buen remedio es olvidar lo que no puedes enmendar.
(Lo que no tiene remedio hay que aguantarlo y sufrirlo. Horacio: *quicquid corrigere est nefas*.)

CUSTOM
Customs reconcile us to everything.
A todo se hace uno.
(Nos hacemos a todo, bueno y malo.)

Custom rules the law.
Del hecho nace el derecho.
La costumbre hace ley.
(La base de las leyes es la costumbre. En diferentes países o lugares, al haber diferentes costumbre, hay diferentes leyes.)

Old customs are best.
Antigua costumbre nadie la derrumbe.
Las más de las cosas viejas son mejores que las nuevas.
(Lo conocido siempre es mejor que lo nuevo y no probado. Cf. *Más vale malo conocido que bueno por conocer*. Y los franceses dicen: *L'habitude est une autre nature*.)

D

DAINTY
Plenty is no dainty. *Vide*: PLENTY.

DANGER
A danger foreseen is half avoided.
Hombre prevenido vale por dos.
(El que las ve llegar, las puede evitar.)

Better pass danger once, than be always in fear.
Más leve es padecer el daño que esperallo.
(Este refrán indica que es preferible pasar un mal trago a vivir en continuo
desasosiego esperándolo.)

He that would sail without danger, must never come on the main sea. *Vide*:
SAIL.

Out of debt, out of danger. *Vide*: DEBT.

The more danger, the more honor.
Donde no hay riesgo no se gana mérito.
A más honor, más dolor.
A más moros, más ganancias.
(Cuanto más peligro se corre, más probabilidades de obtener honores. Tam-
bién se dice *the post of honor is the post of danger*. Se aplica a la guerra principal-
mente.)

What is not wisdom is danger.
Dejar lo cierto por lo dudoso, es peligroso.
(Todo lo que se aparta del pensamiento juicioso, implica riesgo o peligro.)

DARK
The darkest hour is that before dawn. *Vide*: HOUR.

DAY
Barnaby bright, Barnaby bright, the longest day and the shortest night.
El día de San Bernabé dijo el sol: "Hasta aquí llegué."
San Bernabé le quita al buey la mosca y al burro le hace peer.
(San Bernabé es el 11 de junio y *peer* significa expeler ventosidades por el ano.)

No day passes without some grief.
Cada día trae su agonía.
(No hay día que no nos depare algo desagradable.)

The longest day must have an end.
Gota a gota la mar se apoca.
No hay bien ni mal que cien años dure.
(Todo tiene su puntual fin. Por difícil y largo que resulte el día, o la tarea o el mes, se acaba. Las dificultades, las adversidades, también se acaban. Cf. *It's a long lane that has no turning.*)

DEAD
A dead dog cannot bite. *Vide*: DOG.

Dead dogs bite not.
Perro muerto, ni muerde ni ladra.
(Los muertos ya no son un peligro. En latín se dice: *Canis mortuus non mordet.*)

Dead men don't bite.
Perro muerto no muerde. / Perro muerto ni muerde ni ladra.
(Los muertos no presentan peligro alguno para los vivos. Joseph Conrad dice algo curioso sobre los muertos en *The Secret Agent*: *Mrs. Verloc entertained no vain delusions on the subject of the dead. Nothing brings them back, neither love nor hate. They can do nothing to you. They are nothing.* Y Erasmo dice en sus *Adagios: Mortui non mordent.*)

Dead men have no friends.
Con los muertos no se cuenta.
(Los muertos no pueden revelar secretos ni contar chismes, afortunadamente porque ya tenemos bastante con los vivos.)

Dead men tell no tales.
Hombre muerto no habla.
(Me pregunto si esto lo dicen los gángsters en las películas o es que cuando la gente muere deja de hablar por fin. Posiblemente la única manera de que el hombre no cotillee, *carry tales*, es muriéndose. De todas formas está claro que *la muerte todo lo ataja*.)

He that has lost his credit is dead to the world. *Vide*: **CREDIT**.

Let the dead bury the dead.
Deja que los muertos entierren a sus muertos.
(Matthew, San Mateo, 8.22, *But Jesus said unto him, Follow me; and let the dead bury their dead. Le dijo Jesús: Sígueme y deja sepultar sus muertos a los muertos.* Con lo cual se nos indica que los vivos son más importantes que los muertos y que hay cosas más necesarias en la existencia que practicar el culto a los muertos.)

We must live by the living, not by the dead. *Vide*: **LIVE**.

DEAF
For mad words, deaf ears. *Vide*: **WORD**.

None so deaf as those who won't hear.
No hay peor sordo que el que no quiere oír.
(*Aures habent et non audiet* se dice en los Salmos. Y en francés es: *Il n'y a pas de mauvais sourd, qui celui qui ne veut pas entendre*.)

DEAL
A deal is a deal.
El trato es trato.
Lo tratado es lo tratado.
(Hay que atenerse siempre a lo acordado.)

Plain dealing is a jewel, but they that use it die beggars.
Sin robar no se junta gran caudal.
(La honradez, según este refrán, sólo conduce a la miseria. Es una conclusión pesimista y esperemos que equivocada.)

Plain dealing is best.
El mejor camino, el recto.

(La honradez es la mejor manera de actuar. Sin embargo Cf. *Plain dealing is a jewel, but they that use it die beggars.*)

DEAR

A thing you don't want is dear at any price.
Lo barato es caro cuando no es necesario.
(Por poco que cueste lo que no se necesita es caro. Cf. *Cheap things are dearest.*)

Cheap things are dearest. *Vide*: CHEAP.

DEATH

A dry cough is the trumpeter of death.
Una tos seca es de la muerte trompeta.
(Una tos seca quería decir tisis, o sea: muerte cierta.)

A good life makes a good death.
No es mala la muerte si el hombre va como debe.
(Si se vive bien, se muere bien.)

At every hour death is near.
Cuando menos se piensa, la muerte llega.
(La muerte puede sobrevenir en cualquier momento y siempre está al acecho.)

Death alone can kill hope. *Vide*: HOPE.

Death is the great leveller.
La muerte todo lo barre, todo lo iguala y todo lo ataja.
(L. *Omnia mors aequat*, todo lo iguala la muerte.)

Death is the remedy of all things.
La muerte es gran remediadora.
(Con la muerte todo se acaba y, por lo tanto, todo se remedia, excepto la muerte misma. En latín se dice que *mors ultima ratio*, la muerte es la última razón de todo.)

Death defies the doctor.
El mal de muerte, no hay médico que acierte.
(También se dice que *death is a plaster remedy for all ills.*)

Death pays all debts.

La muerte todo lo ataja.
(Con la muerte se acaban las deudas y los sinsabores y los problemas. Pero es necesario recordar que en muchos países los herederos del difunto deben hacerse cargo de sus deudas. Cf. *Death is the end of all.*)

Death keeps no calendar.
Muerte cierta, hora incierta.
(La muerte no sabe de calendarios ni de fechas ni de horarios.)

Death rather frees us from ills than robs us from our goods.
Males y bienes acábalos la muerte.
(Cf. *Death is the remedy of all things.*)

He that fears death lives not.
Quien teme la muerte, no goza la vida.
(Siempre hay varias versiones del mismo refrán, tanto en inglés como en castellano. Se dice *a la muerte no hay remedio, si no extender la pierna* porque no tiene vuelta de hoja. Cf. *Cowards die many times.*)

Nothing is certain but death and taxes. *Vide*: DEATH.

There is a remedy for all things but death. *Vide*: REMEDY.

Such a life, such a death. *Vide*: LIFE.

DEBT
Out of debt, out of danger.
Paga lo que debes, sanarás del mal que tienes.
(El que nada debe, nada debe temer. Se hace hincapié aquí, como en tantos otros refranes, sobre lo malo que es deber favores o dineros. En latín se decía: *Felix qui nihil debet.*)

Promise is debt. *Vide*: PROMISE.

DECEIT
Trust is the mother of deceit.
A buena fe, un mal engaño. / Por la confianza se nos entra el engaño.
(El que confía demasiado suele ser engañado. El original en latín dice: *qui facile credit, facile decipitur.*)

DECEIVE
Deceiving those who trust us, is more than a sin. *Vide*: TRUST.

He that once deceives, is ever suspected.
Una vez me podrás engañar; pero no más.
(Este refrán advierte que los que engañan a otros están siempre bajo sospecha y no se les cree.)

If a man deceives you once, shame on him; if twice, shame on you.
Quien te engañó, te engañará; y si repite, bien te estará.
(Advierte que no hay que dejarse engañar más de una vez o pecaremos de tontos.)

To deceive a deceiver is no deceit.
Engañar al engañador, no hay cosa mejor.
El que roba a un ladrón, tiene cien años de perdón.
Quien engaña al engañador, cien días gana de perdón.
Hacer como hacen no es pecado.
(Este refrán tiene muchas posibilidades en castellano y da a entender que engañar a los que engañan no es pecado porque así se les da una lección y, además, se lo tienen merecido. Cf. *Tit for tat is fair play*. También se dice que *Deceiving of a deceiver is no knavery*.)

DEED
A man of words and not of deeds is like a garden full of weeds. *Vide:* WORD.

The deed comes back upon the doer.
Donde las dan las toman.
(Cf. *The biter is sometimes bit*.)

There is a great difference between word and deed.
Del dicho al hecho hay un gran trecho.
(Hay mucho camino entre lo que se dice y lo que se acaba haciendo. Además, no se debe confiar en promesas porque a lo mejor no se cumplen.)

DELAY
Delays are dangerous.
Lo que hoy no hagas, no lo harás mañana.
Más vale un "hoy" que diez "mañanas".

(Indica que cuando hay que hacer algo lo mejor es no posponerlo porque puede ser peligroso. Cf. *Do it now*.)

DESERVE
One good turn deserves another. *Vide*: TURN.

DESIRE
We soon believe what we desire. *Vide*: BELIEVE.

DEVIL
Better the devil you know than the devil you don't know.
Más vale malo conocido que bueno por conocer.
(Erasmo dijo: *nota res mala, optima*. Lo desconocido siempre implica un riesgo y un peligro por bueno que parezca.)

Haste is of the devil. *Vide*: HASTE.

Needs must when the devil drives.
A la fuerza ahorcan.
(*Needs must go*: hay que ir por fuerza, a la fuerza. Las cosas se suelen hacer por necesidad, a la fuerza, especialmente cuando el diablo quiere y obliga.)

Talk of the devil and he is sure to appear.
Hablando del rey de Roma, por la puerta asoma.
(Se emplea cuando aparece alguien de quien se estaba hablando en ese momento. Se dice *devil* en plan de broma, claro está.)

The devil can cite Scripture for his purpose.
Cuando el diablo reza, cerca viene el fin.
(De William Shakespeare en su *Mercader de Venecia*.)

The devil finds work for idle hands (to do).
La ociosidad es la madre de todos los vicios.
(Este refrán indica que los que nada tienen que hacer, los que no están ocupados en algo, traman o maquinan males.)

The devil is not as black as he is painted.
No es el diablo tan feo como lo pintan. / No es tan fiero el león como lo pintan.
(Se solía pintar al diablo de color negro. Indica el refrán, cuando se habla de una persona, que no es tan mala como se dice de ella.)

The devil knows many things because he is old.
Más sabe el diablo por viejo que por diablo.
(El diablo sabe mucho por la experiencia de los años, más que por ser diablo. Se aplica a la gente mayor.)

The devil looks after his own.
El diablo es grande amigo del hombre rico.
(El diablo ayuda a los malos y malvados y les hace prosperar. Así se explicaba el porqué del éxito de muchos.)

The devil lurks behind the cross.
Entre la cruz y el agua bendita, el diablo se agita.
Detrás de la cruz está el diablo.
(Hay hipócritas que aparentan virtud externa que encubre vicios y maldad.)

The devil sometimes speaks the truth.
Algunas veces dice el diablo la verdad.
(Los mentirosos a veces dicen la verdad.)

The devil take the hindmost.
El que venga detrás que arree.
(Este refrán indica que el último siempre lleva las de perder.)

DIE
A bad thing never dies.
Mala hierba nunca muere.
(Lo malo dura y perdura.)

Cowards die many times. *Vide*: COWARD.

Few die of hunger, a hundred thousand of surfeits.
De hambre pocos vi morir, de mucho comer cien mil.
(*Surfeit*: empacho, indigestión.)

Let us eat and drink for tomorrow we shall die. *Vide*: EAT.

Old habits die hard. *Vide*: HABIT.

Never say die.
Las almas grandes nunca se abaten.

(Normalmente este dicho tiene la coletilla: *up man and try*. Por mala que sea una situación no hay que cejar ni perder esperanzas.)

The die is cast.
La suerte está echada.
(Palabras de Julio César [100-44 a. C.] cuando cruzó el Rubicón: *Iacta alea est*. Se emplea cuando se toma una decisión importante e irreversible.)

The good die young. *Vide*: GOOD.

You can only die once.
Sólo se muere una vez.
(No hay que temer a la muerte porque sólo se muere una vez. Puede que sea un mal trago, pero sólo se sufre una vez.)

You can't take it with you when you die.
Nadie de aquí rico se va; lo que tenga aquí lo dejará.
(Este refrán se aplica mucho con las personas tacañas y excesivamente ahorrativas. Cuando se mueran no se van a llevar sus riquezas con ellos. Cf. *Shrouds have no pockets*.)

Whom the gods love die young.
A quien Dios quiere para sí, poco tiempo lo tiene aquí.
A quien Dios ama, le llama.
(Plauto: *quem di diligunt, adolecens moritur*. Es una forma de consuelo para aquellos que pierden a un joven. Cf. *The good die young*.)

Young men die, but old men must die. *Vide*: YOUNG.

DIG
To dig one's grave with one's teeth. *Vide*: GRAVE.

DILIGENCE
Diligence is the mother of good luck.
La diligencia es la madre de la buena ventura.
(También existe la variante: *Diligence is the mother of good fortune*.)

Diligence makes an expert workman.
Acude a tu oficio que todo lo demás es vicio.
(Se recomienda que la gente se aplique a lo suyo.)

DINNER

After dinner rest a while, after supper walk a mile.
La comida reposada y la cena paseada.
La comida, a reposar; y la cena a pasear.
Después de la comida, dormir la siesta, y pasear después de la cena.
(Los romanos decían, *Post prandium stabis, post cenam ambulabis*.)

DIRT

Throw dirt enough, and some will stick
Tira el barro a la pared: si pegase, si no, hará señal.
Calumnia, que algo queda.
(Cuando se calumnia, siempre se hace daño a la reputación del calumniado.)

DISCRETION

Discretion is the better part of valour.
Lo cortés no quita lo valiente.
(Esta famosa cita de Shakespeare no tiene un refrán paralelo en castellano, pero creo que el elegido vale.)

DISEASE

A deadly disease neither physician nor physic can ease.
Mal que no tiene cura, quererlo curar es locura.
(La enfermedad incurable, terminal, no tiene remedio y no hay médico que pueda ayudar.)

Desperate diseases must have desperate remedies.
A grandes males, grandes remedios.
(L. *Extremis malis extrema remedia*. En situaciones extremas hay que aplicar métodos extremos.)

Many dishes make many diseases.
De grandes cenas están las sepulturas llenas.
(Comer en demasía no es bueno. La idea, como se ve, no es nueva.)

The remedy may be worse than the disease. *Vide*: REMEDY.

DISH
Many dishes make many diseases. *Vide*: DISEASE.

DISPUTE
At a round table there's no dispute of place.
En mesa redonda no hay cabecera.
(Da a entender que la gente es igual se siente donde se siente. En mesa redonda
todos son iguales.)

DISTRESS
Two in distress makes sorrow less.
Mal de muchos, consuelo de tontos (todos).
Desgracia compartida, menos sentida.
(Los males compartidos parecen menos. También se dice *A trouble (problem)
shared is a trouble (problem) halved.*)

DO
Do as I say not as I do.
Haz lo que bien digo, y no lo que mal hago.
(Matthew, San Mateo, 23.2. *Haced y guardad lo que os digan, pero no hagais lo
que ellos hacen...but do not ye after their works: for they say and do not.*)

Do as you would be done by.
Haced como queréis que hagan con vosotros.
(Luke, Lucas 6.31, *Y como deseáis que hagan con vosotros los hombres, haced
vosotros con ellos. And as ye would that men should do to you, do ye also to them
likewise.*)

Do it now.
Diciendo y haciendo. / Antes hoy que mañana.
(Las cosas hay que hacerlas en caliente, sin pensárselo mucho. Otro dicho
que insta a la acción es: *He who hesitates is lost.*)

Do unto others as you would they should do unto you.
Y como queréis que hagan los hombres con vosotros, así también haced
vosotros con ellos.
(Cf. *Do as you would be done by.*)

Do well and have well. *Vide*: WELL.

Do what is right, come what may.
Haz bien y no mires a quien.
(Hay que hacer lo correcto sin preocuparse de las consecuencias.)

D

He who has done ill once, will do it again.
Quien hizo, hará.
(No se puede uno fiar del que ha hecho una mala pasada porque muy posiblemente trate de hacerlo otra vez.)

If you want a thing well done, do it yourself.
Si quieres ser bien servido, sírvete a ti mismo.
(¡Sin comentarios!)

Ill doers are ill thinkers.
Cree el ladrón que todos son de su condición.
(Los que hacen el mal piensan que los demás son y hacen igual.)

In doing we learn. *Vide*: LEARN.

Never do things by halves.
Nunca hagas las cosas a medias.
(No es bueno comenzar y dejar las cosas sin acabar. O se hacen o no se hacen.)

One never loses by doing a good turn. *Vide*: TURN.

Saying and doing do not dine together.
Decir y hacer no comen a una mesa.
(Las dos cosas no van siempre juntas. Una cosa es decir y otra hacer. Cf. *Saying is one thing and doing is another*.)

Saying is one thing and doing is another. *Vide*: SAY.

The greatest talkers are the least doers. *Vide*: TALK.

The shortest answer is doing. *Vide*: ANSWER.

Things done cannot be undone.
No se puede desandar lo andado.
(Lo hecho, hecho está y no tiene remedio.)

What's done cannot be undone.
Lo hecho, hecho está.
(Hay que afrontar las consecuencias de nuestros actos.)

When in doubt do nowt. *Vide*: DOUBT.

When in Rome do as the Romans do. *Vide*: ROME.

DOCTOR
The best Doctors are Dr. Diet, Dr. Quiet and Dr. Merryman.
Los mejores médicos son: el Dr. Alegría. el Dr. Dieta y el Dr. Tranquilidad.
(Reseño la versión castellana, que en este caso es una traducción, a título de
curiosidad. Se ha encontrado en *Spanish Grammar and Culture Through Proverbs*
de Richard D. Wood. No la reseña ningún refranero.)

DOG
A dead dog cannot bite.
Los muertos no hablan. / Muerto el perro se acabó la rabia.
(Los muertos no representan peligro.)

A dog is man's best friend.
El mejor amigo, un perro.
(El perro ha sido el amigo y colaborador del hombre a través de la historia. Se
dice este refrán para hablar de la inconstancia de los amigos al poner como
ejemplo la amistad del perro que es la verdadera.)

A living dog is better than a dead lion.
Más vale perro vivo que león muerto.
(Es mejor tener poco que desear mucho que no se tiene o no se puede tener.
Eclesiastés, Ecclesiastes, 9.4, *For to him that is joined to all the living there is
hope: for a living dog is better than a dead lion, mientras uno está unido a todos los
vivos, tiene esperanza; porque más vale perro vivo que león muerto.* La traducción
latina es: *Melior est canis vivus leone mortuo.*)

An old dog barks not in vain.
El perro viejo no ladra en vano.
(Cuando el perro viejo, que tiene mucha experiencia, ladra, lo hace por causa
justificada.)

As a dog returneth to his vomit, so a fool returneth to his folly. *Vide*:
VOMIT.

Barking dogs seldom bite.
El gato maullador, nunca buen cazador.

Perro que ladra no muerde. / Perro ladrador, poco mordedor.
(En francés se dice que *chien qui aboit ne mord pas*. El que mucho amenaza no suele atacar o ser peligroso. L. *Canes que plurimum ladrat, perraro mordent.*)

Better be the head of a dog than the tail of a lion.
Más vale ser cabeza de ratón que cola de león.
(Por *head of a dog* se dice también *head of a fox, mouse, lizard*, etc.)

Dead dogs bite not. *Vide*: DEAD.

Dog does not eat dog.
Un lobo a otro no se muerden.
Un perro a otro no se muerden.
Los perros, hermanos; y los ganaderos, extraños.
(No hay que hacer daño a los de nuestro conocimiento o familia. También se dice: *Hawks will not pick out hawks' eyes.*)

Dogs wag their tails not so much in love to you as to your bread.
Menea la cola el can, no por ti sino por el pan.
¿Quieres que te siga el can? Dale pan.
(No es el afecto o el cariño lo que mueve a la gente, sino el interés y lo que puede sacar, nos dicen estos refranes.)

Every dog has his day.
A cada pajarillo le llega su veranillo.
A cada santo le llega su día de fiesta.
(Todos tenemos nuestra oportunidad en la vida, más tarde o más temprano.)

If the old dog bark, he gives counsel.
El perro viejo cuando ladra da consejo.
(Por su experiencia de años. Cf. *Old dogs bark not in vain.*)

If you lie down with dogs you'll get up with fleas.
Quien con niños se acuesta cagado amanece (se levanta.)
Quien con perros se echa, con pulgas se levanta.
(Las compañías pueden traer adversas consecuencias. En el caso del refrán inglés, *fleas*; en el castellano, algo mucho peor.)

In every country dogs bite.
En todas partes cuecen habas.

(Básicamente es igual en todas partes. La gente hace lo mismo, quiere lo mismo, etc.)

It's dogged as does it.
Quien la sigue, la consigue.
(El que persevera obtiene lo que quiere.)

Let sleeping dogs lie.
Al perro que duerme, no le despiertes.
No despiertes a quien duerme.
(En latín es: *quieta non movere*, no turbes el reposo de las cosas que descansan. Otro refrán que quiere decir lo mismo es: *When sorrow is asleep, wake it not.*)

Love me, love my dog.
Quien bien quiere a Beltrán, bien quiere a su can.
(L. *Qui me amat, amet et canem meum.* El que me quiere tiene que aceptarme tal como soy, con perro incluido, esto es: con mis defectos, mi familia, mis deudas, etc.)

The dog barks but the caravan goes on.
El perro ladra, pero la caravana pasa.
(Este es un proverbio o refrán oriental muy conocido en Europa.)

The dog returns to its vomit.
Como el perro que vuelve a su vómito.
(Proverbios: XXVI, 11, *Como el perro que vuelve a su vómito, así el necio que recae en su necedad. Vide:* **VOMIT**.)

The dog that is idle barks at his fleas.
El diablo cuando no tiene nada que hacer, con el rabo mata moscas.
(Los que no tienen nada que hacer y se aburren, se entretienen en ocupaciones de poca monta o importancia.)

You cannot teach an old dog new tricks.
Loro viejo no aprende a hablar.
(A los mayores no se les puede enseñar porque tienen sus costumbres arraigadas y los hábitos hechos y se niegan a adquirir nuevos conocimientos o habilidades.)

DOLLAR
Take care of the pence (dimes) and the pounds (dollars) will take care of themselves. *Vide*: POUND.

DONKEY
Scabby donkeys scent each other over nine hills.
Nunca falta un roto para un descosido.
(*Scabby* aquí significa roñoso, asqueroso, tiñoso. Los que tienen defectos o taras encuentran consuelo con los que sufren de lo mismo, y se juntan.)

DOOR
An open door may tempt a saint.
Puerta abierta al santo tienta.
(Cf. *Opportunity makes a thief*. En este caso, hasta un santo puede caer en el pecado si se le da una buena oportunidad.)

When one door shuts another opens.
Cuando una puerta se cierra, otra se abre.
Si una puerta se cierra, ciento se abren.
(Por muy adversas que sean las circunstancias siempre surgen nuevas oportunidades. No hay que desesperar, nos dice este refrán. Burton en su *Anatomy of Melancholy* dice en p. 198: *Premente deo, fert deus alter opem*, cuando un dios amenaza, otro viene a la defensa.)

DOUBT
He that knows nothing, doubts nothing. *Vide*: KNOW.

When in doubt do nowt.
En la duda, abstente.
No la hagas y no la temas.
(Lat. *In dubiis abstine. Nowt: nought, nothing.* Es preferible no hacer o actuar que caer en el error, si no se está seguro.)

DRAW
To draw water to one's mill. *Vide*: WATER.

DREAD
A burnt child dreads the fire. *Vide*: BURN.

DRESS
Dress up a stick and it doesn't appear to be a stick.
Palo compuesto no parece palo.
(Cuando una persona se arregla y viste bien parece mucho mejor ante los demás, por poco agraciada que se sea.)

DRINK
Don't say I'll never drink of this water. *Vide*: WATER.

DRIP
Constant dripping wears away the stone. *Vide*: STONE.

DROP
The last drop makes the cup run over.
La gota que colma el vaso.
(Todo tiene un límite. Cf. *It is the last straw that breaks the camel's back*.)

DROWN
A drowning man will clutch at a straw.
Agarrarse a un clavo ardiendo.
A un clavo ardiendo se agarra el que se está hundiendo.
No se debe poner la espada en mano del desesperado.
(En una situación desesperada, cualquiera, uno que se ahoga, por ejemplo, se agarrará hasta a un clavo ardiendo y recurrirá a cualquier cosa con tal de salvarse. Se sabe lo peligrosa que es una persona que se ahoga en el agua pues incluso llegará a ahogar a su salvador. Posiblemente el clavo ardiendo del dicho castellano sea más ilustrativo de la desesperación pero *the straw* también indica que se intentará cualquier cosa.)

DRUNKENNESS
What soberness conceals, drunkenness reveals.
La ebriedad es amiga de la verdad.
Donde entra el vino la verdad sale.
(Los borrachos son locuaces y lo cuentan todo.)

E

EAR

Walls have ears. *Vide*: WALL.

EARLY

Early to bed, early to rise, makes a man healthy, wealthy and wise. *Vide*: BED.

The early man never borrows from the late man.
Para el último no hay cuchara.
El que siembra temprano, tiene.
(Se refiere, como indica el segundo refrán castellano, a que los que sembraban temprano y a su tiempo, tenían buena cosecha y no necesitaban tomar prestado. También se dice: *Early sow, early mow*. Y en latín se decía a los que llegaban tarde: *Tarde venientibus ossa*, los que llegan tarde, huesos.)

Though you rise early, yet the day comes at his time, and not till then.
No por mucho madrugar amanece más temprano.
(Todo viene a su tiempo, sin prisas, y hay que saber esperar.)

EAST

When the wind is in the east, 'tis neither good for man nor beast. *Vide*: WIND.

EASY

All things are easy that are done willingly.
Tarea que agrada presto se acaba.
(Lo que se hace con agrado y por las buenas resulta un placer hacerlo e incluso fácil.)

Easier said than done.
Es más fácil de decir que de hacer.

Del dicho al hecho, hay un gran trecho.
(Hacer proyectos es cosa simple y está al alcance de todos, pero llevarlos a la
práctica ya es más difícil.)

Easy come, easy go.
Los dineros del sacristán, cantando vienen y cantando van.
Lo que el agua trae, el agua lleva.
(Hay muchas variantes: *Light come, light go; quickly come, quickly go*, pero todas
inciden en que lo que se consigue sin esfuerzo, no dura.)

Easy does it.
Despacio que tengo prisa.
Despacio y buena letra.
(*Easy* tiene, entre otras, la acepción de *unhurried, not fast*. La equivalencia que
he elegido implica más, habla de la prisa y que cuando se hacen las cosas con
rapidez hay que hacerlas dos veces por haberlas hecho mal. Cf. *Slow and steady
wins the race*.)

It's easier to pull down than to build. *Vide*: BUILD.

EAT
Appetite comes with eating. *Vide*: APPETITE.

Eat to live and not live to eat.
Comer para vivir y no vivir para comer.
(Como otros muchos refranes, tanto ingleses como castellanos, se advierte que
comer demasiado no es bueno para la salud. Hace siglos ya se sabía que la
glotonería es mala. Don Quijote advierte a Sancho [II, 43] *come poco y cena más
poco, que la salud de todo el cuerpo se fragua en la oficina del estómago*.)

Eating and scratching wants but a beginning.
El comer y el rascar, todo es empezar.
(Este refrán se emplea para dar ánimo a alguien para que comience alguna cosa.)

He that eats till he is sick, must fast till he is well.
Comer hasta enfermar y ayunar hasta sanar.
(Otro ejemplo que nos advierte lo malo que es comer en demasía y que el ayuno
es saludable y cura.)

If you won't work you shan't eat. *Vide*: WORK.

E   **Let us eat and drink; for tomorrow we shall die.**
Comamos y bebamos que mañana moriremos.
(Isaiah, Isaías, 22.13. Seamos felices porque no sabemos lo que pasará mañana.)

We must eat a peck of dirt before we die.
Lo que no mata engorda.
(Por muy escrupulosos que seamos no nos escaparemos de comer un *peck of dirt*, más tarde o más temprano. Y no pasará nada, como advierte el refrán castellano. *Peck* era una medida de áridos.)

EAVESDROPPER
Eavesdroppers seldom hear good of themselves.
Quien acecha por agujero, ve su duelo.
Quien escucha, su mal oye.
(El cotilla, el fisgón, a veces oye cómo se habla mal de él mismo. Cf. *He who peeps through a whole may see what will vex him.*)

EFFECT
Take away the cause and the effect must cease. *Vide*: CAUSE.

EGG
Better an egg today than a hen tomorrow.
Mejor es huevo hoy que pollo mañana.
(Siempre es mejor lo que se tiene, aunque no sea mucho, que posibles mejoras en el futuro.)

To kill the goose that lays the golden eggs. *Vide*: GOOSE.

You cannot make an omelette without breaking eggs. *Vide*: OMELETTE.

EMPTY
Empty vessels make the most sound.
El tonel vacío mete más ruido.
(Los ignorantes, los tontos, son los que más hablan y más ruido hacen. Los recipientes vacíos suenan más que los llenos.)

END
All good things must come to an end.
Todo lo bueno se acaba.
(Y lo malo también. Cf. *Everything has an end.*)

At the game's end we shall see who gains.
Al freír será el reír (y al pagar será el llorar.)
(También se dice: *Merry is the feast-making till we come to the reckoning.* Todo marcha bien hasta que llega el momento de la verdad.)

Everything has an end.
Todo termina. / Fin han de tener las cosas.
(Cf. *The end crowns the work* y *Even the weariest river winds somewhere safe to sea.*)

The end crowns the work.
El fin corona la obra.
(Lat. *Finis coronat opus.* También, *The end crowns all.*)

The end justifies the means.
El fin justifica los medios.
El fin lo hace todo.
(Se atribuye esta frase a Hermann Busenbaum, jesuita, que dijo: *Cum finis est licitus, etiam media sunt licita.* Sin embargo Iribarren da otras alternativas sobre el posible origen de la frase: Pascal, por ejemplo, en sus *Cartas provinciales.* Cita a León Medina quien dice que Maquiavelo, en el capítulo XVIII de *El Príncipe*, menciona el *fin* y los *medios*. Pero antes que el escritor italiano, Eurípides y Cicerón ya escribieron frases parecidas.)

ENDURE
What can't be cured must be endured. *Vide*: CURE.

ENEMY
Despise not your enemy.
Quien a su enemigo popa, a sus manos muere.
(No hay que subestimar al enemigo o su fuerza porque siempre resulta peligroso. Hay que pensar que el enemigo siempre es poderoso.)

Every man is his own enemy.
Tu mayor enemistad en tu corazón está.
El mayor enemigo del hombre es el hombre.
(El hombre suele hacer cosas que le son nocivas a él mismo, sin necesidad de ayuda de los demás.)

God defend me from my friends; from my enemies I can defend myself.
Vide: FRIEND.

E   **It is good to make a bridge of gold to a flying enemy.** *Vide*: BRIDGE.

One enemy is too many; and a hundred friends too few.
Para amigos, todos; para enemigos, uno solo.
(Lo que más se necesita en la vida son los amigos y no los enemigos.)

There's no little enemy.
No hay enemigo pequeño.
(Cf. *Despise not your enemy*. Todo enemigo es potencialmente peligroso.)

ENGLAND
Gluttony is the sin of England.
Con los ingleses, ni a partir nueces: la carne se comerán y las cáscaras te dejarán.
(Estos dos refranes o dichos se incluyen a título de curiosidad. Los dos hacen hincapié en la supuesta glotonería inglesa. Cf. *The way to an Englishman's heart is through his stomach*.)

ENGLISHMAN
The way to an Englishman's heart is through his stomach.
Con los ingleses, ni a partir nueces: la carne se comerán y las cáscaras te dejarán.
(El refrán castellano va más allá de afear a los ingleses su glotonería porque da a entender que lo mejor es no tener trato con ellos.)

ENOUGH
More than enough is too much.
Lo bastante más que lo mucho vale.
En el término medio está la virtud.
(Tener más de lo necesario es demasiado. Hay que conformarse con lo justo, lo que se necesita y no pedir más. Se dice también: *Enough is as good as a feast / to one that's not a beast*. L. *Si satis est multum est*, si es bastante, es mucho.)

ENVY
Better be envied than pitied.
Más vale que nos tengan envidia que lástima.
Más vale envidia que caridad.
(Erasmo en sus *Adagios* decía: *Praestat envidiusum esse quam miserabilem*.)

Envy never enriched any man.
El envidioso nunca fue dichoso.

(La envidia no conduce a nada y no beneficia al envidioso. También: *Envy never dies.*)

He who envies admits his inferiority.
Si envidias a un hombre, por inferior a él te reconoces.
(Porque al ser otro digno de envidia es porque tiene o es más que nosotros y por ende, superior.)

If envy were a fever, all mankind would be ill.
Si la envidia fuera tiña, muchos tiñosos habría.
(Este refrán, como la versión castellana, indica lo común que es la envidia y lo mucho que abunda.)

EQUAL
Before God and the bus conductor we are all equal. *Vide*: GOD.

ERR
To err is human, to forgive divine.
Consejo es de sabios perdonar injurias y olvidar agravios.
(L. *Errare humanum est.* Se atribuye a Alexander Pope, *Essay on Criticism*, pero se dijo antes, por Chaucer y también por Luis Vives.)

EVIL
Covetousness is the root of all evil. *Vide*: COVETOUSNESS.

Evil doers are evil dreaders.
No la hagas y no la temas.
(Los que hacen mal viven en constante zozobra, siempre temiendo lo peor.)

For every evil under the sun, there is a remedy or there is none: if there be one, try and find it; if there be none, never mind it.
A lo que tiene remedio, ponérselo; a lo que no, conformarse con la voluntad de Dios.
(Este refrán recomienda acatar lo que nos acontece si no tiene remedio.)

Idleness is the root of all evil.
La ociosidad es madre de todos los vicios.
(L. *Omnium malorum origo otium.* También: *An idle brain is the devil's workshop.*)

Money is the root of all evil. *Vide*: MONEY.

E

Of two evils, choose the less.
Del mal el menos.
(L. *Minima de malis*. Si no hay más remedio que sufrir, suframos lo menos posible. Tomás de Kempis [*Imitación de Cristo*]: *De duobus malis minus est semper eligendum*, de dos males hay que elegir siempre el menor.)

EXAMPLE
A good example is the best sermon.
Bien predica quien bien vive.
(Obras son amores y no buenas razones, como dice otro refrán castellano.)

Example is better than precept.
Predicar con el ejemplo. / Bien predica quien bien vive.
(Cf. *A good example is the best sermon*. También se dice que *He preaches well who lives well*, que es una buena traducción del refrán castellano.)

EXCEPTION
The exception proves the rule.
La excepción confirma la regla.
(Como toda regla tiene su excepción, la excepción confirma que hay regla.)

There is an exception to every rule.
Toda regla tiene su excepción.
(L. *Nulla regula sine exceptione*.)

There is no rule without an exception. *Vide*: RULE.

EXCUSE
He who excuses, accuses himself.
Excusa no pedida, la culpa manifiesta.
(L. *Excusatio non petita, accusatio manifesta*. Y los franceses dicen: *Qui s'excuse, s'accuse*.)

EXPERIENCE
Experience is the best teacher.
La experiencia es la madre de la ciencia.
(Los proverbios siempre encomian la experiencia. L. *Experientia docet*.)

Experience must be bought.
La experiencia mucho cuesta.

(La única manera de conseguir experiencia es pagando con nuestros propios errores.)

EXTREME

Extremes meet.
Los extremos se tocan.
(Las cosas opuestas tienen mucho en común. L. *Extremitates, aequalitates.*)

EYE

An eye for an eye, a tooth for a tooth.
Ojo por ojo, diente por diente.
(L. *Oculum pro oculo et dentem pro dente*, que se cita siempre, de la Biblia, cuando se quiere justificar la venganza y el desquite.)

Fear has magnifying eyes. *Vide*: FEAR.

Four eyes see more than two.
Más ven cuatro ojos que dos.
(Es mejor buscar consejo cuando se duda qué partido tomar o qué resolución adoptar.)

The eye is bigger than the belly.
Comer por los ojos.
(Hay gente que come con los ojos más de lo que el estómago puede aceptar.)

The eyes are the windows of the soul.
Los ojos son el espejo del alma.
Los ojos son las ventanas del corazón.
(También se dice *heart* por *soul*. Se tiene la creencia que los ojos expresan la verdadera personalidad.)

What the eye doesn't see the heart doesn't grieve over.
Ojos que no ven, corazón que no llora.
(Lo que no se ve o no se sabe, no causa tribulaciones ni dolor. En italiano es muy parecido: *se occhio non mira, cuor non sospira*. L. *Quod oculos non videt, cor non desiderat.*)

F

FACE

To put a good face on a bad business.
Poner al mal tiempo buena cara.
(Quiere decir que debemos aceptar lo malo con una cierta alegría para no amargarnos más la vida.)

FAINT

Faint heart never won fair lady.
Hombre cobarde no conquista mujer bonita.
(*Fainthearted* quiere decir, naturalmente, cobarde, tímido, y los que no son osados no logran lo que quieren.)

FAITH

O thou of little faith.
Hombre de poca fe.
(San Mateo, Matthew, 14.31, *Hombre de poca fe, ¿por qué has dudado? O thou of little faith, wherefore didst thou doubt?*)

FALL

A stumble may prevent a fall.
No hay mal que por bien no venga.
(*To stumble* es, claro, tropezar. El significado está claro en ambos idiomas aunque las palabras difieren: no nos quejemos de una desgracia porque a lo mejor nos evita otra peor. Es una manera de consolarse en el infortunio.)

Between two stools one falls to the ground. *Vide*: STOOL.

Hasty climbers have sudden falls. *Vide*: HASTE.

The bigger they are, the harder they fall.
De muy alto grandes caídas se dan.

(Otra versión: *The higher up, the greater the fall*. Cuanto más alto, importante, rico, etc. es alguien, más estrepitosa es la caída, la ruina.)

F

FAME
Good fame is better than a good face.
Más vale buena fama que buena cara.
(El buen nombre es mejor que el buen aspecto físico. Cf. *A good name is better than riches*. Cf. *He that has lost his credit, is dead to the world*.)

FAMILIARITY
Familiarity breeds contempt. *Vide*: BREED.

FAMILY
The family that prays together stays together.
La familia que reza unida permanece unida.
(Frase que hizo popular el Padre Patrick Payton, por los años cuarenta, y que ha corrido el mundo. Tiene muchas variantes.)

FAR
Far from home, near thy harm.
El mejor caminar es no salir de casa.
(La casa da seguridad.)

Soft pace goes far. *Vide*: PACE.

FAST
He that eats till he is sick, must fast till he is well. *Vide*: EAT.

FAT
Laugh and grow fat. *Vide*: LAUGH.

FATE
No flying from fate.
Cada uno con su ventura.
(Este refrán indica que lo que debe ser, será. Se trata de dar la idea de resignación ante la fortuna adversa.)

FATHER
Like father, like son.
De tal palo, tal astilla.

F (L. *Qualis fater talis filius*. Los hijos se parecen a los padres y actúan igual. También hay una variante feminista: *Like mother, like daughter*, que es exactamente lo mismo.)

The father a saint, the son a devil.
De padre santo, hijo diablo.
(Explica que por bueno que sea un padre, el hijo puede salirle mal.)

FAULT
A fault confessed is half redressed.
Pecado confesado es medio perdonado.
(Sin embargo Cf. *Confess and be hanged.*)

Every man has his faults.
Cada uno tiene su falta.
(Nadie es perfecto. El refrán se emplea a manera de excusa cuando se cometen errores.)

Who is in fault suspects everybody.
Cree el ladrón que todos son de su condición.
(El que ha cometido una falta cree que todos han hecho como él y sospecha.)

FEAR
Better pass a danger once, than be always in fear. *Vide*: DANGER.

Fear gives wings.
Quien miedo tiene corre ligero.
(L. *Timor addidit alas.*)

Fear has magnifying eyes.
El miedo agranda los objetos.
(El temor agranda los peligros y los hace parecer mayores de lo que son.)

There is no remedy for fear.
Para el miedo no hay remedio.
(El temor, el miedo, es un gran mal que no tiene remedio, dice el refrán.)

FEATHER
Feather by feather the goose is plucked.
Pluma a pluma se pela la grulla.

(Poco a poco se van haciendo las cosas, y así se terminan, *feather by feather*.
Claro, *a goose* no es una grulla.)

F

Fine feathers make fine birds.
Por el traje se conoce al personaje.
(El pájaro parece vistoso porque lleva plumas vistosas, no por otra cosa.)

FEBRUARY
If in February there be no rain, 'tis neither good for hay nor grain.
Cuando no llueve en febrero, no hay buen prado ni buen centeno.
(Hay muchos refranes en ambos idiomas sobre los meses del año y cómo se
comportan.)

FEED
If thou has not a capon, feed on an onion.
A falta de pan, buenas son tortas.
(Si no se tiene lo que se desea se debe uno conformar con lo que sea.)

FENCE
Good fences make good neighbors. *Vide*: **NEIGHBOR.**

The grass looks greener on the other side of the fence. *Vide*: **GRASS.**

FIDDLER
In a fiddler's house all are dancers.
En casa del gaitero todos danzan.
(El ejemplo cunde.)

FIGHT
He that fights and runs away, lives to fight another day.
Más vale un buen huir que un mal morir.
Quien en tiempo huye, en tiempo acude.
(Justifica a los que se retiran de la pelea, de la pugna, porque *antes huir que morir*.)

FILL
Wishes can never fill a sack. *Vide*: **WISH.**

FIND
Findings keepings.
Cosa hallada no es hurtada.

F

(*Finders, keepers* es otra posibilidad que indica que el que se encuentra algo se puede quedar con ello. Queda claro que este refrán justifica a los que se quedan con lo que se encuentran.)

Those who hide can find. *Vide*: HIDE.

FIRE

If you play with fire you get burnt.
Quien juega con fuego se quema.
Quien anda entre el fuego, quémase luego.
(El que se mete en peligros puede hacerse daño.)

There is no smoke without fire.
Cuando el río suena, agua lleva.
(Por ejemplo, cuando se rumorea algo de alguien, por algo será. Una variante es: *Where bees are, there's honey.*)

To jump from the frying pan into the fire.
Ir por lana y salir trasquilado.
Salir de llamas y caer en las brasas.
Salir de Málaga y meterse en Malagón.
(Salir de un apuro y meterse en otro tan malo o peor. Ha sido atribuido el refrán o dicho a Tertuliano [c.160-225]: *De calcaria in carbonarium.*)

FIRST

First come, first served.
El que primero llega ése la calza.
Quien antes nace, antes pace.
Para el primer costal nunca falta harina.
(También *First born, first fed.* En latín de Erasmo es: *qui primus venerit, primus molet. Calzar*, aquí quiere decir conseguir.)

First creep and then go.
Aún no comenzamos y ya acabamos.
(Todo hay que hacerlo a su tiempo, paso a paso.)

First things first.
Lo primero es lo primero.
(Cf. *First creep and then go.* Las cosas hay que hacerlas por orden de prioridad.)

F

FISH
All is fish that comes to the net.
Pez o rana a la capacha.
Todo es bueno y pan para en casa.
(Todo lo que se pesca o gana es bueno. O sea, se puede sacar provecho de todo. También tiene la variante: *All's grist that comes to the mill.*)

Big fish eat little fish.
El pez grande se come al pequeño.
(El poderoso se aprovecha del desvalido, del pequeño. Es una traducción del latín: *Piscim vorat maior minorem.*)

Fish and guests stink after three days.
Las visitas, raras y no reposadas.
El huésped y la pesca a los tres días apestan.
(Advierte que no se debe visitar ni mucho ni largo. Las visitas huelen mal después de un tiempo, como el pescado.)

It's good fishing in troubled waters.
A río revuelto, ganancia de pescadores.
(Los pescadores cobran más presas cuando el río anda revuelto y así cuando dos pelean, por ejemplo, un tercero puede sacar provecho de los dos, de su enemistad. Se aplica también a la gente que se enriquece aprovechando situaciones anómalas y de desorden. En latín: *Piscari in turbido.*)

The cat would eat fish but would not wet her feet. *Vide*: CAT.

FIT
All things fit not all persons.
No cabe todo en todos.
(No todo sirve a todos. Para unos una cosa puede ser buena, y mala para otros.)

If the shoe fits, wear it.
Quien se pica, ajos come.
Si te pica, te rascas.
(El que se da por aludido es por que tiene motivo. Otra variante es: *If the cap fits, wear it.*)

FLANNEL
Stick to your flannels until your flannels stick to you. *Vide*: STICK.

F

FLEA
A dog that is idle barks at his fleas. *Vide*: DOG.

FLESH
The spirit is willing but the flesh is weak. *Vide*: SPIRIT.

FLING
Youth must have its fling. *Vide*: YOUTH.

FLOCK
Birds of a feather flock together. *Vide*: BIRD.

FLOWER
Patience is a flower that grows not in everyone's garden. *Vide*: PATIENCE.

FLY
A shut mouth catches no flies.
En boca cerrada no entran moscas.
(Este refrán castellano ya se había introducido en la lengua inglesa en 1599.
L. *Nihil silentio totius*.)

Flies are easier caught with honey than with vinegar.
La miel atrae a las moscas.
(Es más fácil persuadir con buenas palabras que con malos modales.)

FOE
Treat a friend as if he might become a foe. *Vide*: FRIEND.

FOLK
Poor folk are glad for porridge. *Vide*: POOR.

FOLLY
There's no jollity but has a smack of folly. *Vide*: JOLLITY.

FOOL
A fool and his money are soon parted.
Si el necio no fuese al mercado no se vendería lo malo.
(Los necios compran lo que nadie quiere y lo que no necesitan y así ellos y
su dinero se separan enseguida.)

F

A fool makes many.
Un loco hace ciento.
(Porque todo lo malo se contagia.)

A fool may ask more questions in an hour than a wise man can answer in seven years.
Más fácil es al burro preguntar, que al sabio contestar.
(Los necios siempre están dando la murga haciendo preguntas cretinas.
Encuentran más fácil preguntar que buscar la respuesta ellos mismos.)

Children and fools cannot lie. *Vide*: CHILDREN.

Children and fools have merry lives. *Vide*: CHILDREN.

Children and fools tell the truth.
Los locos y los niños dicen las verdades.
(Los locos porque no saben lo que dicen y los niños por falta de picardía.
Claro que se da a entender que los demás mienten siempre.)

Fortune favors fools. *Vide*: FORTUNE.

Take heed of a mad fool in a narrow place.
De locos y en lugar estrecho, espera daño y no provecho.
(También existe la variante *take heed of mad fools in a narrow place*.)

There's no fool like an old fool.
El viejo desvergonzado hace al niño osado.
Cuanto más viejo, más pellejo. / La cabeza blanca y el seso por venir.
(Significa que no hay tonto más tonto que un viejo tonto, así de claro.)

The world is full of fools.
Tontos y locos nunca fueron pocos.
(L. *Stultorium infinitus est numerus*. Está claro que los que citan estos refranes no se sienten aludidos.)

FORBID
Forbidden fruit is sweetest.
La fruta prohibida es la más deseada.
(Se hace referencia a Eva, naturalmente, y explica el refrán que a todos nos tienta lo que no podemos tener.)

F

FOREWARNED
Forewarned, forearmed.
Hombre prevenido, vale por dos.
(También: *Afore warned, afore armed*, del latín: *praemonitus, praemunitus*. Los italianos dicen: *Uomo avvisato, mezzo salvato*.)

FORGET
Long absent, soon forgotten. *Vide*: ABSENT.

FORGIVE
Forgive and forget.
Echar pelillos a la mar.
(Hay que perdonar y olvidar, que es lo que dice también el refrán castellano.)

FOREWIT
One good forewit, is worth two afterwits.
Más vale antes que después.
Hombre precavido, vale por dos.
(Es mejor estar alerta antes, que prepararse después.)

FORSAKEN
Forsaken by the wind, you must use your oars.
En el peor aprieto, el mejor aliento.
(A falta de ayuda externa, debe cada cual valerse por sí mismo.)

FORTUNATE
A little wit will serve a fortunate man.
Más vale caer en gracia que ser gracioso.
(Un hombre afortunado lo es más si tiene chispa y gracia.)

FORTUNE
Fortune favors fools.
La fortuna es madrina de los necios.
(A los incautos les proteje la fortuna, la suerte. Also: *Fools for luck*. L. *Fortuna favet fatuis*.)

Fortune favors the brave.
La fortuna ayuda a los osados.
(O *Fortune helps the brave* que dijo Terencio, *fortes fortuna adiuvat*. También dijo Virgilio *Audaces fortuna juvat*).

Fortune is blind.
La fortuna es ciega y no sabe con quien pega.
(La buena suerte, la chiripa, le puede acontecer a cualquiera en cualquier momento. El original latino es: *fortuna caeca est*.)

Fortune is fickle.
La fortuna es una veleta, nunca está quieta. / La fortuna es loca.
(La suerte, la fortuna, es ciega, inconstante -*fickle*- y loca.)

Fortune knocks once at everyone's door.
La fortuna sólo pasa una vez por cada casa.
(Todos tenemos una oportunidad en la vida y no debemos desaprovecharla.)

The highest spoke in fortune's wheel, may soon turn lowest.
Fortuna va sobre una rueda que nunca está queda.
(Los dos refranes comparan la fortuna con una rueda, con algo que da vueltas y más vueltas, y no se sabe dónde va a parar.)

When fortune smiles, embrace her.
Cuando la fortuna a tus puertas está, ábrelas de par en par.
La ocasión la pintan calva.
(Cuando la fortuna te sonríe, abrázala y aprovéchate; no la dejes pasar de largo.)

FOX
The fox knows much, but more he that catcheth him.
Mucho sabe la raposa y más quien la toma.
(Advierte que por mucho que sepamos y por sagaces que seamos, siempre hay alguien que nos gana.)

When the fox preaches, then beware of your geese.
Cuando la zorra predica no están los pollos seguros.
(Cuando una mala persona comienza a sermonear, ¡cuidado!)

FREE
He who serves is not free. *Vide*: SERVE.

FRIEND
A friend in need is a friend indeed.
En la necesidad se conoce la amistad.

F Amigo en la adversidad es amigo de verdad.
La verdadera amistad es inmortal.
(El refrán inglés puede tener la variante *a friend in need is a friend in deed*. Es uno de los refranes más antiguos de la lengua inglesa, c. 1275. También se dice: *A friend is never known till needed*. Hay un dicho gracioso que dice:
Remember man and keep in mind,
A faithful friend is hard to find.)

A friend to everybody is a friend to nobody.
Quien de todos es amigo, de ninguno es amigo.
(También: *All men's friend, no man's friend*. Y otra variante es: *He is a friend to all who is a friend to none*. L. *Amicus omnibus, amicus nemini*.)

A reconciled friend is a double enemy.
Amigo reconciliado, enemigo doblado.
(Según estos refranes, cuando se rompe una amistad es peligroso y arriesgado tratar de reconciliarse.)

Dead men have no friends. *Vide*: DEAD.

False friends are worse than bitter enemies.
Al amigo que no es cierto, con un ojo cerrado y el otro abierto.
(El mal que proviene de un amigo hace más daño que de un enemigo por menos esperado.)

Friendless in life, friendless in death.
Vida sin amigos, muerte sin testigos.
(Advierte que es necesaria la amistad para tener ayuda en momentos de apuro.)

God defend me from my friends; from my enemies I can defend myself.
De los amigos me guarde Dios, que de los enemigos me guardaré yo.
(Hay otro parecido que apunta lo peligrosos que son los amigos: *God keep me from him whom I trust, from him whom I trust not I shall keep myself*, de quien me fío Dios me guarde, de quien no me fío me guardaré yo.)

Have but few friends, though many acquaintances.
Conocidos, muchos; amigos, casi ninguno.
(Advierte que es mejor tener pocos amigos buenos que muchos y malos.)

He that doth lend loses money and friend. *Vide*: LEND.

If you have a physician for your friend, tip your hat and send him to **F**
your enemy. *Vide*: PHYSICIAN.

Many kinsmen, few friends.
Parientes y trastos viejos, pocos y lejos.
(Uno puede tener muchos parientes pero muy pocos amigos entre ellos.)

Old friends and old wine and old gold are best.
Amigo y vino, el más antiguo.
(Las amistades son como el vino, cuanto más añejas mejores son.)

Prosperity makes friends, adversity tries them.
Amigo del buen tiempo, múdase con el viento.
(Los buenos tiempos atraen amigos y la adversidad los pone a prueba.)

Save us from our friends.
Del amigo y del traidor, guárdeme Dios.
(Advierte que debemos guardarnos de los falsos amigos.)

Treat a friend as if he might become a foe.
Trata a tu amigo como si hubiera de ser tu enemigo.
(Hay que ser cauto con los amigos por si alguna vez se convierten en enemigos.)

Trencher friends are seldom good neighbors.
Amigo de mesa, poca firmeza. / Amistad de pasera no es verdadera.
(*Trencher: a platter for serving food.* Aconseja no fiarse de los amigos por interés.)

When a friend asks there is no tomorrow.
Cuando el amigo pide no hay mañana.
(A un amigo no se le debe negar nada, dice el refrán, ni darle largas a sus
peticiones o demandas de ayuda.)

When good cheer is lacking our friends will be packing.
Comida hecha, compañía deshecha.
(Donde no hay alegría no se está a gusto. El refrán castellano va más lejos y
explica que una vez hecha la comida, los amigos se van.)

FRIENDSHIP
A broken friendship may be soldered, but will never be sound.
Amistad quebrada, soldada, mas nunca sana.

F (Cuando una amistad se rompe, aunque se hagan las paces, las cosas no serán ya nunca igual.)

A hedge between keeps friendships green.
Amistades conserva la pared medianera.
Para conservar la amistad, pared enmedio.
(Porque da el aislamiento necesario para que las familias de vecinos puedan tener momentos de tranquilidad y respiro.)

Friendship should not be all on one side.
No es amistad la que siempre pide y nunca da.
(La amistad es cosa de dos aunque siempre ocurre que uno es más amigo que otro porque está más dispuesto a hacer favores, por ejemplo.)

Perfect friendship cannot be without equality.
Buenas amistades, solamente entre iguales.
La amistad entre iguales es la que vale.
(Advierte lo difícil que resulta que haya amistad entre personas de distinta clase social o diferente cultura.)

FRUIT
By their fruits ye shall know them.
Por sus frutos los conoceréis.
(Matthew, San Mateo, 7.20.)

Forbidden fruit is sweetest.
La fruta prohibida es la más deseada.
(Siempre apetecemos lo que no podemos tener.)

He that would have the fruit, must climb the tree.
No dan a quien no acude.
El que algo quiere, algo le cuesta.
(Hay que esforzarse para obtener algo.)

FUNERAL
One funeral makes many.
Una deuda veinte engendra. / Un loco hace ciento.
(Cf. *One wedding makes many*. Este refrán inglés, aparte de que una cosa trae otra rodada, implica la superstición que los que asistían a entierros morían pronto.)

G

GAIN
No pain, no gain. *Vide*: PAIN.

Nothing venture, nothing gain. *Vide*: VENTURE.

One man's loss is another man's gain. *Vide*: LOSS.

There's no great loss without some gain. *Vide*: LOSS.

GAME
At the game's end we shall see who gains.
Al freír será el reír.
(Veremos quien gana al final. Todo se ve cuando terminan las cosas. En castellano se añade: *y al pagar será el llorar*.)

Lookers on see most of the game. *Vide*: LOOK.

GATE
A creaking gate hangs long.
El viejo que se cura, cien años dura.
(*To creek* es chirriar, en este caso. La puerta se queja, chirría, pero aguanta. En castellano también se dice que *carro que rechina llega lejos*. Tiene la variante: *a creaking door hangs longest*.)

GENOA
Genoa has mountains without wood, sea without fish, women without shame, and men without conscience.
Génova la bella, mar sin pescado, montes sin leña, hombres sin conciencia, mujeres sin vergüenza.

GIFT

Gifts break through stonewalls.
Dádivas quebrantan peñas.
(La esplendidez hace milagros.)

Never look a gift horse in the mouth. *Vide*: HORSE.

Who receives a gift, sells his liberty.
Merced recibida, libertad vendida.
(Al recibir un regalo se deja algo en prenda y se está en deuda y, por tanto, se pierde libertad.)

GIVE

He gives twice who gives quickly.
Quien da primero, da dos veces.
(Séneca dijo *bis dat qui cito dat.*)

He that lends, gives. *Vide*: LEND.

Give a thing and take a thing, to wear the devil's gold ring.
Santa Rita, Rita, Rita, lo que se da ya no se quita.
Quien quita lo que da, al infierno va.
(Lo dicen los niños para censurar al que les da una cosa y luego se la quita. Al que da y luego quita se le llama en inglés *indian giver*. A este refrán se le puede añadir la coletilla *not God's gift*. Hay también otro: *Give a thing and take a thing, and you shall ride in hell's wain.* *Wain* es palabra arcaica por carro o carreta.)

Give and take is fair play. *Vide*: TIT.

It is more blessed to give than to receive.
Mayor dicha es dar que recibir.
Hay más felicidad en dar que en recibir.
(Acts of the Apostles, Hechos de los apóstoles, 20.35. Esto es lo que dice la Biblia aunque se podría debatir porque los hay de contraria opinión.)

The hand that gives, gathers.
Con las liberalidades, se granjean las amistades.
(El dar granjea amistades. Ser magnánimo es bueno.)

G

GLAD
Poor folk are glad for porridge. *Vide*: POOR.

GLASS
Those who live in glass houses should not throw stones.
Quien tiene tejado de vidrio, no tire piedras al de su vecino.
(Los que tienen defectos o problemas que ocultar no deben hablar de los
demás.)

GLORY
Thus the glory of the world passes away.
Así pasa la gloria del mundo.
(Tomás de Kempis, *De Imitatio Christi, sic transit gloria mundi*.)

GLUTTONY
Gluttony kills more than the sword.
Más matan cenas que guerras.
(Otro refrán que condena la gula. Cf. *He that eats till he is sick, must fast till he
is well. By suppers more have been killed than Galen ever cured*.)

GO
First creep and then go. *Vide*: FIRST.

GOD
All things are possible with God.
Todo es posible para Dios.
(Matthew, San Mateo, 19.26, *With men this is impossible; but with God all things
are possible. Para los hombres esto es imposible, mas todo es posible para Dios*.)

Before God and the bus conductor we are all equal.
Ante Dios somos todos iguales.
(Lo de *bus conductor* es una coletilla chusca.)

Every man for himself and God for us all. *Vide*: MAN.

God heals and the physician has the thanks.
Dios cura y cobra el médico.
(Los médicos, como los abogados, siempre han tenido mala fama, mala prensa,
y se creía que era Dios quien curaba a los enfermos, no el médico, pero que
éste pasaba la factura al paciente como si de verdad lo hubiese curado.)

God helps those who help themselves.
Ayúdate y el cielo te ayudará.
(L. *Dii facientes adjuvant.* Y en vez de *God* se puede decir *Heaven*.)

God is a sure paymaster.
No hay tan buen pagador como Dios.
(Dios no olvida y recompensa y castiga a su tiempo y con toda seguridad.)

God never sends mouths but he sends meat.
A nadie da Dios más frío de cuanto tiene la ropa.
(Se decía que Dios mandaba hijos, bocas que alimentar, pero que también enviaba comida.)

God sends cold after clothes.
Dios, si da nieve, también da lana. / Quien da el frío, da el abrigo.
Dios que da la llaga, da la medicina.
(Dios ayuda al hombre según sus necesidades.)

God's help is better than early rising.
Más hace a quien Dios ayuda que el que mucho madruga.
(Este refrán se encuentra en el Quijote, II, capítulo xxiv.)

God strikes with his finger, and not with all his arm.
Dios aprieta pero no ahoga.
(Se dice a manera de consuelo. Dios nos manda apuros, pero no muchos y desde luego que no más de lo que podemos aguantar.)

Man proposes, God disposes. *Vide*: MAN.

Pray to God and (but) keep your powder dry.
A Dios rogando y con el mazo dando.
(No es suficiente confiar en la ayuda de Dios sino que también hay que hacer algo. Cf. *God helps those who help themselves*. Cf. *Trust in God and keep your powder dry. Powder*: pólvora.)

The gods send nuts to those who have no teeth.
Da Dios almendras al que no tiene muelas.
(Se dice de las oportunidades que nos llegan cuando ya es tarde para disfrutarlas. En francés: *Le pain vient à qui les dents faillent*, el pan le viene a quien no tiene dientes.)

The mills of God grind slowly but they grind exceedingly small.
Dios no paga al contado, pero todo lo que debe queda pagado.
Dios retarda su justicia, pero no la olvida.
(Más tarde o más temprano Dios castiga. Los molinos de Dios muelen con
lentitud pero muelen fino, trituran bien.)

The voice of the people is the voice of God.
Lo que el pueblo quiere, Dios lo quiere.
(L. *Vox populi, vox Dei.* La opinión pública, la voz del pueblo, de la mayoría,
es la que debe imperar porque es como la voz de Dios.)

Trust in God and keep your powder dry.
A Dios rogando y con el mazo dando.
(Cf. *Pray to God and keep your powder dry.*)

Whom God will destroy he first makes mad.
A quien Dios quiere perder, le quita antes el seso.
(L. *Quos vult perdere jupiter, dementat prius.*)

Whom the gods love die young. *Vide*: **DIE.**

GOLD
All that glitters is not gold.
No es oro todo lo que reluce.
(L. *Non omne quod nitet aurum.* Shakespeare, *El mercader de Venecia*, II.6, *All that
glisters is not gold, / often have you heard that told.*)

An ass laden with gold climbs to the top of the castle.
Asno con oro, alcánzalo todo.
Cuando carga de oro el asno lleva, sube al azotea.
(El dinero todo lo puede y aligera la marcha y da alas. Los tontos, los pobres,
muchas cosas pueden hacer con oro, con dinero. Hasta los asnos llegan alto
con oro a cuestas.)

He that labors and thrives, spins gold. *Vide*: **LABOR.**

GONE
When house and land are gone and spent, the learning is most excellent.
Vide: **LEARN.**

GOOD

A great good was never got with little pains.
Nunca mucho costó poco
(El que quiere algo bueno tiene que estar dispuesto a sacrificarse.)

If you can't be good, be careful.
Ya que no seas casto, sé cauto.
(¡Sin comentarios! L. *Si non caste, caute.*)

The best is the enemy of the good. *Vide*: BEST.

The good die young.
Los buenos se van y los malos se están.
(También, *The best go first.* Es un refrán, o dicho, de consuelo.)

GOODNESS

Goodness is not tied to greatness, but greatness to goodness.
No todo lo grande es bueno, mas todo lo bueno es grande.
(Esto, por desgracia, no es siempre verdad.)

GOOSE

Feather by feather the goose is plucked. *Vide*: FEATHER.

To kill the goose that lays the golden eggs.
Matar a la gallina de los huevos de oro.
(Otra variante es *Kill not the goose that lays the golden eggs*, y se refiere a la fábula de Esopo donde uno tenía una gallina, *goose* en inglés, que ponía huevos de oro y por curiosidad y para obtener todos los huevos de una vez, la mató y se quedó, naturalmente, sin la fuente de sus maravillosos ingresos.)

What is sauce for the goose is sauce for the gander. *Vide*: SAUCE.

GOSSIP

Gossiping and lying go together.
Quien comenta, inventa.
(El chisme es siempre invento y mentira.)

Where there is gossiping there's lying. *Vide*: LIE.

GRASP
Grasp all, lose all.
La avaricia rompe el saco.
(En francés: *Qui trop embrasse, mal étreint*. Cf. *Covetousness breaks the sack*.)

GRASS
A snake lurks in the grass. *Vide*: SNAKE.

The grass looks greener on the other side of the fence.
La gallina de mi vecina pone más huevos que la mía.
Gusta lo ajeno, más por ajeno que por bueno.
(Estos dos refranes nos hablan de la envidia; de que apetece más lo que poseen los vecinos, los demás, que lo que nosotros tenemos. En un caso es *grass* y en otro, *gallina*, pero puede ser casa, coche, empleo, etc. También: *The apples on the other side of the wall are the sweetest* y *our neighbor's ground yields better corn than ours*.)

GRAVE
To dig one's grave with one's teeth.
Más matan cenas que guerras.
De grandes cenas están las sepulturas llenas.
(Otros dos refranes sobre la gula. El mucho comer acarrea enfermedades y muerte temprana. *To dig* significa cavar. Cf. *Gluttony kills more than the sword*.)

GREATNESS
Goodness is not tied to greatness, but greatness to goodness. *Vide*: GOODNESS.

GREED
Greedy folks have long arms.
Una mano por el suelo, otra por el cielo y la boca abierta.
(Los que desean algo no se paran en barras. Los dos refranes aluden a las manos y brazos largos de los codiciosos que siempre piden más.)

The greedy man and the geleynour are soon agreed.
El codicioso presto se concierta con el tramposo.
(*Geleynour*: tramposo; no es palabra de uso corriente.)

GRIEF

All griefs with bread are less.
Las penas (duelos) con pan son menos.
(En el capítulo XIII de la segunda parte del Quijote se dice este refrán.)

Grief is lessened when imparted to others.
Mal de muchos, consuelo de tontos (todos).
(Cuando se comparten las desdichas parece que es una especie de consuelo. Si nos enteramos de que otros se han roto una pierna como nosotros, nos consolamos.)

Where there is no honor, there is no grief. *Vide*: HONOR.

GRIN

Grin and bear it.
A lo hecho, pecho.
(También hay otra versión que dice: *Grin and abide by it.*)

GUEST

A constant guest is never welcome.
Visita cada día, a la semana hastía.
Lo poco agrada y lo mucho enfada.
A donde te quieren mucho no vengas a menudo.
Visita rara, convidado amable.
(Las visitas constantes y repetidas acaban molestando. Parece ser que al español le molestan más que al inglés, a juzgar por la cantidad de refranes que hacen mención a las visitas. En el siglo pasado, sin embargo, la gente bien recibía en su casa una vez a la semana a amigos que sabían que en tal fecha, los jueves de 4 a 6, por ejemplo, podían dejarse caer en casa de los Johnson. Cf. *Fish and guests stink after three days.* Y la Biblia dice muy sabiamente: *Withdraw thy foot from thy neighbour's house; lest he be weary of thee, and so hate thee.* Proverbs, Proverbios, 25.18.)

H

HABIT
Habit is second nature.
La costumbre es segunda naturaleza.
(Los hábitos, las costumbres, forman parte de nosotros, de nuestra naturaleza, dicen estos refranes.)

Old habits die hard.
Difícil cosa es dejar lo acostumbrado.
(Cf. *Habit is second nature* y por lo tanto es difícil romperlos o dejarlos. Y si no, que se lo pregunten a los fumadores.)

Pursuits become habits.
A todo se hace uno.
(Con el tiempo, todo se convierte en hábito y costumbre. También: *Men do more things through habit than through reason.*)

HAIR
Take a hair of the dog that bit you.
Un mal quita otro mal.
Matar el gusanillo.
(Este refrán indica que con lo mismo curamos lo mismo. Cuando se toma un trago de bebida alcohólica por la mañana, se quita el mal de la resaca.)

HALF
Half a loaf is better than no bread.
A falta de pan buenas son tortas.
(Hay que conformarse con lo que se tiene. Si no podemos tener un pan, nos debemos conformar con medio porque algo es algo, por poco que sea.)

Never do things by halves. *Vide*: DO.

H   **The half is better than the whole.**
La mitad vale más que el todo.
(Frase que dijo el poeta griego Hesíodo [c. siglo 8 a. C.]. Implica que el que lo tiene todo no se esfuerza y no hace nada de provecho.)

HALLOO
Do not halloo till you are out of the wood.
No cantes gloria hasta el final de la victoria.
Nadie se alabe hasta que acabe.
(Esto es: no hay que lanzar las campanas al vuelo hasta que estemos seguros de cómo va a terminar algo, por si acaso.)

HAMMER
When you are an anvil, hold you still; when you are a hammer, strike your fill.
Mientras fueres yunque, sufre como yunque; y cuando fueres mazo, hiere como mazo.
(Tenemos que adaptarnos a cada situación y sacar provecho de ella.)

HAND
But when thou doest alms, let not thy left hand know what thy right hand doeth.
Tú, cuando des limosna, que no sepa tu mano izquierda lo que hace tu derecha.
(Matthew, San Mateo, 6.3.)

Many hands make light work.
A más manos menos trabajo.
(Erasmo, *Adagios, multae manus onus levius reddunt*. Sin embargo, Cf. *Too many cooks spoil the broth*.)

Many kiss the hand they wish cut off. *Vide*: **KISS.**

One hand washes the other.
Una mano lava la otra.
(L. *Manus manum lavat. ... and both the face*, se añade. Implica que debemos ayudarnos mutuamente para lograr un fin común.)

Put not thy hand between the bark and the tree.
Entre dos muelas molares no metas tus pulgares.
(No hay que correr riesgos innecesarios.)

Warm heart, cold hands.
Manos frías, corazón caliente.
(Se dice a modo de consuelo para aquellos que siempre tienen las extremidades frías. Las manos frías sobresaltan al que las siente.)

HANDFUL
You may know by a handful the whole sack. *Vide*: KNOW.

HANDLE
He that handles thorns shall prick his fingers. *Vide*: THORN.

HANGED
He that is born to be hanged shall never be drowned.
Quien ha nacido para la horca, no se anega.
(El que está predestinado para algo, no se salva.)

Never mention rope in the house of a man who has been hanged. *Vide:* ROPE.

HAP
Some have the hap, others stick in the gap.
Unos las monda, y otros las toma. / Unos beben y otros pagan.
Unos tienen la fama y otros cardan la lana.
(Unos hacen el trabajo y otros sacan los beneficios. *Hap*: luck. Otra versión dice: *Some have hap and some nap.*)

HAPPEN
Accidents will happen. *Vide*: ACCIDENT.

It is the unexpected that always happens. *Vide*: UNEXPECTED.

HAPPINESS
All happiness is in the mind.
No es dichoso el que lo parece, sino el que por tal se tiene.
(Estos refranes se les suele decir a los desgraciados y pobres para que se alegren.)

HARE
If you run after two hares you will catch neither.
Perro que muchas liebres levanta pocas mata.

El que mucho abarca, poco aprieta.
(No se debe ser codicioso y embarcarse en varias aventuras al mismo tiempo porque no se conseguirá nada, nos dicen estos refranes. En latín es *qui duos lapores sequitur, neutrum capit*.)

Where we least think there goes the hare away.
Cuando menos lo piensas, salta la liebre.
(Los imprevistos surgen en cualquier momento. En francés es: *De là où l'homme ne pense pas, sort le lièvre*.)

HARM
Far from home, near thy harm. *Vide*: FAR.

It is good to beware by other men's harms. *Vide*: BEWARE.

HASTE
Haste is of the devil.
La prisa es cosa del diablo.
(También *from the devil*. L. *Omnis festi natio est a Diabolo*. Lo que se hace con rapidez nos hace caer en el error.)

Haste makes waste.
La prisa casi siempre aborta. / La prisa será tardar.
(La prisa malgasta.)

Hasty climbers have sudden falls.
Quien muy apriesa quiere correr no se excusa de caer.
Quien corre, cae.
(Todos los proverbios sobre *haste* llegan a la misma conclusión: la rapidez no es buena. Hay que hacer las cosas bien, mejor que deprisa.)

Make haste slowly.
Apresúrate despacio.
Date prisa despacio y llegarás a palacio.
(L. *Festina lente*.)

Marry in haste, repent at leisure. *Vide:* MARRY.

More haste, less speed.
Quien mucho corre, pronto para.

(Los que van muy deprisa, acaban parando. O sea: a más rapidez, menos velocidad.)

Nothing should be done in haste.
Quien mucho corre, pronto para.
(Hay que hacer las cosas despacio para hacerlas bien.)

HATE
Anger and hate hinder good counsel. *Vide*: ANGER.

The greatest hate springs from the greatest love.
El mayor aborrecimiento, en el amor tiene su cimiento.
(Se dice que el amor y el odio son casi la misma cosa. Estos dos refranes son muy populares y se emplean mucho.)

HATRED
Hatred is blind as well as love.
El odio no tiene ojos.
(Según estos refranes, se ama y se quiere a ciegas, sin lógica, así porque sí.)

HAVE
Better to have than to wish.
Más vale tener que desear.

Have at it, and have it.
Quien la sigue, la consigue. / Quien sigue, consigue.
(Este refrán advierte que hay que tener voluntad para obtener las cosas.)

You can't have it both ways.
No se puede repicar y andar en la procesión. / Comer y beber, todo no puede ser.
(No se pueden hacer o tener dos cosas a la vez. También se dice: *No man can sup and blow together*.)

HAWK
Hawks will not pick out hawks' eyes. *Vide*: DOG.

HAY
Make hay while the sun shines.
Hacer su agosto.
(Hay que hacer las cosas cuando surge la oportunidad.)

HAYSTACK
Look for a needle in a haystack. *Vide*: NEEDLE.

HEAD
No time to stoop when the head is off.
A buenas horas mangas verdes.
(Se dice cuando las cosas llegan demasiado tarde para servir de nada. *Stoop*: agacharse.)

Two heads are better than one.
Más ven cuatro ojos que dos.
(Cooperar con los demás da buenos resultados porque cuantos más, mejor y más rápidamente se puede hallar la solución.)

You must not expect old heads on young shoulders.
Guárdate del mozo cuando le sale el bozo.
(De los jóvenes no se puede esperar cordura.)

HEAL
Time is a great healer. *Vide*: TIME.

HEALTH
Health is better than wealth.
Primero es la salud que el dinero.
La salud es la mayor riqueza.
Más vale la salud que el dinero.
Más vale la salud que la riqueza.
Tenga yo salud, y dineros quien los quisiere.
(El que no ha sufrido larga enfermedad no sabe lo acertado que está el refrán)

Health is not valued till sickness comes.
La salud no es conocida hasta que es perdida.
El bien no es conocido hasta que se ha perdido.
(Hasta que no se pierde la salud no se sabe lo buena que es. En realidad no se aprecia lo bueno hasta que se pierde: *Blessings are not valued till they are gone.*)

HEAR
Do wrong once and you'll never hear the end of it. *Vide*: WRONG.

He has heard something, but is no wiser through it.
Oír campanas y no saber dónde.
(Saber algo a medias, tener una idea, pero que de nada sirve.)

He that speaks lavishly shall hear as knavishly. *Vide*: SPEAK.

He that speaks the things he should not, hears the things he would not.
Vide: SPEAK.

None so deaf as those who won't hear. *Vide*: DEAF.

HEART
A merry heart goes all the way. *Vide*: MERRY.

Faint heart never won fair lady. *Vide*: FAINT.

Hope deferred makes the heart sick. *Vide*: HOPE.

If it were not for hope the heart would break. *Vide*: HOPE.

The heart's letter is read in the eye.
Cuando los labios callan, los ojos hablan.
(Con los ojos se puede decir mucho. Es lo que se llama comunicación no verbal.)

What the eye doesn't see the heart doesn't grieve over. *Vide*: EYE.

HEAVEN
Short prayers run up to heaven. *Vide*: PRAYER.

The braying of an ass does not reach heaven. *Vide*: ASS.

HEDGE
A hedge between keeps friendships green. *Vide*: FRIENDSHIP.

It's good sheltering under an old hedge. *Vide*: SHELTER.

HELL
He that would go to sea for pleasure, would go to hell for a pastime. *Vide*:
SEA.

H **The road to hell is paved with good intentions.**
El infierno está empedrado de buenas intenciones.
De buenas intenciones está empedrado el camino del infierno.
(Las buenas intenciones no son suficientes y por eso dice el refrán que el infierno está lleno de gente que comenzó con buenos propósitos y acabó mal.)

HELP
Every little helps.
Un grano no hace granero pero ayuda al compañero.
Muchos pocos hacen un mucho.
(Todo ayuda, aunque sea un poquito.)

HEN
It is a sad house where the hen crows louder than the cock.
Cuando la gallina se mete a gallo, enseguida remediallo.
(Advierte que no es buena cosa que la mujer lleve la voz cantante en la casa. Este refrán, como muchísimos otros, demuestran la opinión que se tenía de la mujer.)

HERO
No man is a hero to his valet.
No hay gran hombre para su ayuda de cámara.
(Iribarren nos dice que Mme. Cornuel [1705-1794] dijo: *Il n'y a pas de héros pour son valet de chambre. Vide*: **HOMBRE**, en la parte castellana.)

HERRING
Every herring must hang by its own gill (head).
Que cada palo aguante su vela.
(*Herring* es un arenque y *gill* son las agallas del pez. Cada uno se tiene que valer por sus propios recursos.

HIDE
Those who hide can find.
Quien guarda, halla.
(Las personas muy ahorrativas siempre encuentran y tienen.)

HINDER
Meat and mass never hindered man. *Vide*: **MAN.**

HISTORY
History repeats itself.
La historia se repite.
(Quizá se repita porque los anhelos de la humanidad siempre son los mismos
y porque nunca se consiguen.)

HOLE
He who peeps through a hole may see what will vex him. *Vide*: **PEEP.**

HOME
A woman's place is in the home. *Vide*: **WOMAN.**

An Englishman's home is his castle.
Mientras en mi casa estoy, rey me soy.
(La casa, el hogar, es lo más importante, hasta para los que no son ingleses.)

Far from home, near thy harm. *Vide*: **FAR.**

Home is where the heart is.
A donde el corazón se inclina, el pie camina.
(Donde se halla uno a gusto, ahí está el *home*, el hogar.)

There is no place like home.
En su casa cada uno es rey.
(En casa es donde se está más a gusto. Esto era cierto antaño y también lo es
hogaño.)

HOMER
Homer sometimes nods.
Algunas veces dormita Homero.
El mejor maestro de espada, muere de una estocada.
El mejor escribano echa un borrón.
(Horacio: ... *quandoque bonus dormitat Homerus*, en su *Ars Poetica*, 359. Nadie
puede estar alerta siempre y todos podemos cometer errores ya que hasta
Homero se descuidaba, dormitaba, a veces. Robert Burton en su *The Anatomy
of Melancholy*, cita la frase diciendo: *and the very best may sometimes err;
aliquando bunus dormitat Homerus, sometimes that excellent Homer takes a nap.*
Lord Byron en su *Don Juan* dice, a propósito del poeta Wordsworth: *We learn
from Horace, 'Homer sometimes sleeps'; / We feel without him, Wordsworth
sometimes wakes.*)

HONESTY

Honesty is ill to thrive by.
Al hombre honrado, todo le cuesta caro.
(Para prosperar no hay nada peor que la honradez. Este refrán cínico no deja de ser un comentario triste sobre el hombre y su actitud hacia el éxito.)

Honesty is the best policy.
El mejor camino, el recto.
(Ya se sabe que los refranes se contradicen. Pero esto es normal si consideramos que el hombre tiene diversas actitudes ante las cosas y la vida.)

HONEY

A honey tongue, a heart of gall. *Vide*: TONGUE.

Flies are easier caught with honey than with vinegar. *Vide*: FLY.

He that steals honey should beware of the sting. *Vide*: STEAL.

No bees, no honey; no work, no money. *Vide*: BEE.

Too much honey cloys the stomach.
A la larga, lo más dulce amarga.
(*Cloy* es empalagar.)

HONOR

Honor buys no meat in the market.
Honra sola no pone olla. / Con la honra no se pone la olla.
Con esperanza no se come.
(Se consideraba el honor como el bien más preciado pero se sabía también que no era práctico porque con el honor no se compra nada. Había un dicho chusco sobre el honor de la mujer que decía: *La mujer que tiene punto y no tiene de qué coma, tiene que vender el punto para que de punto coma.* A veces encontraremos *beef* por *meat* en ciertas variantes.)

Honor shows the man.
La honra está en quien la da.
(La honradez se aprecia.)

Honor without profit is a ring on the finger.
Honra sin provecho, anillo al dedo.

(Cf. *Honor buys no meat* ... y es que la honra, el honor, sin algo tangible que acompañe no sirve para nada. Pero de todas formas, estas cuestiones hace ya tiempo que han pasado a la historia.)

The more danger, the more honor. *Vide*: DANGER.

Where there is no honor there is no grief.
Donde no hay honor no hay dolor.
(Los que aprecian el honor, sufren si creen que lo pierden. Pero donde no lo hay, no se sufre.)

HOOK
The bait hides the hook. *Vide*: BAIT.

HOPE
Death alone can kill hope.
Mientras no te mueras, espera.
(La esperanza nunca se pierde y solo la muerte la mata.)

Hope deferred makes the heart sick.
Quien espera, desespera.
(La esperanza que se pospone, que se aplaza, causa tristeza y desaliento. En Proverbios, Proverbs, 13.12, de la Biblia, se dice: *Hope deferred maketh the heart sick: but when the desire cometh, it is a true life. La esperanza diferida hace enfermar el corazón, el deseo satisfecho es un árbol de vida.*)

Hope for the best and prepare for the worst.
Desea lo mejor y espera lo peor.
(Hay que tener esperanza, nos dice el refrán, pero también se debe estar preparado para recibir los reveses de la fortuna.)

Hope is a good breakfast but a bad supper.
Con esperanzas no se come.
Esperanzas solas, malos avíos para la olla.
(Al principio, *breakfast*, se puede pasar con la esperanza, pero al final, *supper*, se quiere algo más tangible.)

Hope is the poor man's bread.
Con la esperanza se vive.
La esperanza me sustenta.

La esperanza es el pan que alimenta y no harta.
(El pobre tiene que vivir con la esperanza de tiempos mejores.)

Hope keeps man alive.
Con la esperanza se vive.
(La gente puede aguantar lo indecible mientras mantenga viva la esperanza.)

Hope springs eternal in the human heart.
La esperanza es larga y ancha.
La esperanza es un pan de lontananza.
(De Alexander Pope [1688-1744], *Essay on Man*.)

If it were not for hope the heart would break.
La esperanza es el pan del alma.
(Se puede vivir siempre que haya esperanza.)

Too much hope, deceives.
Quien espera, desespera.
(El que espera demasiado, queda engañado.)

While there's life, there's hope.
Donde hay vida, hay esperanza.
(También se dice *Where* en vez de *While*. Cicerón: *dum anima est, spes esse decitur*, como dice el dicho: mientras hay vida, hay esperanza.)

Who lives by hope will die by hunger.
Más alimenta una mala pitanza que una buena esperanza.
(Los refranes se contradicen siempre. Este no concuerda con Cf. *Hope keeps man alive*. También tenemos la variante: *He that lives in hope dances to an ill tune*.)

HORSE
A horse, a wife, and a sword may be showed, but not lent.
Bolsa, mujer y espada no quiere andar prestada.
(Hay ciertas cosas que no se deben prestar. No deja de tener gracia que se incluya a la mujer como si de un objeto se tratase. Sí se deberían añadir los libros entre lo que no se debe prestar tampoco.)

Better lose the saddle than the horse. *Vide*: SADDLE.

Do not spur a willing horse.
Al amigo y al caballo no apretallo.
Caballo corredor no ha menester espuela.
Caballo que vuela no quiere espuela.
(Cuando alguien está haciendo todo lo que puede con voluntad, no se le debe presionar más.)

Flog a dead horse.
Martillar en hierro frío.
(Hacer algo inútil e insistir en algo que no tiene objeto. Por ejemplo, por mucho que le peguemos a un caballo muerto, no va a levantarse.)

It is too late to lock the stable when the horse has been stolen. *Vide*: **STABLE.**

Never look a gift horse in the mouth.
A caballo regalado no le mires el diente.
(San Jerónimo [c.342-420] dijo: *Noli equi dentes inspicere donati,* en la Epístola a los Efesios. Cuando recibimos algo gratis no debemos ponerle reparos y sacarle defectos ya que nada nos ha costado.)

The master's eye makes the horse fat. *Vide*: **MASTER.**

To put the cart before the horse.
Coger (tomar) el rábano por las hojas.
(Equivale a hacer las cosas al revés.)

You may lead a horse to the water but you cannot make him drink. *Vide*: **WATER.**

HOT
A little pot is soon hot. *Vide*: **POT.**

HOUR
The darkest hour is that before dawn.
Después de la tormenta viene la calma.
(Por pésimas que sean las circunstancias, pronto mejorarán.)

HOUSE
Before you marry, be sure of a house wherein to tarry. *Vide*: **MARRY.**

If a house be divided against itself, that house cannot stand.
Y si una casa está dividida contra sí misma, no puede permanecer levantada.
(Mark, San Marcos, 3.25.)

When house and land are gone and spent, the learning is most excellent.
Vide: LEARN.

HUNCHBACK
The hunchback does not see his own hump, but sees his companion's.
El jorobado no ve su chepa, y se burla de la ajena.
(L. *Non videmus manticae quod a tergo est*, no vemos lo que tenemos a nuestras
espaldas.)

HUNGER
Few die of hunger, a hundred thousand of surfeit. *Vide*: DIE.

Hunger drives the wolf out of the woods.
El hambre echa al lobo del monte.
Más discurre un hambriento que cien letrados.
(Las circunstancias adversas nos fuerzan a tomar decisiones arriesgadas,
como el lobo que se ve forzado a salir a descubierto. Los franceses dicen: *La
faim chasse le loup hors du bois*. Y otra variante es, *hunger breaks through stone
walls*.)

Hunger is sharper than the sword.
La hambre despierta el ingenio.
(El hambre, la necesidad, agudiza el ingenio.)

Hunger is the best sauce.
La mejor salsa es el hambre.
(Cuando se tiene hambre, toda comida gusta al paladar. Cicerón, *De Finibus*,
cibi condimentum esse fame. A propósito de esto la Biblia dice: *The full soul
loathed an honeycomb; but to the hungry soul every bitter thing is sweet*. *El que está
harto pisotea incluso el panal de miel, mas el que tiene hambre incluso lo amargo
encuentra dulce*. Proverbs, Proverbios, 27.7.)

HUNGRY
A hungry man is an angry man.
Hambre y esperar hacen rabiar.
Hombre con hambre no sabe lo que hace.

(El hombre con hambre, con necesidades, es siempre un hombre peligroso.
Alguien dijo que cuando se cierran las puertas de la justicia, se abren las de la
revolución.)

HURT
Don't cry before you are hurt.
No pongas el parche antes de que te hagan la herida.
(Hay gente que se pone a gritar y llorar mucho antes de que se lastime.)

He that hurts another hurts himself.
Quien aflige más al afligido, tendrá su castigo.
(Pequeña máxima moral que indica que el mal hace más daño al que lo inflige
que al receptor.)

HUSBAND
The husband is always the last to know.
El marido es siempre el último en enterarse.
El cornudo es el postrero en enterarse.
(Cuando ocurre algo, los allegados son siempre lo últimos en enterarse.)

I

IDLE

Idleness is the root of all evil. *Vide*: EVIL.

Of idleness comes no goodness.
Pereza no alza cabeza.
(La ociosidad, la pereza, es peligrosa. Cf. *Idleness is the root of all evil*. En francés dicen *qui ne fait rien fait mal*.)

IGNORANCE

Ignorance is the mother of impudence.
La ignorancia es atrevida. / Quien poco sabe, poco teme.
(Los ignorantes son muy atrevidos porque la ignorancia da alas a su insensatez.)

Ignorance of the law excuses no man. *Vide*: LAW.

There is no blindness like ignorance.
No saber es como no ver.
(Los ignorantes somos como ciegos; la ignorancia no nos permite ver las cosas tal como son.)

Wonder is the daughter of ignorance.
La ignorancia es madre de la admiración.
(Se admiran gente y cosas por pura ignorancia, por creer que son mejores de lo que en realidad son. En latín: *Omne ignotum pro magnifico*, todo lo que no se conoce se supone magnífico, de Tácito.)

ILL

An ill tongue may do much. *Vide*: TONGUE.

Death rather frees us from our ills that robs us of our goods. *Vide*: DEATH.

IMPOSSIBILITY
No one is bound to do impossibilities.
El que hace lo que puede no está obligado a más.
Culpa no tiene quien hace lo que puede.
(Todos podemos hacer lo que está en nuestras manos con ahínco y con tesón, y no estamos obligados a más; no se pueden hacer milagros.)

IMPRESSION
First impressions are the most lasting.
La primera impresión es la más duradera.
(La primera vista es muy importante pero, no obstante, Cf. *Appearances are deceiving.*)

INCH
Give him an inch and he'll take a yard.
Darle a uno el pie y tomarse la mano.
Al villano dale el pie y tomará la mano.
(Los hay quienes se toman grandes confianzas y libertades si se les da pie.)

Men are not measured by inches. *Vide*: MAN.

INGRATITUDE
The world's coin is ingratitude.
De ingratos está el mundo lleno.
(La ingratitud abunda, según este refrán.)

INJURE
Pardoning the bad is injuring the good. *Vide*: PARDON.

INTENTION
The road to hell is paved with good intentions. *Vide*: HELL.

IRON
Strike while the iron is hot.
A hierro caliente, batir de repente
(Hay que aprovechar las ocasiones cuando se presentan. En italiano dicen: *Bisogna batter il ferro quando é caldo.*)

To have too many irons in the fire.
Tener mucha carne en el asador.

(Estar demasiado ocupado o tener demasiadas tareas que hacer. También se dice: *all the fat in the fire*.)

ITALY

A man would live in Italy but he would choose to die in Spain.
Italia, para nacer; Francia, para vivir, y España para morir.
(Se supone que en Italia se vivía -o se vive- bien pero en España, por su tradición religiosa se muere mejor que en otra parte; se va al cielo antes. Al parecer esto ya no es cierto.)

Genoa has mountains without wood, sea without fish, women without shame, and men without conscience. *Vide*: GENOA.

J

JACK

All work and no play makes Jack a dull boy.
Por echar una cana al aire no se perdió nadie.
(No es perfectamente satisfactorio el refrán castellano por el muy popular inglés pero la idea es casi la misma. Trabajar demasiado y no tener asueto de vez en cuando no es bueno para Jack, ni para nadie. Jack en lengua inglesa es un tal Perico el de los Palotes.)

Every Jack must have his Jill.
Tal para cual, María para Juan.
(Cf. *Birds of a feather flock together.*)

Jack of all trades, master of none.
Aprendiz de mucho, maestro de nada.
Aprendiz de todos los oficios, maestro de maldita la cosa.
(El que tiene muchos oficios no puede hacerse maestro de ninguno. Hay que concentrarse, especialmente en nuestra área de especialización completa. También se dice: *Jack of all trades is of no trade.*)

JEST

It's ill jesting with edged tools.
Juego de manos, juegos de villanos.
Es peligroso jugar con fuego.
(No se debe jugar con cosas peligrosas.)

JOLLITY

There's no jollity but has a smack of folly.
Mucha alegría, poco seso.
(Hay que tener seriedad para que no nos tomen por tontos o locos, nos dicen estos refranes.)

JOY
No joy without annoy.
No hay miel sin hiel.
(Las alegrías y las tristezas se mezclan y suelen, además, ir de la mano.)

JUDGE
Don't judge a book by its cover.
No juzgues la pieza por la muestra.
(No hay que juzgar las cosas por las apariencias. En latín se decía que no había que fiarse de las apariencias: *frontis nulla fides*.)

From a foolish judge, a quick sentence.
Del juez necio, sentencia breve.
(Los jueces sensatos deben estudiar los casos minuciosamente, lo cual lleva tiempo. ¡Malo cuando la sentencia es rápida!

Judge not that ye be not judged.
No juzgueis para que no seais juzgados.
(San Mateo, Matthew, 7.1.)

JUSTICE
Much law but little justice. *Vide*: **LAW**.

K

KEEP

He who gets does much, he who keeps does more.
De lo que eres señor, eres mantenedor.
(Implica que es bueno guardar para tener.)

Keep a thing seven years and you'll find a use for it.
Guarda un cordelillo de a cuarta, que alguna vez te hará falta.
(Todo lo que se guarda puede tener utilidad con el tiempo. Hace siglos todo
tenía que guardarse porque poco tenían y todo lo necesitaban.)

Keep something for the sore foot.
Guardar para la vejez, acierto es.
(*Sore foot* quiere decir la vejez. Hay que ser precavidos y guardar para la vejez. Se
hacía antaño cuando no había previsión social, y la idea perdura hoy en día.)

KETTLE

The pot called the kettle black. *Vide*: POT.

KEY

A silver key can open an iron door.
El oro es la mejor ganzúa del diablo. / No hay cerradura donde es oro la ganzúa.
(Según los refranes, el dinero lo puede todo.)

KILL

Those who kill by the sword shall perish by the sword.
Quien a hierro mata, a hierro muere.
(L. *Qui gladio ferit, gladio perit.* La cita bíblica de San Mateo, 26.52, dice: *All they
that take the sword shall perish with the sword*, cuantos empuñan la espada, a
espada perecerán. En otras palabras: los que actúan mal, tarde o temprano
recibirán su merecido.)

KIND

Sometimes you must be cruel to be kind.

Quien bien te quiere te hará llorar.

(Da a entender que es necesario ser cruel y estricto a veces para hacer un bien.)

KING

In the country of the blind, the one-eyed man is king. *Vide*: BLIND.

The King can do no wrong.

El rey nunca se equivoca.

(Porque representaba la ley y aunque se equivocase, nadie podía reprochárselo ni castigarle por ello.)

The king is dead: long live the king.

A rey muerto, rey puesto.

(La frase inglesa está tomada del francés, claro está, y tiene su equivalencia en castellano: *El Rey ha muerto: ¡Viva el Rey!* Creo que el dicho castellano es mucho más expresivo cuando indica que nadie es insustituible. También se dice: *The king never dies.*)

KISS

Many kiss the hand they wish cut off.

Mano besa el hombre que la querría ver cortada.

(Muchos rinden pleitesía a los que aborrecen y odian, forzados por las circunstancias. Richard Burton en su *The Anatomy of Melancholy* dice [p. 66]: *To see a man protest friendship, kiss his hand, quem mallet truncatum videre, whom he would like to see decapitated... Otra posibilidad en latín es: Multi manum palpant, quam amputatam vellent.*)

KNOW

By their fruits ye shall know them. *Vide*: FRUIT.

He that knows nothing, doubts nothing.

Quien de nada sabe, de nada duda.

(El mucho saber implica mucho dudar. Ya decía Sócrates que sólo sabía que no sabía nada.)

Know thyself.

Conócete a ti mismo.

(Inscripción en el templo de Apolo en Delfos. En latín es: *nosce te ipsum.*)

You may know by a handful the whole sack.
De muestra vale un botón.
(No es necesario verlo todo ni examinarlo todo porque uno solo nos da idea de cómo son los demás. Virgilio dijo: *Ab uno disce omnes*, por uno solo se conoce a los demás.)

KNOWLEDGE
Knowledge is no burden.
El saber no ocupa lugar.
(Saber es siempre necesario y no es una carga.)

Knowledge is power.
Saber es poder.
(*La Biblia* dice en Proverbios XXIV, 5, *A wise man is strong; yea, a man of knowledge increaseth strength*. Francis Bacon [1561-1626] dijo en *Religious Meditations: Knowledge itself is power*, el saber mismo es poder. Y en latín se dice que *scientia potestas est*.)

L

LABOR
   He that labors and thrives, spins gold.
   Diligencia pare abundancia.
   (Los refranes, al tratar de dar pautas de conducta, siempre alaban el trabajo y
   la diligencia.)

LADDER
   Step by step the ladder is ascended. *Vide*: STEP.

LAND
   When house and land are gone and spent, the learning is most excellent.
   Vide: LEARN.

LANE
   It's a long lane that has no turning. *Vide*: LONG.

LARGE
   Large streams from little fountains flow. *Vide*: STREAM.

LAST
   A wonder lasts but nine days. *Vide*: WONDER.

   Shoemaker, stick to your last. *Vide*: SHOE.

LATE
   Better late than never.
   Más vale tarde que nunca.
   (L. Tito Livio: *Potius sero quam nunquam*. Indudablemente que hay que hacer
   las cosas a su tiempo pero, de no ser posible, es mejor hacerlas tarde que no
   hacerlas nunca. Iribarren, copiando de Joaquín Bastús, dice que siendo ya de

mucha edad, el filósofo Diógenes se propuso aprender la música y habiéndole uno dicho *Iam senex discis*, ya eres viejo para aprender, le contestó: *Praestantius sero doctum esse, quam nunquam,* más vale tarde que nunca. Esto aparece en la *Historia romana, Ab urbe condita,* de Tito Livio, historiador romano que vivió entre 59 a. C. - 17 d. C. y de la cual perduran 35 libros completos.)

It's never too late to mend. *Vide:* **MEND.**

It's too late to grieve when the chance is past.
Siempre es tarde cuando se llora.
(Es necio llorar cuando se ha perdido la oportunidad y ya es pasada la ocasión.)

It's too late to spare when the bottom is bare.
A granero robado, cerradura y candado.
(Casi siempre se toman medidas tarde, a hechos consumados. Cf. *Prevention is better than cure. It's too late to lock the stable when the horse has been stolen.*)

Late was often lucky.
Nunca es tarde si la dicha es buena.
(Este refrán y el siguiente se usan a manera de consuelo para aquellos que llegan tarde. No siempre es malo llegar tarde.)

Never too late to do well.
Nunca es tarde si la dicha es buena.
(Nunca es tarde para lo bueno.)

LATIN
With Latin, a horse, and money, you may travel the world.
Con latín, rocín y florín, andarás todo el mundo.
(Este refrán ya no nos sirve. Con *money* y florín sí que podemos ir lejos. *Latín* significaba conocimientos, sabiduría.)

LAUGH
He laughs best who laughs last.
Quien ríe el último ríe mejor.
(El que sale ganando al final, el último, es el que sale mejor parado.)

Laugh and grow fat.
Quien quiera vivir bien, de todo se ha de reír.
(La vida requiere una buena dosis de buen humor. Lo de engordar se explica

L porque era señal de buena salud y riqueza. En inglés se lee mucho en literatura clásica, hablando de algún hombre que era *a fat, healthy man*. Remito al lector a Charles Dickens, *Oliver Twist*, en la escena cuando Oliver pide más *gruel*.)

Laugh before breakfast, you'll cry before supper.
El reír del llorar poco suele distar.
(Pasamos de la alegría a la tristeza con facilidad.)

LAW
Every law has a loophole.
Hecha la ley, hecha la trampa.
(Siempre hay maneras de burlar la ley. *A loophole* es una tronera, pero aquí es *escapatoria, trampa*. En latín se decía: *inventa lege, inventa fraude*.)

Ignorance of the law excuses no man.
La ignorancia de la ley no excusa la pena de ella.
(Si así fuera nadie tendría jamás culpa alguna, simplemente con afirmar que el mal cometido ha sido por simple ignorancia de la ley. L. *Ignorantia iuris neminem excusat*.)

Law makers should not be lawbreakers.
Quien la ley establece, guardarla debe.
El respeto de la ley comienza por el rey.
(El refrán indica que los que hacen la ley deben acatarla, cosa que con mucha frecuencia no ocurre.)

Much law but little justice.
Muchas leyes, mal gobierno.
(Cuantas más leyes y normas hay, peor es.)

Necessity knows no law. *Vide*: NECESSITY.

New lords, new laws.
Nuevo rey, nueva ley.
(En latín es *novus rex, nova lex*.)

The law grows of sin, and chastises it.
La ley nace del pecado y la ley lo castiga.

When drums beat, laws are silent.
Las leyes callan mientras hablan las armas.
Cuando la fuerza manda, la ley calla.
(También *where laws are silent, drums beat*. Y Cicerón dijo: *silent enim leges inter arma*. Y también se decía: *inter arma lege silent*, que viene a ser lo mismo.)

LAWYER

A client betwixt his attorney and counsellor is like a goose twixt two foxes. *Vide*: ATTORNEY.

A good lawyer, an evil neighbor.
Buen abogado, mal vecino.
(Los abogados, como ya se ha dicho, han tenido, y siguen teniendo mala fama. Otros refranes hablando mal de los abogados: *The better lawyer is the worse Christian; a good lawyer must be a great liar*, etc. Y se puede ser un buen abogado y un pésimo vecino.)

LEAD

If the blind lead the blind, both shall fall into the ditch. *Vide*: BLIND.

LEAP

Look before you leap.
Toda precaución es poca.
A mayor riesgo, mayor cautela.
(Hay que tomar precauciones y ser cauto antes de lanzarse a una aventura, a un salto. Tiene la coletilla siguiente: *for snakes among the flowers creep*.)

One must draw back in order to leap better.
Quien mucho quiere saltar, de lejos lo ha de tomar.
(De Montaigne: *Il faut reculer pour mieux sauter*. Para conseguir algo importante hay que prepararse de antemano.)

LEARN

A little learning is a dangerous thing.
Nada hay más atrevido que la ignorancia.
La ignorancia es atrevida.
(Famosísima frase de Alexander Pope [1688-1744], *Essay on Man*.)

A man may learn wit every day.
Todos los días se aprende algo.

Cada día se aprende algo nuevo.
(Siempre se aprende algo, por muy sabios que seamos.)

In doing we learn.
Se aprende haciendo.
(L. *Quid faciendum sit, a faciente discendum est.*)

It's good to learn at other men's cost.
Escarmentar en cabeza ajena.
(Advierte este refrán lo bueno que es aprender de los errores de los demás.)

Learn weeping, and you shall gain laughing.
Aprende llorando; reirás ganando.
(A veces aprender es duro y difícil pero luego se agradece el esfuerzo.)

Learn young, learn fair.
No se aprende de machucho, sino de muchacho.
(Lo que se aprende de pequeño se recuerda toda la vida.)

Live and learn. *Vide*: LIVE.

Never too late to learn.
Para aprender nunca es tarde.
(Cf. *You are never too old to learn.*)

There is no royal road to learning.
Para aprender es menester padecer.
(El aprendizaje nunca es fácil y exige disciplina y constancia, entre otras cosas.)

When house and land are gone and spent, the learning is most excellent.
Perdiendo aprendí: más vale lo que aprendí que lo que perdí.
(Se aprenden grandes lecciones cuando se pierde todo, desde luego. También se dice: *Learning is better than house and land.*)

You are never too old to learn.
Para aprender nunca es tarde.
Para aprender y tomar consejo nunca es tarde.
(Cf. *Never too late to learn.*)

L

LEAST
Least said, soonest mended. *Vide*: SAY.

The least said the better. *Vide*: SAY.

LEAVE
It is hard to make an old mare leave flinging. *Vide*: MARE.

Leave well enough alone. *Vide*: WELL.

LEG
Everyone stretches his legs according to the length of his coverlet. *Vide*: STRETCH.

LEND
He that doth lend, loseth money and friend.
Amigo beneficiado, enemigo declarado.
Quien presta no cobra, y si cobra, no todo, y si todo, no tal, y si tal, enemigo mortal.
(Tiene el refrán otra versión: *He that does lend, loses his friend.* Lo que sí está claro es que prestar no es buena idea y hasta Shakespeare lo dice en Hamlet, *neither a borrower, nor a lender be.* Y *quien presta, sus barbas mesa* es otra posibilidad. Otra variante dice: *who lends to a friend often gains an enemy.*)

He that lends, gives.
Lo prestado es primo hermano de lo dado.
(Como lo que se presta se pierde, es como darlo o regalarlo.)

He who has but one coat cannot lend it.
Quien no tiene más que un sayo no puede prestallo.
(El que poco tiene, poco puede prestar. Los refranes hablan de *coat* y *sayo*, pero se aplican también a dinero, tiempo, etc.)

Neither a borrower nor a lender be. *Vide*: BORROW.

LEOPARD
The leopard cannot change its spots.
Muda el lobo los dientes y no las mientes.
La cabra tira al monte.
(Se es como se es y no se puede cambiar, como el leopardo. La frase latina se

L ciñe más al castellano: *lupus pilum mutat non mentem*. Jeremías, 13.23, *Can the Ethiopian change his skin or the leopard his spots? ¿Puede un etíope cambiar su piel o un leopardo sus manchas?* Existe una variante en inglés próxima al refrán castellano: *The wolf may lose his teeth but never his nature* que es la traducción del latín *lupus pilum mutat, non mentem*.)

LETTER
The heart's letter is read in the eye. *Vide*: HEART.

The letter killeth but the spirit giveth life.
La letra mata, su sentido sana.
(Corintios, Corinthians, II, 3.6, *pues la letra mata, pero el espíritu da vida*.)

LIAR
A liar is not believed when he tells the truth.
A quien una vez mintió, nunca se le creyó.
En boca del mentiroso lo cierto se halla dudoso.
(Also: *A liar is not believed when he speaks the truth*.)

A liar is sooner caught than a cripple.
Más presto se coge al mentiroso que al cojo.
(Aunque el cojo no puede correr, se coge antes al mentiroso en su mentira.)

A liar ought to have a good memory.
El mentir pide memoria.
(Para no contradecirse y decir unas veces una cosa y otras, otra, hay que tener buena memoria.)

LIBERTY
Liberty is a fair thing.
La libertad no tiene par.
(Muchas veces los refranes dicen verdades como puños porque es cierto que la libertad es maravillosa. Cf. *Liberty is more worth than gold*.)

Liberty is a jewel.
La libertad es una alhaja que con ningún dinero se paga.
(Cf. *Liberty is a fair thing*.)

Liberty is more worth than gold.
La libertad vale más que el oro.

(*La libertad, Sancho, es uno de los más preciosos dones que a los hombres die-ron los cielos; con ella no pueden igualarse los tesoros que encierra la tierra...* Dice Don Quijote a Sancho en la segunda parte, capítulo LVIII, del Quijo-te.)

Who receives a gift, sells his liberty. *Vide*: GIFT.

LIE

Ask no questions and be told no lies. *Vide*: QUESTION.

Children and fools cannot lie. *Vide*: CHILDREN.

Gossiping and lying go together. *Vide*: GOSSIP.

One lie makes many.
De una mentira nacen ciento.
(En cuanto se empieza a mentir, una mentira trae otra.)

Rumor is a lying jade. *Vide*: RUMOR.

Tell a lie and find a truth.
Sacar de una mentira una verdad.
(Dí una mentira y encuentra una verdad. A veces, mintiendo logramos sacar verdades.)

"They say so" is half a lie.
Este qué dirán causa mucho mal.
(Siempre que se dice *se dice, se comenta*, etc. suele ser mentira.)

Where there is gossiping there's lying.
Quien comenta, inventa.
(El chisme, el rumor casi siempre es mentira, dice el refrán.)

Where there is whispering, there is lying.
Murmurador a la oreja, antes place que molesta.
(Cf. *Where there is gossiping, there is lying.*)

LIFE

A good life makes a good death. *Vide*: DEATH.

L

An ill life, an ill end.
A mal vivir, mal morir.
(El que mal vive, mal acaba.)

Life is but a span.
La vida es un soplo.
(*Span*: palmo. Francis Bacon [1561-1626], en *The World*, dice: *The world's but a bubble: and the life of man / less than a span.*)

Life is not all beer and skittles.
No todo el monte es orégano.
(No todo es juerga y diversión. Las palabras *beer and skittles* siempre van juntas en la frase.)

Life means strife.
Esta vida es una guerra continua.
(Vivir es constante lucha, superación, vencer obstáculos...)

Long life has a long misery.
Vivir es sufrir.
A más años, más daños.
(Unos refranes tristes sobre la vida.)

Such a life, such a death.
Cual la vida, tal la muerte.
(Según se vive, se muere. Si se vive mal, se muere mal. L. *Qualis vita, finis*, a tal vida, tal muerte.)

While there's life there's hope.
Mientras hay vida hay esperanza.
(*Modo liceat vivere, este spes*, dijo Terencio en *Heauton Timoroumenos*.)

LIGHTNING
Lightning never strikes twice in the same place.
No hay tempestad que mucho dure.
(La equivalencia que se ofrece no es rigurosamente exacta aunque sí muy aproximada. El rayo no suele caer dos veces en el mismo sitio y por lo tanto no hay que desesperar porque la mala suerte no se repite. Y en castellano también se ofrece consuelo porque la tempestad, el infortunio o mala suerte, no suele durar mucho.)

LIKE
Like will to like.
Cada par con su igual.
(Cicerón, *De Senectute*, III, vii, *pares cum paribus facillime congregantur*, los iguales se juntan con facilidad.)

LIKELY
Likely lies in the nire, and unlikely gets over.
Aquello que nunca fue, cualquier día puede ser.
(Lo improbable puede ser y acontecer. Cf. *The unexpected always happens*.)

LINEN
Don't wash your dirty linen in public. *Vide*: WASH.

LINK
The chain is no stronger than its weakest link. *Vide*: CHAIN.

LION
A living dog is better than a dead lion. *Vide*: DOG.

LIP
There's many a slip between the cup and the lip. *Vide*: SLIP.

LISTEN
Listeners never hear good of themselves.
Quien escucha su mal oye.
(Los que escuchan las conversaciones ajenas corren el riesgo de oír cómo hablan mal de ellos. A veces *seldom* se usa en vez de *never*.)

LITTLE
A little is better than none.
Más vale poco que nada.
(Poco a poco, con esfuerzo, se consiguen verdaderas proezas.)

Every little helps. *Vide*: HELP.

Little strokes fell great oaks.
De comienzo chico viene granado hecho.
(Poco a poco, con calma, se consiguen grandes cosas. También: *Little leaks sink a ship*.)

LIVE

He preaches well that lives well.
Bien predica quien bien vive.
(El que da un buen ejemplo es mejor que si predicase; es mucho más efectivo.)

Live and learn.
Vivir para ver, y ver para saber.
(La mejor escuela es la vida.)

Live and let live.
Vive y deja vivir.
(El refrán recomienda vivir uno a su aire y dejar en paz a los demás. Sin embargo en *Selected Proverbs* [London, 1707] se dice de este refrán: *Be a kind landlord.*)

Man cannot live by bread alone.
No sólo de pan vive el hombre.
(La cita bíblica es de San Mateo, Matthew, 4.4, y dice: *Man shall not live by bread alone, no sólo de pan vivirá el hombre.*)

They that live longest see most.
Quien mucho vive, mucho ve.
(Cuanto más se vive, mayor se es y más experiencia se tiene.)

Those who live comfortably, live long.
Buena vida, arrugas trae.
(Según el refrán, la buena vida es causa de longevidad.)

We must live by the living, not by the dead.
El muerto al hoyo y el vivo al bollo.
Al vivo la hogaza y al muerto, la mortaja.
(Hay que pensar en los vivos, no en los muertos, que ya no son. Cf. *Let the dead bury the dead.*)

LOAF
Half a loaf is better than no bread. *Vide*: HALF.

LOCK
It's too late to lock the stable when the horse has been stolen. *Vide*: STABLE.

L

LONG
A creaking gate hangs long. *Vide*: GATE.

It's a long lane that has no turning.
No hay bien ni mal que cien años dure.
No hay calleja sin revuelta.
(También se usa *road* por *lane*. Cf. *The longest day must have an end*. Sancho dice en la segunda parte del Quijote, capítulo XIII, *No hay camino tan llano que no tenga algún tropezón o barranco*.)

They that live longest, see most. *Vide*: LIVE.

LOOK
He that looks not before, finds himself behind.
El que adelante no mira, atrás se halla.
(Aquellos que no son previsores con el futuro, acaban mal.)

Look before you leap. *Vide*: LEAP.

Lookers on see most of the game.
Más ven los que miran que los que juegan.
Más se ve mirando que jugando.
(El que mira el juego, el mirón, tiene más oportunidades de observar las jugadas mejor que el que participa.)

LORD
New lords, new laws. *Vide*: LAW.

The Lord gave and the Lord hath taken away.
Dios da y Dios quita según su sabiduría infinita.
(De Job, 1.21, *The Lord gave and the Lord hath taken away; blessed be the name of the Lord. El Señor dio y el Señor ha quitado; bendito sea el nombre del Señor*.)

LOSE
Al covet, all lose.
Quien todo lo quiere, todo lo pierde.
La codicia lo quiso todo, y púsose del lodo.
(Los ambiciosos que lo quieren todo acaban sin nada.)

There's nothing lost by civility. *Vide*: CIVILITY.

L LOSS

One man's loss is another man's gain.
No hay provecho propio sin daño para otro.
(Si alguien se encuentra una cartera es porque otro la ha perdido.)

There's no great loss without some gain.
El perder, a veces ganar es. / Perdiendo se aprende a ganar.
Mientras algo se gana no se pierde nada.
(Este refrán se emplea a manera de consuelo para los que pierden algo.)

LOVE

All's fair in love and war.
En la guerra y el amor el que vence tiene razón.
(Todo vale con tal de ganar en la guerra y en el amor.)

Dogs wag their tails not so much in love to you as to your bread. *Vide*: DOG.

Fear is stronger than love.
Amor engendra temor. / Mucho teme quien bien ama.
(El amor es un sentimiento fuerte pero más aún lo es el miedo.)

Love and cough cannot be hid.
Amor, tos y fuego, descúbrese luego. / Amor, tos y dinero llevan cencerro.
(Al que está enamorado se le nota enseguida, tanto como al que tose, que no puede evitarlo. En latín se dice: *amor tussisque non celatur*, el amor y la tos no se pueden ocultar. Y los franceses hablan del amor y del humo: *L'amour et la fumée ne peuvent se cacher.*)

Love and hate are blood relations.
Quien bien ama, bien desama.
(Implica que sólo hay un paso entre el amor y el odio. Son parientes cercanos.)

Love begets love.
Amor no se alcanza sino con amor.
Y donde no hay amor, pon amor y sacarás amor.
(L. *Amor gignit amore.* El amor engendra amor y el cariño, cariño, dice este refrán.)

Love conquers all.
El amor lo vence todo.
(L. *Amor vincit omnia* de Virgilio.)

Love does much, money does everything.
Amor con amor se paga; y lo demás con dinero.
(Refrán cínico, como casi todos sobre estos temas, donde se ensalza el poder del dinero.)

Love is blind.
El amor es ciego.
(Es ciego porque no ve los defectos de la persona amada. A Cupido, dios del amor, se le representa como a un niño con los ojos vendados, y por algo será. L. *Amor caecus*.)

Love is without reason.
El amor que no desatina, no vale una sardina.
Incapaz de desatino, no hay amor fino.
(Las cuestiones del corazón no quieren saber de razonamientos. El amor es loco.)

Love is rewarded by love.
Amor con amor se paga.
(La mejor manera de devolver el amor es con amor.)

Love laughs at locksmiths.
Amor no respeta ley, ni obedece a rey.
(Para el amor no hay barreras y se ríe de los cerrajeros.)

Love makes the world go round.
El amor en todo el mundo vencedor. / El amor todo lo puede.
(Según el refrán, es el amor el que impulsa al mundo a dar vueltas.)

Love me little, love me long.
Amor fuerte dura hasta la muerte.
(Es mejor que el amor dure a que sea apasionado pero corto.)

Love will find a way.
Amor grande vence mil dificultades.
El amor todo lo puede.
(Para el amor no hay obstáculos. Cf. *Love laughs at locksmiths*.)

Lovers quarrels are soon mended.
Riñen a menudo los amantes, por el gusto de hacer las paces.
(Los que se aman y riñen hacen pronto las paces.)

L

Lucky at cards, unlucky in love. *Vide*: LUCKY.

New love drives out the old love.
Un amor saca otro.
Amores nuevos, olvidan viejos.
(Para olvidar un antiguo amor no hay nada tan efectivo como enamorarse de nuevo.)

No love like first love.
No hay (tal) amor como el primero.
(Ambos refranes indican que es el primer amor el más fuerte, aunque posiblemente no sea esto absolutamente cierto.)

Of all pains, the greatest pain, it is to love, but love in vain.
Amar y no ser amado, es un tiempo mal empleado.
(Más romántico el refrán inglés y más pragmático el castellano.)

Of soup and love, the first is the best.
Las sopas y los amores, los primeros son los mejores.
(Cf. *No love like first love.*)

Old love does not rust.
Amor fuerte dura hasta la muerte.
(Los amores que perduran, duran.)

Old love will not be forgotten.
Quien bien ama, tarde olvida.
(Los amores que perduran en el tiempo, no se olvidan pronto.)

One cannot love and be wise.
Amar y saber, todo no puede ser.
Enamorado y loco, lo uno es lo otro.
(Parece ser que la cordura y el amor están reñidos. Cf. *Love is without reason.*)

The greatest hate springs from the greatest love. *Vide*: HATE.

The quarrel of lovers is the renewal of love.
Iras de enamorados son los amores doblados.
(Terencio dijo *Amantium irae amoris integratio est.* También: *The falling out of lovers is the renewal of love.*)

War, hunting and love are as full of trouble as pleasure.
Amor y guerra tienen batallas y sorpresas.

When poverty comes in at the door, love flies out the window.
Cuando la pobreza entra en una casa, el amor sale por la ventana.
Donde no hay harina, todo es mohína.
En acabándose la plata, el amor se desbarata.
(Tan pronto se acaba el dinero en una casa, en un matrimonio, comienzan los problemas de amor.)

LUCK
An ounce of luck is better than a pound of wisdom.
Más vale fortuna que consejo ni industria.
(Indica que el éxito es con frecuencia cosa de suerte y que es mejor tener suerte que ser listo.)

There is luck in odd numbers.
Los números nones son los mejores.
(Una superstición más sobre los números.)

LUCKY
Better be born lucky than wise.
Más vale caer en gracia que ser gracioso.
(La suerte lo es todo en la vida, parece indicar este refrán. Tener suerte es mejor que ser inteligente así como caer en gracia es mejor que ser gracioso. Cf. *An ounce of luck is better than a pound of wisdom.*)

Lucky at cards, unlucky in love.
Afortunado en el juego, desgraciado en amores.
(Se dice para fastidiar al que gana en el juego.)

Third time lucky.
A la tercera va la vencida.
(Cuando algo no se consigue por dos veces, se suele decir el refrán para animar al que lo intenta.)

Unlucky in sport, lucky in love.
Desgraciado en el juego, afortunado en amores.
(Se dice a manera de consuelo para los que pierden. Cf. *Lucky at cards, unlucky in love.*)

M

MAD
Whom God will destroy he first makes mad. *Vide*: GOD.

MAHOMET
If the mountain will not come to Mahomet, Mahomet will come to the mountain.
Si la montaña no viene a Mahoma, Mahoma irá a la montaña.
(Está claro que Mahoma era un hombre práctico. Este dicho es muy conocido en Europa.)

MAN
A hungry man is an angry man. *Vide*: HUNGRY.

A man's worth is the worth of his land.
Tanto tienes, tanto vales.
(Del latín *quantum habebis, tantus erit*. Es un dicho muy materialista que no tiene en cuenta que no sólo es importante lo que se tiene.)

A moneyless man goes fast through the market. *Vide*: MONEY.

A wise man changes his mind, a fool never will.
El sabio muda el consejo, el necio no. / De sabios es mudar de parecer.
(Hay que cambiar de parecer si nos equivocamos.)

An angry man never wants woe. *Vide*: ANGRY.

An old man never wants a tale to tell. *Vide*: OLD.

An old man's sayings are seldom untrue.
Hombre anciano, juicio sano.

(A los viejos les gusta decir refranes y proverbios como ejemplo a seguir por los jóvenes.)

An unhappy man's cart is eith to tumble.
A perro flaco todo son pulgas.
(*Eith to tumble* significa que vuelca con facilidad. Ahora diríamos *easy to overturn*. Quiere decir que los degraciados son propensos a tener más desgracias para colmo.)

A wilful man must have his way.
Quien quiere, mucho puede. / En el hombre, querer, poder y hacer.
(Los testarudos se salen con la suya.)

A woman is flax, man is fire, the devil comes and blows the bellows.
El hombre es fuego; la mujer, estopa; llega el diablo y sopla.
(¡Sin comentarios!)

A young man married is a man that's marr'd.
Hombre casado, hombre enjaulado.
(*Mar*: estropear, desfigurar. De William Shakespeare, *All's Well that Ends Well*. Sin comentarios.)

Better be an old man's darling than a young man's slave.
Más quiero viejo que me regale que mozo que me mande.
Más quiero viejo que me ruegue que galán que me abofetee.
(Un anciano con dinero que mime a una mujer es, según el refrán, mejor que un joven que la esclavice.)

Clothes do not make the man. *Vide*: CLOTHES.

Every man for himself.
Sálvese quien pueda.
(Se termina la frase diciendo ... *and the devil take the hindmost* y el que venga detrás, que arrée.)

Every man for himself and God for us all.
Cada uno en su casa y Dios en la de todos.
(Todos debemos ocuparnos de nuestros asuntos y Dios proveerá y nos ayudará.)

Every man has his faults. *Vide*: FAULT.

M

Every man has his weak side.
No hay hombre sin pero.
(Toda persona tiene faltas y fallos.)

If you wish good advice, consult an old man. *Vide*: ADVICE.

Keep not ill men company, lest you increase their number. *Vide*: COMPANY.

Man is a wolf to man.
El hombre es un lobo para el hombre.
(Tito Macio Plauto: *Homo homini lupus*.)

Man is the measure of all things.
El hombre es la medida de todas las cosas.
(Protágoras [c.485-c.410, a.C.]. El hombre es el patrón de todo y por el cual se mide todo.)

Man proposes, God disposes.
El hombre propone y Dios dispone.
(Kempis: *Homo proponit, sed Deus disponit*. Y el francés Fénelon dijo: *Ainsi l'homme s'agite, mais Dieu le mène* y antes se decía: *l'homme propose et Dieu dispose*. Hay varias versiones chuscas que cambian *woman* por *God*.)

Meat and mass never hindered man.
Por oír misa y dar cebada nunca se perdió jornada.
(Atender a las necesidades del cuerpo y a las del espíritu nunca hace daño.)

Men are not to be measured by inches.
Los hombres no se miden a palmos.
(Se refiere a la estatura de las personas. Otro refrán castellano muy agudo dice: *Al hombre se le mide de cejas arriba*.)

No man is a hero to his valet. *Vide*: HERO.

So many men, so many opinions.
Tantos hombres, tantas opiniones.
(L. *Quot capita tot sensus*, tantas cabezas, tantos pareceres.)

The early man never borrows from the late man. *Vide*: EARLY.

The style is the man. *Vide*: STYLE.

M

Threatened men live long.
Hombre prevenido vale por dos.
(El hombre amenazado está siempre prevenido y vive más.)

Three things drive a man out of his house - smoke, rain and a scolding wife.
Tres cosas echan al hombre de la casa fuera: el humo, la gotera y la mujer vocinglera. / El humo y la mujer y la gotera, echan al hombre de su casa fuera. Humo y mala cara, sacan a la gente de casa.
(L. *Sunt tria damna domus: imber, mala femina, fumus.* Sin comentarios, aunque a propósito de esto la Biblia dice: *It is better to dwell in a corner of the housetop, than with a brawling woman and in a wide house. Mejor es vivir en un rincón del desván que en amplia casa con mujer quisquillosa.* Proverbs, Proverbios, 25.24. El refrán siguiente hay que tomarlo *cum grano salis*: *It's a good horse that never stumbles / and a good wife that never grumbles.*)

When a man is going down-hill, everyone will give him a push.
Del árbol caído todos hacen leña.
(Todos están dispuestos a aprovecharse del desvalido, del desgraciado.)

Words bind men. *Vide*: WORD.

MANNER
Other times, other manners. *Vide*: TIME.

MARCH
March winds and April showers bring forth May flowers.
Marzo ventoso y abril lluvioso sacan a mayo florido y hermoso.
A abril con sus chaparrones, sigue mayo con sus flores.
(Dos ejemplos más de refranes que nos hablan del tiempo y de su predicción y de la creencia de que en abril llueve mucho. Y no olvidemos el Prólogo de Chaucer a sus *Canterbury Tales: Whan that Aprill with his shoures soote / The droghte of March hath perced to the roote, /.*)

MARE
It is hard to make an old mare leave flinging.
Viejo caballo no muda de paso.
(*Flinging* quiere decir *kicking*, derribar, echar al suelo.)

M MARKET

Honor buys no meat at the market. *Vide*: HONOR.

MARRIAGE

Marriages are made in heaven.
Matrimonio y mortaja del cielo baja.
(No se puede hacer nada sobre el matrimonio porque es el cielo el que lo organiza todo.)

MARRY

A young man married is a young man marred. *Vide*: YOUNG.

Before you marry be sure of a house wherein to tarry.
El casado casa quiere.
(*Tarry*: Quedarse, estar.)

It's better to marry than to burn.
Es mejor casarse que abrasarse.
(Este famoso refrán viene de la Biblia, I Corintios, 7.9. *Burn*, abrasarse, se refiere al infierno, claro.)

Marry in haste, repent at leisure.
Antes de que te cases, mira lo que haces.
(El refrán indica que hay que ir con tiento con el matrimonio.)

MASTER

He who works before dawn will soon be his own master. *Vide*: WORK.

Jack of all trades, master of none. *Vide*: JACK.

Like master, like man.
A buen amo, buen criado.
(Este refrán es como *like master, like servant*. L. *Qualis dominus, talis servus*.)

Like master, like servant.
Cual el dueño, tal es el perro.
(Los empleados se comportan como el jefe, que es el que marca la pauta o la cultura de la empresa. En francés se dice: *Tel maître, tel valet*.)

No man can serve two masters. *Vide*: SERVE.

One must be a servant before one can be a master. *Vide*: SERVANT.

M

The master's eye makes the horse fat.
El ojo del amo engorda el caballo.
(El amo debe estar atento a sus propiedades y negocios. También: *The eye of the master does more work than both his hands* y *one eye of the master sees more than ten of the servants*.)

MAY
Never cast a clout till May be out.
Hasta el cuarenta de mayo no te quites el sayo.
(*Clout* es una tela, ropa, paño, camiseta. Este refrán proviene del castellano e indica que aunque el calendario diga que estamos a finales de primavera, la realidad es que sigue haciendo frío. Otra variante inglesa es: *Stick to your flannels until your flannels stick to you*. También se dice: *Cast not a clout ere May be out. Ere* quiere decir, claro, *before*.)

MAYBE
May-be was ne'er a gude honeybee.
Con "quizá" nunca hagas cuenta.
Un quizá no dice ná.
(Indica que un "quizá" no quiere decir absolutamente nada y no se debe contar con ello.)

MEAL
No mill, no meal. *Vide*: MILL.

MEASURE
He that measures not himself is measured.
El que no se mide, la medida se mete en él.
(Indica que los que no se frenan en sus actitudes y acciones, otros lo harán por ellos y quizá a la fuerza.)

Measure is treasure.
Mesura es cordura.
Ten con ten conten.
(La mesura, el ten con ten, contiene y es un tesoro y da cordura.)

Men are not to be measured by inches. *Vide*: MAN.

M

MEAT

One man's meat is another man's poison.
Sobre gustos no hay nada escrito.
Con lo que Pedro adolece, Sancho sana.
(Lo que puede ser bueno para uno, es veneno para otro. Lucrecio, *De Rerum Natura, Sobre la naturaleza de las cosas*, dice: *quod ali cibus est aliis fuat acre venenum.*)

The wholesomest meat is at another man's cost.
Quien se sienta a mesa puesta no sabe lo que comer cuesta.
(La carne más saludable es la gratuita, la que comemos a costa de otro.)

MEDICINE

Ready money is a ready medicine. *Vide*: MONEY.

MEND

It's never too late to mend.
Nunca es demasiado tarde para enmendar.
Para volver a la buena senda siempre es tiempo.
(Siempre estamos a tiempo para corregir los errores cometidos.)

Least said, soonest mended. *Vide*: SAY.

MERRY

A merry heart goes all the way.
Corazón contento es gran talento.
(La alegría nos ayuda a completar nuestras tareas y llevarlas a feliz término. En Proverbios, 15.13, se dice: *Un corazón contento alegra el rostro. A merry heart maketh a cheerful countenance.*)

Merry is the feast-making till we come to the reckoning.
Al freír será el reír, y al pagar será el llorar.
(Todos contentos en la fiesta, pero a la hora de pagar será otro cantar. También se dice que *the reckoning spoils the relish.*)

The more the merrier. *Vide*: MORE.

MEUM

Meum, tuum, suum, set all the world together by the ears.
Mío y tuyo es causa de todos lo males.

Este mío, tuyo y suyo, revuelve a todo el mundo.
(*Vide*: **MÍO**, en parte castellana.)

MILK

There is no use crying over spilt milk
Una vez muerto el burro, la cebada al rabo.
Lo hecho, hecho está.
(También tiene la var. *It's no use...*)

MILL

A mill cannot grind with the water that is past.
Agua pasada no muele molino.
(El presente es lo único que tenemos. *Carpe diem*. Lo pasado, pasado está.
También podemos decir: *There is no time like the present*.)

He who goes into a mill comes out powdered.
Quien al molino va, enharinado saldrá.
(Estos refranes explican que debemos atenernos a las consecuencias derivadas
de nuestros actos.)

No mill, no meal.
En esta vida caduca el que no trabaja no manduca.
(Los franceses dicen: *Il faut travailler, qui veut manger*. Estos refranes alaban las
bondades del trabajo y advierten que el que no trabaja, no come. Creo que se han
quedado anticuados porque hay muchos que no trabajan y comen muchísimo.)

The mills of God grind slowly, but they grind exceedingly small. *Vide*:
GOD.

To draw water to one's mill. *Vide*: **WATER.**

MILLER

Millers and bakers do not steal: people bring it to them.
Molinero y ladrón, dos cosas suenan y una son.
(Siempre se ha dicho que los molineros se quedaban con parte del grano que
les traían para moler. Ahora los molineros ya no roban; lo hacen otros.)

MIND

Mind your own business.
Quien todo lo quiere averiguar, por su casa ha de empezar.

(Lo mejor es atenerse a los asuntos propios y no inmiscuirse en la vida y asuntos de los demás.)

Out of sight, out of mind. *Vide*: SIGHT.

You should pray for a healthy mind in a healthy body.
Deberías pedir una mente sana en un cuerpo sano.
(Juvenal: *Orandum est ut sit mens sana in corpore sano*, que es un refrán muy conocido.)

MINE
What's yours is mine and what's mine is my own.
Lo mío, mío y lo tuyo de entreambos. / Lo mío, mío es y lo tuyo también.
(Juego de palabras que indica que el que lo dice es un egoísta.)

MIRTH
The mirth of the world dureth but a while.
Buena ventura, poco dura.
(*Dure: to last*, durar.)

MISCHIEF
Mischief comes by the pound and goes away by the ounce.
Los trabajos vienen al trote y se van al paso.
(Las desgracias nos vienen en grandes cantidades y se nos van en pequeñas dosis.)

MISER
The miser is always in want.
Al avaro siempre le falta.
(Por mucho que tenga siempre quiere más. En francés: *l'homme avare n'est jamais riche*.)

MISERY
Misery loves company.
Desgracia compartida, menos sentida.
(A todos nos gusta compartir nuestras degracias o, por lo menos, hablar de ellas.)

MISFORTUNE
Misfortune arrives on horseback and departs on foot.
Los trabajos vienen al trote y se van al paso.

(Las desgracias vienen rápidas y se van despacio. Cf. *Mischief comes by the pound and goes away by the ounce.*)

Misfortunes never come singly.
Las desgracias nunca vienen solas.
(Nunca parecen venir solas las desgracias porque se suceden una tras otra o, por lo menos, eso parece. Ambos refranes son muy conocidos en los dos idiomas. L. *Nulla calamitas sola.*)

MONEY

A fool and his money are soon parted. *Vide*: FOOL.

A man without money is no man at all.
El dinero hace al hombre entero. / Hombre sin dinero, pozo sin agua.
(Los refranes que nos hablan de dinero siempre lo encomian y ensalzan. En este ejemplo hasta se niega que un hombre sea hombre si no tiene dinero, que según el refrán lo es todo.)

A moneyless man goes fast through the market.
Quien poco tiene pronto lo gasta.
(Porque al no poseerlo tiene poco que comprar y no se entretiene.)

He that has money has what he wants.
Como tengo dinero, tengo cuanto quiero.
Quien dineros tuviere, hará lo que quisiere.
(El dinero lo compra y lo puede todo.)

He that has money in his purse, cannot want a head for his shoulders.
Dinero, seso y fe, no se ve.
(Con dinero, dice el refrán, no hace falta ni cabeza.)

It's money that makes the mare go.
Por el pan baila el can.
(Según este refrán, las cosas se hacen por el interés.)

Love does much, money does everything. *Vide*: LOVE.

Manners and money make a gentleman.
El dinero hace caballero.
(L. *Divitiae virum facient.*)

Money answereth all things.
El dinero responde a todo.
(Eclesiastés, Ecclesiastes, 10.19, *A feast is made for laughter, and wine maketh merry: but money answereth all things. Para el placer se hacen los banquetes, y el vino alegra la vida y el dinero responde a todo.* Horacio escribió: *Et genus et formam regina pecunia donat*, las riquezas dan nobleza y hermosura.)

Money breeds money.
Dinero llama dinero.
(Con dinero se puede conseguir más dinero por medio de negocios, la bolsa de valores, etc. Este refrán es uno de los más vigentes y actuales.)

Money governs the world.
Por el dinero se mueve el mundo entero.
(Encomia el poder del dinero.)

Money is a good servant but a bad master.
El dinero es tan mal amo como buen criado.
El dinero es buen servidor, pero como amo no lo hay peor.
(El dinero es para utilizarlo y servirse de él, pero cuando nos domina y la única meta es acumularlo, se convierte en mal amo. *L'argent est un bon serviteur, et un méchant maître*, dicen los franceses.)

Money isn't everything.
El dinero no lo es todo.
(Este refrán va contracorriente: Cf. *Money governs the world; money is power.*)

Money is power.
Todo lo puede el dinero.
Donde el oro habla, la lengua calla.
(Poderoso caballero es don dinero.)

Money is round and rolls away.
El oro hecho moneda, ¡por cuantas sentinas rueda!
(Una *sentina* es un antro de vicio y perdición. Se gasta con facilidad.)

Money is the only monarch.
Más manda el oro que el rey.
(Todo lo puede el dinero.)

Money is the root of all evil.
La avaricia es la raíz de todos los males.
El dinero es causa de todos los males.
(Timothy, Timoteo, 6.10, *For the love of money is the root of all evil. Porque la avaricia es la raíz de todos los males.*)

Money is the sinews of war (love).
El dinero es el nervio de la guerra.
(Atribuida la frase a Napoleón. Cicerón dijo: *nervus belli pecunia.* Parece ser que también han dicho la frase Richelieu, Maquiavelo y Rabelais, entre otros muchos. Richard Burton en su *The Anatomy of Melancholy* dice: ... *and money, which is nervus belli, the sinews of war ...*)

Money makes money.
Dinero llama dinero.
(Cf. *Money breeds money.*)

Money makes the man.
El dinero hace al hombre entero.

Money talks.
Quien tiene dineros pinta panderos.

Never spend your money before you have it.
A quien no le sobra pan, no crie can.
(Nos aconseja tener templanza en los gastos.)

No bee, no honey; no work, no money. *Vide*: BEE.

Ready money is a ready medicine.
Salud y pesetas, salud completa.
(El refrán inglés implica que el dinero todo lo cura y arregla.)

The love of money is the root of all evil.
La raíz de todos los males es el afán de lucro.
(Cf. *Money is the root of all evil.*)

MONK
The cowl does not make the monk.
El hábito no hace al monje.

(*Cowl*: cogulla, capucha. Para ser monje hace falta más que el *cowl* o el hábito. En francés: *L'habit ne fait pas le moine*.)

MONTH
Thirty days has September, April, June and November. All the rest have thirty one, except February which has twenty eight.
Treinta (días) trae noviembre, abril, junio y septiembre; veintiocho trae uno, los demás treinta y uno.
(Ambos refranes o dichos sirven para recordar los días que tienen los diferentes meses del año.)

MOON
Do not cry for the moon.
No pidas la luna.
(No hay que pedir imposibles.)

The full moon brings fair weather.
Luna llena brillante, buen tiempo por delante.
(Estos refranes que predicen el tiempo no son muy fiables a pesar de que se vienen diciendo durante siglos.)

To bark (against) at the moon.
Ladrar a la luna.
(Hacer algo inútil. Perder el tiempo.)

MORE
The more the merrier.
Cuantos más, mejor.
(Cuanta más gente hay en una fiesta, por ejemplo, más alegría hay, se supone.)

The more you get the more you want.
Cuanto más tienes, más quieres.
(Nadie está satisfecho con lo que tiene, y quiere más. Cf. *Shrouds have no pockets*. También: *Much would have more*.)

MORNING
A gaudy morning bodes a wet afternoon.
Cuando el sol mucho calienta barrunta tormenta.
(*Gaudy* aquí es *bright*. Estos dos refranes son un ejemplo de los cientos que hay

en ambos idiomas sobre la predicción del tiempo. Ni antes se acertaba ni ahora tampoco.)

MOTE

You can see a mote in another's eye but cannot see a beam in your own.
Vide: BEAM.

MOTH

The best cloth may have a moth in it. *Vide*: CLOTH.

MOTHER

The good mother says not, "will you?" but gives.
La buena madre no dice quieres.
La buena madre no pregunta "¿quieres?" sino da cuanto tiene.
(Las madres, como todo sabemos, lo dan todo sin necesidad de que les pidan.)

Praise the child and you make love to the mother. *Vide*: PRAISE.

MOTHER-IN-LAW

The mother-in-law remembers not that she was a daughter-in-law.
No se acuerda la suegra que fue nuera.
(Hay muchos refranes y chistes sobre las suegras. Éste nos sirve de ejemplo.)

MOUNTAIN

Do not make a mountain out of a molehill.
No hagas una montaña de un grano de arena.
(Indica que no se debe dar demasiada importancia a lo que no la tiene.)

Faith will move mountains.
La fe mueve montañas.
(Matthew, San Mateo, 17.20, *If ye have faith... ye shall say unto this mountain, Remove hence to yonder place, and it shall remove. Si tuvierais fe ... diríais a este monte, vete de aquí allá, y se trasladaría.*)

If the mountain will not come to Mahomet, Mahomet will come to the mountain. *Vide*: MAHOMET.

MOUTH

A shut mouth catches no flies. *Vide*: FLY.

MUCH

More than enough is too much. *Vide*: ENOUGH.

MURDER

Murder will out.

Todo termina por saberse.

(Más tarde o más temprano todo se descubre; hasta se descubren los asesinatos.)

MUST

What must be must be.

Lo hecho hecho está.

(Lo que tiene que acontecer no se puede evitar. Se usa a manera de consuelo fatalista.)

N

NAIL

For want of a nail the shoe was lost.

Por un clavo se pierde una herradura.

(El refrán inglés continúa diciendo: *for want of a shoe the horse was lost; and for want of a horse the man was lost*. Por *shoe* se entiende *horseshoe*, claro. Y en castellano se dice: *Por un clavo se pierde una herradura; por una herradura, un caballo; por un caballo, un caballero; por un caballero, un campo; por un campo, un reino*. Todo ello quiere decir que por una pequeñez pueden acaecer grandes calamidades. En el siglo dieciocho Benjamin Franklin dio esta versión:

> *For the want of a nail the shoe was lost,*
> *For the want of a shoe the horse was lost,*
> *For the want of a horse the rider was lost,*
> *For the want of a rider the battle was lost,*
> *For the want of a battle the kingdom was lost-*
> *And all for the want of a horseshoe-nail.*)

One nail drives out another.

Un clavo saca otro clavo. / Con un mal se saca otro.

(Da a entender que un mal hace olvidar otro. Cicerón ya lo menciona en su *Cuarta Tusculana: Novo amore, veterem amorem, tamquam clavo clavum, eiciendum putant*. Esto es: Piensan que un nuevo amor debe reemplazar a otro amor antiguo, a la manera que un clavo saca otro clavo, como apunta Iribarren.)

NAME

A good name is better than riches.

El nombre rige al hombre.

(La buena reputación, el buen nombre, es lo más importante que tiene la gente.)

A good name is sooner lost than won.

Piérdase el hombre y no su buen nombre.

Quien pierde la buena fama nunca logra recobrarla.
(Cuesta trabajo y tiempo conseguir buena fama, pero se pierde fácilmente.)

He that has an ill name is half hanged.
Hombre difamado, peor que ahorcado.
(Los que tienen mala reputación es como si estuvieran muertos.)

NAUGHT
Better aught than naught.
Más vale algo que nada.
(¡Indudablemente! *Aught* en su forma arcaica quería decir to *any degree, at all* y *naught* es *nothing*.)

NEAPOLITAN
The neapolitan is wide-mouthed and narrow handed.
Napolitano, largo de boca y estrecho de mano.

NECESSITY
Necessity is a powerful weapon.
La necesidad obliga.
(Cuando se tiene necesidad, se hace de todo y como sea. En *Ricardo II*, de Shakespeare, i.3: *Teach thy necessity to reason thus; / There is no virtue like necessity*.)

Necessity is the mother of invention.
La necesidad es la madre de la habilidad.
(Se tienen ideas por necesidad, a la fuerza.)

Necessity knows no law.
A necesidad no hay ley. / La necesidad carece de ley.
(L. *Necessitas non habet legem*. La necesidad no se para en barras ni reconoce obstáculos. Los franceses también lo dicen: *La necessité n'a point de loi*. Parece ser que Oliver Cromwell [1599-1658] dijo en un discurso: *Necessity hath no law*.)

NEEDLE
Look for a needle in a haystack.
Buscar una aguja en un pajar.
(Se utiliza para las cosas imposibles de encontrar.)

NEIGHBOR
A good lawyer, an evil neighbor. *Vide*: LAWYER.

Better is a neighbor that is near than a brother far off.
Más vale un amigo cercano que un hermano lejano.
(Proverbs, Proverbios, 27.10.)

N

Good fences make good neighbors.
Pared medianera, amistad conserva.
(Las demasiadas familiaridades con los vecinos no son buenas. Una pared de
por medio evita el excesivo roce. Otro refrán que aconseja lo mismo: *Love thy
neighbor, yet pull not down thy hedge.*)

NEST
It's an ill bird that fowls its own nest. *Vide*: BIRD.

NEVER
Never be weary of well doing. *Vide*: TURN.
Never buy a pig in a poke. *Vide*: BUY.
Never cast a clout till May be out. *Vide*: MAY.
Never do things by halves. *Vide*: DO.
Never give advice unasked. *Vide*: ADVICE.
Never let the sun go down on your anger. *Vide*: ANGER.
Never too late to do well. *Vide*: LATE.
Never look a gift horse in the mouth. *Vide*: HORSE.
Never mention rope in the house of a man who has been hanged.
Vide: ROPE.
Never put off till tomorrrow what you can do today. *Vide*: TOMORROW.
Never say die. *Vide*: DIE.
Never spend your money before you have it. *Vide*: MONEY.
Never trouble trouble till trouble troubles you. *Vide*: TROUBLE.

NEW
Everything new is fine.
La novedad entretiene.
A santo nuevo, mucho rezo.
(Todo lo nuevo nos parece bueno y bonito e interesante. Pero con el tiempo
se acaba el entusiasmo por lo novedoso.)

Newer is truer.
Todo lo nuevo nos parece bueno.
(Cf. *Everything new is fine.*)

There is nothing new under the sun.
No hay nada nuevo bajo el sol.
(Todo está visto y oído ya, dice el refrán.)

NEWS

Ill news is too often true.
Las malas nuevas siempre son verdaderas.
(Cuando nos dan una mala noticia siempre queremos creer que no es cierta, pero normalmente sí lo es.)

No news, good news.
Sin noticias, buenas noticias.
(Este dicho tan típicamente inglés, era ya conocido en castellano hace mucho tiempo.)

NIGHT

Night is the mother of counsel.
Antes de hacello, dormir sobre ello.
(Es bueno pensar las cosas de un día para otro antes de decidirse.)

NOD

A nod is as good as a wink.
A buen entendedor, pocas palabras bastan.
(A veces se añade *to a blind horse*. Una pequeña indirecta es, a veces, más que suficiente para que se nos entienda.)

NOSE

Don't cut off your nose to spite your face.
Enojar a otro y herirse en el ojo.
(Para agraviar a otro, hacerse uno daño a sí mismo. L. *Male ulciscitur dedecus sibi illatum, qui amputat nasum suum.*)

NOTHING

Nothing comes of nothing.
De nada no se hace nada.
(En *King Lear*, I,1, Shakespeare dice: *Nothing will come of nothing: speak again.* Y en L. *Ex nihilo nihil fit.*)

O

OAK

An oak is not felled at one stroke.
Un solo golpe no derriba un roble.
(Todo requiere trabajo y constancia, amén de una buena dosis de paciencia.)

Great oaks from little acorns grow.
De una bellota chica se hace una encina.
El árbol más altanero, débil tallo fue primero.
(Todo lo grande tuvo en su tiempo humilde o chico comienzo.)

Little strokes fell great oaks. *Vide*: **STROKE.**

OBEDIENCE

Through obedience learn to command.
El que no sabe obedecer no sabe mandar.
(Cf. *He that cannot obey cannot command.*)

OBEY

He that cannot obey cannot command.
No sabe mandar quien no sabe obedecer.
(Hay que tener humildad y saber obedecer para gobernar a otros.)

Obey orders, if you break owners.
Ata la burra donde el amo manda, aunque se ahorque.
La obediencia cumple y no juzga.
(Hay que obedecer aunque la obediencia ciega acarree un gran mal.)

OCCASION

Take occasion by the forelock.
Coger la ocasión por los pelos.

(Aprovechar la ocasión cuando llega. *Forelock* es el flequillo.)

OFFENSE
No offense taken when none is meant.
De las palabras, no el sonido, sino el sentido.
Palabras no sacan sangre.
(Indica que no debemos ofendernos de las palabras sino de la intención del que las dice.)

Pardon an offense and you encourage many.
A fácil perdón, frecuente ladrón.
(No se debe perdonar a la ligera porque se tomará el perdón como señal de debilidad. Cf. *He that chastens one, chastens twenty.*)

OLD
An old man never wants a tale to tell.
Antes faltarán peces en el mar que le falten al viejo cosas que contar.
(Estos dos refranes explican lo muy dados que son los viejos a contar batallitas de su juventud, de sus tiempos, que eran mejores, claro.)

Old age comes stealing on.
Pasando el tiempo llegamos a viejos.
(La vejez nos llega sin darnos cuenta, poco a poco.)

Old age is sickness of itself.
La vejez, grave enfermedad es.
(El ser viejo significa alifafes, molestias, enfermedades.)

Old cattle breeds not.
No hay viejo pecador.
(Los viejos ya no sirven para las cuestiones sexuales o por lo menos eso dice el refrán.)

Old men are twice children.
Los viejos, a la vejez, se tornan a la niñez.
(Estos refranes dan por supuesto que los mayores chochean siempre.)

You are never too old to learn. *Vide*: LEARN.

OMELETTE

You cannot make an omelette without breaking eggs.

No se hacen tortillas sin tocar los huevos.

(Del francés *on ne fait d'omelette sans casser des oeufs*. El refrán castellano no tiene ningún doble sentido.)

ONE

One and none is all one.

Uno y ninguno todo es uno.

(Explica que una sola cosa no es gran cosa.)

ONION

If thou has not a capon, feed on an onion. *Vide*: FEED.

OPINION

So many men, so many opinions. *Vide*: MAN.

OPPORTUNITY

Opportunity makes the thief.

La ocasión hace al ladrón.

(L. *Occasio facit furem*. También se dice que *a bad padlock invites a picklock. A padlock* es un candado. O sea: *Candado sin tornillo da la hacienda al vecino*, como se dice en castellano.)

ORDER

Obey orders, if you break owners. *Vide*: OBEY.

OWNER

The foot of the owner is the best manure for his land.

El pie del dueño es estiércol para la heredad.

(Una antiquísima traducción inglesa de este refrán castellano. La presencia del amo es lo principal para que la tierra sea productiva.)

OX

The ox when weariest treads surest.

El buey viejo da mayor patada en el suelo.

(Va con más tiento para no caer. El cansancio, la experiencia, la vejez, fuerzan a la gente a ser cauta.)

P

PACE

Soft pace goes far.
Date priesa de espacio, y llegarás a palacio.
(Los italianos dicen: *Chi va piano, va lontano*.)

PADLOCK

A bad padlock invites a picklock. *Vide*: OPPORTUNITY makes the thief.

PAIN

No pain, no cure.
Medicina que pica, cura. / Medicina que pica, sana.
(Cf. *No pain, no gain*. La medicina que cura, pica y duele.)

No pain, no gain.
El que algo quiere, algo le cuesta.
No hay miel sin hiel.
No hay atajo sin trabajo.
(Si la medicina hacía sufrir o sabía mal, era porque curaba y para sanar se creía que había que sufrir. También se dice *no gains without pains*.)

Of all pains, the greatest pain, it is to love, but love in vain. *Vide*: LOVE.

PAIR

Every couple is not a pair.
Todos los costales no son iguales ni tales.
(No todo es ni como parece ni como debe ser.)

PAST

It's too late to grieve when the chance is past. *Vide*: LATE.

Things past cannot be recalled.
Tiempo ido, nunca más venido. / A lo hecho no hay remedio.
Lo hecho, hecho está.
(No se puede evitar ni remediar lo que ya ha ocurrido.)

PARDON

Pardon an offense and you encourage many. *Vide*: OFFENSE.

Pardoning the bad is injuring the good.
Quien perdona al malo, al bueno hace agravio.
(El refranero no mira con buenos ojos la injusticia. Perdonar al malo es una injusticia para todos.)

PATIENCE

Patience is a flower that grows not in everyone's garden.
La paciencia es una hierba que no nace en todas las tierras.
(No todos tenemos la paciencia necesaria.)

Patience is a remedy for every grief.
A cualquier duelo, la paciencia es remedio.
(Porque ayuda a sobrellevarlo.)

Patience, time, and money accommodate all things.
Con el tiempo y la paciencia se adquiere la ciencia.
(Todo se consigue con tiempo y paciencia. Nótese que el refrán inglés también habla de *money* que posiblemente sea el mejor ingrediente.)

Patient men win the day.
Quien perseveró, alcanzó.
(Con paciencia se alcanza todo.)

The world is for him who has patience.
A quien esperar y sufrir puede, todo en su tiempo le viene.
(Con paciencia se obtienen buenos resultados.)

PAY

Pay beforehand was never well served.
A dineros pagados, brazos cansados.
Quien paga adelantado, aténgase al resultado.
(No es buena idea pagar un trabajo antes de estar terminado.)

PAYMASTER

Good paymasters need no security.
Al buen pagador no le duelen prendas. / El buen pagador no necesita prendas.
(Los que pagan sus deudas no tienen que dar nada en prenda para que les presten.)

PEACE

Better a lean peace than a fat victory.
Más vale uno en paz que ciento en guerra.
(La paz, el sosiego y la tranquilidad valen mucho, aunque sea con poco.)

PEEP

He who peeps through a hole may see what will vex him.
Quien escucha, su mal oye.
(Cf. *Eavesdroppers seldom hear good of themselves.*)

PEN

The pen is mightier than the sword.
La espada vence, la palabra convence.
(Este refrán, muy popular en Estados Unidos, da a entender que la palabra escrita convence y vence más que las armas, pero esta idea *is open to debate.*)

PENCE

Take care of the pence and the pounds will take care of themselves.
Vide: **POUND.**

PENNY

A bad penny always turns up.
Mala yerba nunca muere.
(También *A bad penny always comes back.*)

A penny saved is a penny earned.
Dinero ahorrado, dos veces ganado. / Real ahorrado, real ganado.
Peseta ahorrada, dos veces ganada.
(El ahorro no sólo es bueno, sino que es tan productivo como el trabajo. El refranero siempre elogia las bondades del ahorro. Otra versión dice: *A penny spared is twice got.*)

In for a penny, in for a pound.
Preso por mil, preso por mil quinientos.

De perdidos al río.
(Ya puestos a gastar uno, podemos gastar más. Cuando nos metemos en faena,
es igual ocho que ochenta.)

Penny and penny laid up will be many.
Cada día un grano pon y harás montón.
(Se alaba el ahorro pequeño pero a menudo.)

There is no companion like the penny.
No hay tan buen compañero como el dinero.
(El dinero es el mejor amigo y compañero.)

PERSEVERANCE
Perseverance kills the game.
El que la sigue, la mata. / Quien perseveró, alcanzó.
(Cuando se quiere algo hay que tener voluntad y no cejar en el empeño.)

PERSON
All things fit not all persons. *Vide*: FIT.

PHYSICIAN
A young physician flattens the churchyard.
Médico nuevo, en dos años le echa una solería al cementerio.
(Los médicos, como los abogados, han tenido siempre malísima prensa. En
castellano se les llama vulgarmente *matasanos*.)

God heals and the physician has the thanks. *Vide*: GOD.

**If you have a physician for your friend, tip your hat and send him to
your enemy.**
Si tienes médico amigo, quítate la gorra y envíale a casa de tu enemigo.
(Si le mandamos el médico a nuestro enemigo le hacemos un gran mal, según
este refrán.)

Physician, heal thyself.
Médico, a ti te digo: cúrate a ti mismo.
(Luke, Lucas, 4.23, *Ye will surely say unto me this proverb, Physician heal thyself.
Seguramente me diréis aquel refrán: médico, cúrate a ti mismo.* Y en latín se dice,
medice, cura te ipsum. Hay que tratar de enmendar las faltas de uno mismo antes
de intentar ayudar a los demás.)

P

Physicians kill more than they cure.
El médico que mejor cura, a alguno manda a la sepultura.
(Ya sabemos la mala reputación que tenían, y tienen, los médicos y los abogados. Otro ejemplo más.)

PIG
Never buy a pig in a poke. *Vide*: BUY.

PILL
Repentance is a pill unwillingly swallowed. *Vide*: REPENTANCE.

PILLOW
A good conscience makes a soft pillow. *Vide*: CONSCIENCE.

PIN
He that steals a pin steals a pound. *Vide*: STEAL.

PINCH
Only the wearer knows where the shoe pinches. *Vide*: SHOE.

PISS
Piss not against the wind.
Quien contra el viento mea, mojado queda.
(Cf. *He who spits against the wind, it falls in his face.*)

PITCHER
The pitcher will go to the well once too often.
Tanto va el cántaro a la fuente que allí (se) deja el asa o la frente.
(Tantas veces se hace una cosa que, tarde o temprano, se hace mal. Una versión más moderna dice: *The pitcher goes so often to the well that it is broken at last.*)

PITY
Better be envied than pitied. *Vide*: ENVY.

PLAY
Play, women and wine undo men laughing.
Naipes, mujeres y vino, mal camino.
(Advierte al hombre que las tres cosas mencionadas no son buenas.)

P

PLEASE
You can't please everyone.
No se puede satisfacer y agradar a todos.
(No se puede tener a todo el mundo contento. Este refrán inglés se emplea mucho.)

PLENTY
Plenty is no dainty.
La abundancia mata la gana.
(Cuando algo abunda no se aprecia y no se tiene por bueno.)

PLUCK
Feather by feather the goose is plucked. *Vide*: FEATHER.

POET
A poet is born, not made.
El poeta nace, el orador se hace.
(Del latín *Poeta nascitur, orator fit.*)

POISON
One man's meat is another man's poison. *Vide*: MEAT.

POLICY
Honesty is the best policy. *Vide*: HONESTY.

POOR
Fools live poor to die rich.
Morir rico y vivir pobre.
(Los avaros ahorran y no gastan durante su vida para luego ser ricos cuando mueren, cuando ya no necesitan riquezas.)

Poor folk are glad for porridge.
Cuando no hay jamón ni lomo, de todo como.
(Los pobres se contentan, o se contentaban, con cualquier cosa. Eso es seguramente lo que pensaban los ricos. En vez de *porrige* también se dice *pottage*.)

POT
A little pot is soon hot.
Pucherito pequeño rebosa luego.
(Se refiere a la gente de pequeña estatura.)

P **The pot called the kettle black.**
Dijo la sartén al cazo: quítate que me tiznas.

POUND
A pound of care will not pay a pound of debt. *Vide*: CARE.

In for a penny, in for a pound. *Vide*: PENNY.

Take care of the pence and the pounds will take care of themselves.
A quien sabe guardar una peseta nunca le faltará un duro.
Un ochavo poco val, pero sin él no hay real.
Ochavo a ochavo se junta el ducado.
(Es importante ahorrar en pequeñas cantidades que, a la larga, se convertirán en grandes fortunas, se supone. La versión estadounidense dice: *Take care of the dimes and the dollars will take care of themselves.*)

POUR
It never rains but it pours. *Vide*: RAIN.

POVERTY
He who is content in his poverty, is wonderfully rich.
Quien se contenta con lo que ha, rico está.
¿Qué mayor riqueza que vivir contento en la pobreza?
(Hay que conformarse con lo que se tiene porque no hay otro remedio.)

Poverty is no sin.
Pobreza no es vileza.
(Cf. *Poverty is not a shame.* También se dice: *poverty is no disgrace but it is a great inconvenience.*)

Poverty is not a shame.
Pobreza no es vileza.
(Ser pobre no es un oprobio sino una desgracia como otra cualquiera.)

Poverty wants many things, and avarice all.
La pobreza carece de muchas cosas; la avaricia de todas.
(La avaricia no tiene medida.)

When poverty comes in at the door, love flies out the window. *Vide*: LOVE.

POWDER
Pray to God and keep your powder dry. *Vide*: GOD.

POWER
Knowledge is power. *Vide*: KNOWLEDGE.

Money is power. *Vide*: MONEY.

PRACTICE
An ounce of practice is worth a pound of precept.
Más vale una onza de práctica que una libra de gramática.
(La práctica es lo más importante en el aprendizaje y vale más que mucha teoría,
dice el refrán. Cf. *Practice makes perfect.*)

Practice makes perfect.
La práctica lo hace todo.
El ejercicio hace maestro.
(Practicar lo aprendido es lo más importante para aprender. La versión en
latín es: *Usus magister est optimus.*)

PRAISE
Every cook praises his own broth. *Vide*: COOK.

Praise the child and you make love to the mother.
¿Quieres ser agradable a la madre del niño? Hazle un cariño.
¿Quieres ganar a la madre? Cómprale a su niño un hojaldre.
(Las madres están siempre encantadas con sus hijos y cualquier halago que se
les haga les gusta.)

Self-praise is no recommendation.
Alabarse, denigrarse.
Quien a sí mismo se alaba, no convence a con quien habla.
(Nadie hace caso del que se alaba a sí mismo.)

PRAY
He that will learn to pray, let him go to sea. *Vide*: SEA.

Pray to God and keep your powder dry. *Vide*: GOD.

The family that prays together stays together. *Vide*: FAMILY.

P PRAYER
Short prayers run up to heaven.
La oración breve sube al cielo.
(Lo corto y breve es siempre más apreciado y tiene más y mejor efecto. L. *Brevis oratio penetrat coelos.*)

PREACH
He preaches well that lives well. *Vide*: LIVE.

Practice what you preach.
Predicar con el ejemplo.
(Dar buen ejemplo es el mejor sermón.)

When the fox preaches, then beware of the geese. *Vide*: FOX.

PRECEPT
An ounce of practice is worth a pound of precept. *Vide*: PRACTICE.

PRESENT
There is no time like the present. *Vide*: TIME.

PREVENTION:
An ounce of prevention is worth a pound of cure.
Más vale prevenir que curar.
(Es mejor atajar un mal antes de que ocurra que tratar de curarlo después.)

Prevention is better than cure.
Más vale prevenir que lamentar (curar).
(Cf. *An ounce of prevention is worth a pound of cure.*)

PRIDE
Comfort is better than pride. *Vide*: COMFORT.

Plenty breeds pride. *Vide*: BREED.

PROMISE
It is one thing to promise and another to perform.
Una cosa es prometer y otra es dar grano.
(Prometer es fácil y cuesta poco, pero dar ya es otro cantar. Por eso la gente se pasa la vida prometiendo.)

Promise is debt.
Lo prometido es deuda.
(Lo que se promete es como una deuda y se debe cumplir. En otro refrán se dice también: *He who promises runs into debt*, quien promete en deudas se mete.)

Promises are made to be broken.
Prometer y no cumplir, mil veces lo vi.
(Se prometen muchas cosas que luego no se cumplen.)

PROPHET
A prophet is without honor in his own country.
Nadie es profeta en su tierra.
(Otra versión, que se ciñe más a lo que escribió San Mateo, dice: *A prophet is not without honor save in his own country*. En muchos países se aprecia más a los de fuera que a los autóctonos. San Mateo, Matthew, 13.57, escribió: *Sólo en su casa y en su patria es menos apreciado el profeta. A prophet is not without honor, save in his own country, and in his own house*.)

PROSPERITY
In time of prosperity friends there are plenty; in time of adversity not one among twenty.
Amigo del buen tiempo, múdase con el viento.
(Los amigos interesados más vale no tenerlos.)

PROVERB
A proverb is shorter that a bird's beak.
Refrán de tiempo remoto, evangelio corto.

Common proverb seldom lies.
No hay refrán que no sea verdadero.

The proverb cannot be bettered.
Refrán viejo nunca miente.

PROVIDE
Providing is preventing.
Quien destaja no baraja.
(También hay otro que dice: *He is wise who looks ahead*.)

P

PUDDING
The taste is in the pudding.
El movimiento se demuestra andando.
(También se dice: *The proof of the pudding is in the eating.*)

PUNISHMENT
Every sin brings its punishment. *Vide*: SIN.

Punishment is lame, but it comes.
La pena es coja, mas llega.
(Tarde o temprano el que la hace, la paga.)

PURSE
A heavy purse makes a light heart.
Bolso lleno, corazón contento. / Los duelos con pan son menos.
(Cuando la bolsa suena, todo es alegría.)

A light purse makes a heavy heart.
En donde no hay harina, todo es mohína.
(Las cosas no van bien cuando escasea el dinero.)

Little and often fills the purse.
Pon y más pon y llenarás el bolsón.
(Se encomia aquí el ahorro, aunque sea en pequeñas cantidades.)

Wine and wenches empty men's purses. *Vide*: WINE.

You cannot make a silk purse out of a sow's ear.
De rabo de puerco nunca buen virote.
(Con malos materiales o ingredientes no se puede hacer una cosa ni buena ni bien. Tampoco se pueden hacer imposibles.)

PURSUIT
Pursuits become habits. *Vide*: HABIT.

PUSH
When a man is going down-hill, everyone will give him a push. *Vide*: MAN.

PUT OFF
Never put off till tomorrow what you can do today. *Vide*: TOMORROW.

Q

QUARREL

It takes two to make a quarrel.
Cuando uno no quiere, dos no riñen.
Cuando uno no quiere, dos no barajan.
(Tiene muchas variantes: *It takes two to tango; it takes two to pick a fight*, por ejemplo.)

Lovers quarrels are soon mended. *Vide*: LOVE.

The quarrel of lovers is the renewal of love. *Vide*: LOVE.

QUESTION

Ask a silly question and you get a silly answer.
A pregunta necia, disimulada respuesta.
(Advierte a los que hacen preguntas bobas.)

Ask no questions and be told no lies.
Quien pregunta lo que no debe oye lo que no quiere.
(Tiene la variante: *Ask no questions and you will be told no lies*. No se deben hacer preguntas.)

It's not every question that deserves an answer.
No toda pregunta quiere respuesta.
(A veces es mejor callar o dar la callada por respuesta.)

R

RAIN

If in February there be no rain, 'tis neither good for hay nor grain. *Vide*:
FEBRUARY.

It never rains but it pours.
Las desgracias nunca vienen solas. / Una ola nunca viene sola.
(Cuando las desgracias vienen lo hacen en grandes cantidades.)

Put out your tubs when it is raining.
Cuando te dieren el anillo, pon el dedillo.
Cuando te dieren la vaquilla, corre con la soguilla.
(Hay que aprovechar la ocasión cuando se presenta. Cuando llueve, saca los
baldes para recoger agua.)

Rain before seven, fine before eleven.
Llovida de mañana no quita jornada.
(Otro refrán sobre la posible predicción atmosférica.)

Thatch your roof before the rain begins.
Cuando la barba de tu vecino veas pelar, pon la tuya a remojar.
(Este refrán inglés no es muy conocido pero sirve como traducción del castellano
que es muy popular. *To thatch* es cubrir de paja. Cf. *It is good to beware of other
men's harms.*)

When it rains pottage you must hold up your dish.
Cuando te dieren el anillo, pon el dedillo.
(Hay que aprovecharse de la buena racha.)

RECALL

Things past cannot be recalled. *Vide*: PAST.

RECEIVER
If there were no receivers, there would be no thieves. *Vide*: THIEF.

R

REMEDY
Death is the remedy of all things. *Vide*: DEATH.

For every evil under the sun, there is a remedy or there is none: if there
be one, try and find it; if there be none, never mind it. *Vide*: EVIL.

The remedy is worse than the disease.
Es peor el remedio que la enfermedad.
(A veces el remedio es tan brutal, que el mal no parece tanto en comparación.)

There is a remedy for all things but death.
Para todo hay remedio, sino para el morir.
(Don Quijote se lo dice a Sancho en su lecho de muerte. En latín: *Contra
malum mortis, non est medicamen in hortis*, contra el mal de muerte no hay
remedio en el huerto.)

There is no remedy for fear. *Vide*: FEAR.

REPENTANCE
Repentance is a pill unwillingly swallowed.
Caro cuesta el arrepentir.

REPUTATION
Win a good reputation and sleep at your ease.
Cría buena fama y échate a dormir. / Cobra buena fama y túmbate en la cama.
(Con buena fama, parece ser, ya está todo hecho.)

REST
A change is as good as a rest. *Vide*: CHANGE.

RICH
Fools live poor to die rich. *Vide*: POOR.

He is rich that has few wants.
No es rico el que más ha, mas el que menos codicia.
Por rico se puede tener el que con pobreza se aviene.
(El que poco apetece y poco envidia es rico.)

It is easier for the camel to go through the eye of a needle, than for a
rich man to enter the kingdom of God.

Es más fácil que un camello pase por el ojo de una aguja que un rico entre en
el reino de los cielos.

(San Mateo, Matthew, 19.24.)

Rich folk have many friends.

Quien tiene dineros, tiene compañeros.

(Aunque no sea verdadera, los ricos disfrutan de mucha amistad.)

Rich men may have what they will.

Quien dinero tiene, logra cuanto apetece.

(Se cree, y quizá con razón, que los ricos tienen todo lo que apetecen.)

RICHES

Content is better than riches. *Vide*: CONTENT.

Riches have wings.

El dinero es volandero.

(La riqueza se gasta; vuela pronto.)

RIGHT

Do what is right, come what may.

Haz tu deber, y no habrás de qué temer.

Culpa no tiene el que hace lo que debe.

(El refrán indica que hay que atenerse a principios morales, pase lo que pase.
También se dice: *Do right and fear no man*.)

RIPE

Soon ripe, soon rotten.

Fruta que pronto madura, poco dura.

(Las cosas hay que hacerlas a su tiempo, ni antes ni después. En latín se decía:
cito maturum, cito putridum. También tiene la variante: *Early ripe, early rotten*.)

RISE

Though you rise early, yet the day comes at his time, and not till then.
Vide: EARLY.

RIVER

The sea refuses no river. *Vide*: SEA.

ROAD
It's a long lane (road) that has no turning. *Vide*: LONG.

The beaten road is the safest.
El camino trillado es el más seguro.
(Porque se conoce bien.)

The road to hell is paved with good intentions. *Vide*: HELL.

ROB
Do not rob Peter to pay Paul.
Desvestir a un santo para cubrir a otro.
Desnudar a San Pedro para vestir a San Pablo, no lo ideara el diablo.
(Arreglar una cosa desarreglando otra.)

ROBBERY
Highway robbery.
A robar, a Sierra Morena.
(No es propiamente un refrán, sino un dicho muy popular en ambos idiomas
que se dice cuando algo es o resulta caro.)

ROD
He that spareth his rod hateth his son.
Quien ahorra la vara odia a su hijo.
(Proverbs, Proverbios: 13.24. *He that loveth him chasteneth him betimes. Pero el
que le ama le prodiga la corrección. Y en latín es: Qui bene amat, bene castigat.*)

ROLL
A rolling stone gathers no moss.
Piedra movediza, nunca moho cobija.
(El movimiento es bueno. No se enmohece el que está en constante actividad.)

ROME
All roads lead to Rome.
Todos los caminos llevan a Roma. / Por todas partes se va a Roma.
(L. *Mille vie ducunt hominem per secula Romam.*)

Rome was not built in a day.
No se ganó Zamora en una hora.
(Las cosas llevan tiempo de hacer. L. *Roma non fuit una die condite.*)

When in Rome do as the Romans do.
Donde fueres haz lo que vieres.
(L. *Si fueris Romae, Romano vivito more...* Recomienda adoptar las costumbres y maneras de los sitios que visitamos.)

ROPE
Never mention rope in the house of a man who has been hanged.
No hay que mentar la soga en casa del ahorcado.
(No hay que hablar de cosas que pueden resultar susceptibles para el que escucha.)

ROTTEN
Small choice in rotten apples. *Vide*: CHOICE.

The rotten apple injures its neighbors. *Vide*: APPLE.

ROUGH
Take the rough with the smooth.
Estar a la duras y a las maduras.
(Hay que estar preparado para todo, para lo bueno y para lo malo y aceptarlo.)

RUIN
Trusting too much of others is the ruin of many. *Vide*: TRUST.

RULE
The exception proves the rule. *Vide*: EXCEPTION.

There is an exception to every rule. *Vide*: EXCEPTION.

There is no rule without an exception.
No hay regla sin excepción.
(Lat. *Nulla regula sine exceptione.*)

RUMOR
Rumor is a lying jade.
Boca sucia no habla limpio.
Este que dirán causa mucho mal.
(Los rumores son siempre malos y causan mucho perjuicio. *Jade* es, aquí, mujer imprudente.)

S

SACK

Covetousness breaks the sack. *Vide*: COVETOUSNESS.

You may know by a handful the whole sack. *Vide*: KNOW.

SADDLE

Better lose the saddle than the horse.
Más vale perder la silla que el caballo.
Más vale tuerto que ciego.
Mejor es perder los cuernos que la vaca.
(Advierte que es mejor perder lo accesorio que lo principal.)

SAFE

No safe wading in an unknown water.
Dar tiento al vado.
(Lo desconocido es peligroso.)

The beaten road is the safest. *Vide*: ROAD.

SAIL

He that would sail without danger, must never come on the main sea.
Peligros no pueden faltar ni en la tierra ni en el mar.
(La mar encierra grandes peligros, según este refrán. El refrán español no se ciñe exactamente a lo que indica el inglés: el que no quiera peligros que no se adentre en el mar, pero es lo más cercano que se ha encontrado.)

Hoist your sail when the wind is fair.
Cuando el aire es favorable, aprovecharle.
(Hay que aprovecharse de las circunstancias favorables y no dejarlas pasar.)

S SAILOR
Sailors go round the world without going into it.
Los marineros dan la vuelta al mundo sin entrar en él.

SAINT
An open door may tempt a saint. *Vide*: DOOR.

The absent saint gets no candle. *Vide*: ABSENT.

The greater the sinner, the greater the saint. *Vide*: SIN.

SALT
Help you to salt, help you to sorrow.
No comas mucha sal que te harás viejo.
(El refrán inglés implica la creencia de que ofrecer sal era señal de mala suerte.)

Salt seasons all things.
Sin sal todo sabe mal. / No hay sabor tal como el de la sal.
Quien no tiene sal, ¿qué puede guisar?
(La sal ha gustado y sigue gustando, hasta el punto de que para muchos los alimentos sin sal no les saben a nada.)

SAME
It will be all the same a hundred years hence.
Dentro de cien años, todos calvos.
(Todo lo que parece imposible hoy no lo será en cien años. Y cuando se cumpla ese espacio de tiempo, nada nos importará.)

SATURDAY
There is never a Saturday without some sunshine.
Sábado sin sol nadie lo vio.
(Otro refrán más sobre la predicción meteorológica.)

SAUCE
The sauce is better than the fish.
Más vale la salsa que los caracoles.
(A veces lo accesorio es mejor o más importante que lo principal.)

What's sauce for the goose is sauce for the gander.
Tal para cual, Pedro para Juan.

(Lo que es bueno para uno, es bueno para otro. El refrán inglés implica que lo que vale para el hombre también es bueno para la mujer.)

SAVE

A penny saved is a penny earned. *Vide*: **PENNY.**

He who saves for tomorrow saves for the cat.
Ahorra el ahorrador para que gaste el gastador.
(Porque no le va a aprovechar nada, como dice el refrán castellano. Aquí tenemos una muestra de las contradicciones de los refranes. Por un lado debemos ahorrar y por el otro se nos dice que no lo hagamos. Cf. *Of saving comes having; a penny saved is a penny earned.*)

Of saving comes having.
Quien guarda, halla.
(Los refranes siempre ensalzan el ahorro. El que ahorra, tiene.)

SAW

Old saws speak truth.
Cien refranes, cien verdades.
(Aquí el refranero arrima el ascua a su sardina o, en inglés, *they draw water to their own mill.*)

SAY

Better is one *accipe*, than twice to say *Dabo Tibi*.
Más vale un toma que dos te daré.
(En latín, *accipe* significa, acepto, y *dabo tibi*, te daré. También se dice: *One take it is more worth than two thou shalt have it.*

Don't say I'll never drink of this water. *Vide*: **WATER.**

Least said, soonest mended.
En boca cerrada no entran moscas.
(Otro refrán muy conocido y usado. Cuanto menos se hable o diga, mejor porque así no se puede uno equivocar. En latín es, *nihil silentio tutius*. Cf. *A shut mouth catches no flies*. También tenemos la variante: *Little said, soon mended.*)

No sooner said than done.
Dicho y hecho.
(Action follows thought.)

S

Saying is one thing and doing is another.
Del dicho al hecho hay un gran trecho. / Es más fácil predicar que dar trigo.
(Hay gente que habla y promete mucho y da poco. En latín se decía: *Dicere et facere non semper eiusdem.*)

The least said the better.
Habla poco, escucha más y no errarás.

What everybody says must be true.
Lo que todos dicen algo debe ser.

SCORPION
There's a scorpion under every stone. *Vide*: **STONE.**

SCRATCH
Eating and scratching wants but a beginning. *Vide*: **EAT.**

You scratch my back and I'll scratch yours.
Una mano lava la otra.
(Si me ayudas, te ayudo.)

SEA
Cast water into the sea. *Vide*: **Water.**

He that will learn to pray, let him go to sea.
El que no va por mar, no sabe a Dios rogar.
El que quiera aprender a rezar que vaya a la mar.
(El mar es peligroso; tanto es así que el que quiera aprender a rezar, que se embarque y verá lo que es bueno. L. *Qui nescit orare, pergat ad mare.*)

He that would go to sea for pleasure, would go to hell for a pastime.
El que no va por la mar, no sabe a Dios rogar.
(Es de locos ir a la mar.)

The sea refuses no river.
El mar es hospedería de los ríos.
(Todo sigue su curso y va derecho a su fin.)

Worse things happen at sea.
Más se perdió en Cuba.

Más perdió el rey Godo, que lo perdió todo.
(Se dice a manera de consuelo cuando ocurre una desgracia o pérdida.)

S

SECRET
Three may keep a secret if one of them is dead.
Secreto de tres, secreto no es.
(Es notorio que dos no saben guardar un secreto; tres es ya del todo imposible.
Hay otro refrán que también habla de lo mismo: *Three may keep counsel, if two be away.*)

SEE
Four eyes see more than two. *Vide*: EYE.

Seeing is believing.
Ver para creer.
(Hay que ser pragmático: para creer, ver.)

There's none so blind as those who won't see. *Vide*: BLIND.

SELL
Buy at a fair but sell at home. *Vide*: BUY.

Don't sell the skin before you have caught the bear. *Vide*: BEAR.

Weigh justly and sell dearly. *Vide*: WEIGH.

SERVANT
A good servant must have good wages.
Los criados, bien tratados y bien pagados.
(Para que el empleado esté a gusto y trabaje bien, hay que darle una buena
remuneración. Esto sigue estando vigente.)

Like master, like servant. *Vide*: MASTER.

One must be a servant before one can be a master.
Quien supo servir, sabrá regir.

SERVE
First come, first served. *Vide*: FIRST.

S

He who serves is not free.
Quien a otro sirve no es libre.
(Porque debe obedecer las órdenes de otro.)

Neither beg of him who has been a beggar, nor serve him who has been a servant.
Ni sirvas a quien sirvió, ni pidas a quien pidió.
(Parece ser que los que han tenido malas experiencias se portan peor con los demás.)

No man can serve two masters.
Quien sirve a muchos no sirve a ninguno.
(San Mateo, Matthew, 6.24, *No man can serve two masters: for either he will hate the one, and love the other; or else he will hold to the one, and despise the other. Ye cannot serve God and mammon. Nadie puede ser esclavo de dos señores, porque aborrecerá al uno y amará al otro, o bien despreciará a uno y se afeccionará al otro.*)

SHADOW
Old sins cast long shadows. *Vide*: SIN.

SHAME
He that has no shame, has no conscience.
Donde no hay vergüenza no hay virtud.
(*Conscience* en inglés, *virtud* en castellano, pero está claro que la vergüenza es importante.)

He who is without shame, all the world is his.
Quien no tiene vergüenza, toda la calle es suya.
(La vergüenza evita que la gente haga muchas cosas. El que no la tiene, dice el refrán, llega lejos.)

So long as there is shame, there is hope for virtue.
Vergüenza es madre de virtud.

SHEEP
A bleating sheep loses a bite.
Oveja que bala, bocado pierde.
(También: *The ass that brays most eats least.* Los que hablan o se quejan demasiado pierden lo que es importante.)

One scabbed sheep will mar a whole flock.
Una res mala a todo el rebaño daña.
(Cf. *One rotten apple injures its neighbors.*)

One sheep follows another.
La más ruin oveja sigue a la buena.
Ovejas bobas, por do va una van todas.
(La gente se copia y hace lo que hacen los demás.)

SHELTER
It's good sheltering under an old hedge.
Quien a buen árbol se arrima, buena sombra le cobija.
(El que trata de tener buenas amistades tiene buena protección.)

SHIRT
From shirtsleeves to shirtsleeves in only three generations.
De padres jornaleros, hijos caballeros y nietos mendrugueros.
(Lo de *shirtsleeves* se puede cambiar a *clogs*, albarcas, chanclos. Los abuelos trabajan y logran una situación mejor; los hjos dilapidan la fortuna y los nietos vuelven a los orígenes.)

SHOD
Who's worse shod than the shoemaker's wife?
En casa del herrero, badil de madero.
En casa del herrero, cuchillo de palo.
(También: *The shoemaker's son always goes barefoot.*)

SHOE
For want of a nail the shoe was lost. *Vide*: NAIL.

If the shoe fits, wear it. *Vide*: FIT.

Only the wearer knows where the shoe pinches.
Cada cual sabe dónde le aprieta el zapato.
(De *Las vidas paralelas*, de Plutarco, en la vida del romano Emilius Paulus. Según la cita de Luján, *Cuento de cuentos II*, Emilius Paulus *se casó con Papiria ... y después de haber vivido con ella mucho tiempo la repudió... Los amigos le amonestaban. ¿No es honesta? ¿No es bella? ¿No es fecunda?, y él, mostrando su zapato ... dijo: ¿No es elegante?, ¿No es nuevo?, pero nadie de vosotros podría decir dónde este zapato me duele.*)

To know where the shoe pinches.
Saber uno donde le aprieta el zapato.
(Plutarco en sus *Vidas paralelas*, en la vida del romano Emilius Paulus, cuenta una anécdota que es el origen de esta expresión en las lenguas occidentales. Es ésta una variante del refrán anterior.)

SHOEMAKER
Shoemaker, stick to your last.
Zapatero, a tus zapatos.
(L. *Sutor, ne supra crepidam. Vide*: **ZAPATERO**, en la parte castellana.)

The shoemaker's son always goes barefoot.
En casa del herrero, cuchillo de palo.
En casa del herrero badil de madero.
(Cf. *Who is worse shod than the shoemaker's wife?* ¡Sin comentarios!)

SHORT
Short folk are soon angry.
Hombre pequeño pocas veces risueño.
(¿Por qué? ¿Es esto realmente cierto?)

SHROUD
Shrouds have no pockets.
Dijo la muerte al dinero: "Para nada te quiero."
Ninguno muere tan pobre que la ropa no le sobre.
(Las mortajas se hacen sin bolsillos porque los muertos no se llevan nada al otro mundo. Implica que es inútil ser avaricioso porque de este mundo salimos como entramos, sin nada.)

SHY
Once bitten, twice shy.
El gato escaldado, del agua fría huye.
(También: *Once burned, twice shy*.)

SICKNESS
Old age is sickness of itself. *Vide*: **OLD**.

Sickness soaks the purse.
Quien tenga dolencia, abra la bolsa y tenga paciencia.
(Las enfermedades causan grandes gastos.)

S

SIGHT

Out of sight, out of mind.
Larga ausencia causa olvido.
Del mirar nace el amor, y del no ver, olvidar.
Ojos que no ven, corazón que no llora.
(El refrán indica que cuando no se ve a alguien, se olvida a esa persona. Tiene varias variantes: *Unseen, unrued; unminded, unmoaned.*)

SILENCE

Silence gives consent.
Quien calla otorga.
(El no contestar a una pregunta indica que se está de acuerdo, que sí. L. *Qui tacet, consentire videtur.*)

Silence is a woman's best garment.
La mujer lista y callada, de todos es alabada.
(Esto se debe a la fama que tenían las mujeres de ser muy parlanchinas. Ahora ya no.)

Speech is silver, silence is golden.
Más vale callar que mal hablar.
(También: *Silence is golden*, solamente. Los refranes siempre encomian el silencio.)

SILVER

A silver key can open an iron door. *Vide*: KEY.

SIN

Every sin brings its punishment.
En el pecado va la penitencia.
Muchas veces el pecado trae consigo la penitencia.

He that is without sin among you, let him first cast a stone at her.
El que de vosotros esté sin pecado, lance contra ella la primera piedra.
(John, San Juan, 8.7.)

No temptation, no sin. *Vide*: TEMPTATION.

Old sins cast long shadows
Pecado de mucho bulto no puede estar siempre oculto.

S

(Las grandes y antiguas faltas acaban saliendo a relucir más tarde o más temprano.)

Poverty is no sin. *Vide*: POVERTY.

Sin plucks on sin.
Ningún pecado anda solo.
Los pecados son cadena: unos eslabones a otros se agregan.
(Porque uno sigue al otro. *Pluck* aquí significa tirar de o arrastrar de.)

The greater the sinner, the greater the saint.
Debajo del manto, otras cosas esconde el santo.
(Da a entender que no hay santo sin pecado. Por extensión, implica a toda persona que aparenta ser buena.)

The law grows of sin, and chastises it. *Vide*: LAW.

SING
He who sings drives away his grief.
Quien canta su mal espanta.
(Se dice cuando alguien canta o canturrea. También implica que una alegre actitud ante las cosas adversas es un buen remedio.)

He who sings on Friday will weep on Sunday.
Día de placer, víspera de pesar.
(El refranero es muy fatalista y bastante pesimista. *Lo que hoy es dicha y placer, será mañana amargura y pesar,* como decía el poeta.)

SLEEP
Six hours sleep for a man, seven for a woman, and eight for a fool.
Una hora duerme el gallo; dos, el caballo; tres, el santo; cuatro, el que no es tanto; cinco el navegante; seis, el estudiante; siete, el caminante; ocho el jornalero; nueve el caballero; diez el majadero; once el muchacho, y doce el borracho.
Dos horas duerme el santo, tres el que no lo es tanto, cuatro el estudiante, cinco el caminante, seis el teatino, siete el pollino.
(También: *Nature requires five, custom takes seven, idleness takes nine, and wickedness eleven.* Éstas son las tradicionales horas que se suponía la gente necesitaba de sueño. Supongo que hay que tomar estos refranes en broma.)

S

SLIP
There's many a slip between the cup and the lip.
Del plato a la boca se enfría la sopa.
(En francés es *de la main a la bouche se perd souvent la soupe*.)

SLOW
Slow and steady wins the race.
Despacio que tengo prisa. / Despacio se va lejos.
Quien va poco a poco hace buena jornada.
(*Chi va piano, va lontano*, dicen los italianos.)

SMOKE
There is no smoke without fire.
Cuando el río suena, agua lleva.
Donde fuego se hace, humo sale.
(Cuando hay señales de que algo ocurre es por algún motivo. Cuando la gente murmura, por algo será. Cf. *Where there are reeds, there is water.*)

Where there is smoke, there is fire.
Donde fuego se hace, humo sale.
Por el humo se sabe donde está el fuego.
Cuando el río suena, agua lleva.
(Cf. *There is no smoke without fire.* Cuando hay indicios, algo habrá. *Fumus, ergo ignis*, se dice en latín.)

SNAKE
A snake lurks in the grass.
So la linda hierba está la culebra.
Debajo de la mata florida, está la culebra escondida.
(Bajo una apariencia agradable se esconde un gran peligro. Virgilio dijo: *Latet anguis in herba*. Hay otra versión: *There is a snake in the grass*. Una persona que es secretamente enemiga es *a snake in the grass*.)

SNOW
A snow year, a rich year.
Año de nieves, año de bienes.
(Se supone que es porque la nieve acumulada es luego agua para los campos.)

SON
Like father, like son. *Vide*: FATHER.

My son is my son till he gets him a wife, but my daughter's my daughter all the days of her life.
En la casa de bendición, primero hembra; y después, varón.
(Se creía que era mejor tener hijas que hijos porque éstas cuidaban mejor de los padres en su vejez.)

The father a saint, the son a devil. *Vide*: FATHER.

SORROW
Help you to salt, help you to sorrow. *Vide*: SALT.

Two in distress makes sorrow less. *Vide*: DISTRESS.

When sorrow is asleep wake it not.
Cuando la mala ventura se duerme, nadie la despierte.
(Es de sabios dejar las cosas como están para no ponerlas peor.)

SOUND
Empty vessels make the most sound. *Vide*: EMPTY.

SOW
As you sow, so you reap.
Quien mal siembra, mal coge.
(Tiene también las variaciones: *As you sow, so shall you reap* y *As one sows, so must one reap*. En Gálatas, 6.7, se dice: *Pues lo que el hombre siembre, eso mismo cosechará, Whatsoever a man soweth, that shall he also reap*.)

He who sows the wind shall reap the whirlwind.
Quien siembra vientos recoge tempestades.
(La cita bíblica de Oseas, Hosea, 8.7, dice: *They have sown the wind, and they shall reap the whirlwind, siembran vientos y recogerán tempestades*.)

SPADE
Call a spade a spade.
Llamar al pan, pan y al vino, vino.
(Hablar con claridad y sin rodeos y llamando a las cosas por su nombre.)

SPARE
Spare the rod, spoil the child.
Niño mimado, niño ingrato.

Niño mal vezado, difícilmente enmendado.
(Si no se aplica el castigo a tiempo, los niños ni aprenden ni enmiendan.)

SPEAK
He knows most who speaks least.
De sabios es hablar poco y bien.
(El silencio es sabiduría. Cf. *Silence is golden.*)

He that speaks ill of the mare would buy her.
Quien dice mal de la yegua, ése la merca.
(Cuando se quiere comprar algo hay que menospreciarlo para conseguir un buen precio.)

He that speaks lavishly shall hear as knavishly.
Quien mal dice, peor oye.
(El que habla más de la cuenta debe atenerse a las consecuencias.)

He that speaks the things he should not, hears the things he would not.
Quien de otro mal hable, a escuchar se prepare.
(Los que hablan mal de otros deben prepararse para que hablen mal de ellos. Una var. es: *He who says what he likes shall hear what he doesn't like.* En latín: *Cum dixeris quod vis, audices quod non vis.*)

SPEED
More haste, less speed. *Vide*: HASTE.

SPEND
Never spend your money before you have it. *Vide*: MONEY.

SPIDER
If you want to live and thrive, let the spider run alive.
Quien rompe una tela de araña, a ella y así mismo se daña.
(Hay muchas supersticiones sobre las arañas en ambos idiomas. Aquí tenemos dos ejemplos que nos dicen que trae mala suerte hacerles daño. Este refrán o dicho inglés tiene una variante: *He who would wish to thrive, must let spiders run alive.*)

SPIRIT
The spirit is willing but the flesh is weak.
El espíritu está dispuesto pero la carne es débil.
(San Mateo, Matthew, 26.41.)

SPIT

Who spits against the wind, it falls in his face.
Quien mal escupe, dos veces se limpia.
Quien a Dios escupe, en la cara le cae.
(También: *Piss not against the wind.*)

SPOIL

Too many cooks spoil the broth. *Vide*: COOK.

SPOT

The leopard cannot change his spots.
Aunque muda el pelo la raposa, su natural no despoja.
(Se es como se es y es muy difícil cambiar.)

STABLE

It's too late to lock the stable when the horse has been stolen.
Después del caballo hurtado, cerrar la caballeriza.
Una vez muerto el burro, la cebada al rabo.
Después de la vaca huida, cerrar la puerta.
Después de ido el pájaro, apretar la mano.
A buenas horas mangas verdes.
(También: *It is too late to shut the stable-door after the horse has bolted.* A veces se hacen las cosas demasiado tarde, cuando ya no tienen remedio. *Post factum, nullum consilium*, en latín.)

STEAL

Better beg than steal.
Más vale pedir que hurtar.
(Cualquier cosa es mejor que robar.)

He that steals a pin steals a pound.
Quien hurta la onza, hurta la arroba.
(El que hace una mala pasada es capaz de hacer otra peor.)

He that steals honey, should beware of the sting.
El favo es dulce, mas pica la abeja.
(Cuando algo se quiere, peligro se corre.)

One man may steal a horse, while another may not look over a hedge.
Pagar justos por pecadores.

(Algunos parece que tienen venia para hacer lo que les dé la gana mientras que otros no pueden cometer ni la más mínima indiscreción.)

STEP
Step by step the ladder is ascended.
Poco a poco se anda todo.
(Las cosas se hacen poco a poco.)

STICK
Dress up a stick and it does not appear to be a stick. *Vide*: Dress.

Stick to your flannels until your flannels stick to you.
Hasta el cuarenta de mayo no te quites el sayo.
(Otra variante, que es traducción directa del castellano, es: *Never cast a clout till May be out*. Claro está que *stick* se refiere a *aguantar, seguir con*, en el primer caso y *pegar, pegarse*, en el segundo. Es un retruécano bastante acertado.)

STITCH
A stitch in time saves nine.
Un remiendo a tiempo ahorra ciento. / Una puntada a tiempo ahorra nueve.
(Cf. *Hombre prevenido vale por dos*. Y es que un pequeño remedio a tiempo ahorra grandes esfuerzos después.)

STOLEN
Stolen waters are sweet. *Vide*: WATER.

STOMACH
Make not thy stomach an apothecary's shop.
Lo mejor de la medicina es usar poco de ella.
(Advierte que no es bueno abusar de las medicinas.)

Too much honey cloys the stomach. *Vide*: HONEY.

STONE
A rolling stone gathers no moss. *Vide*: ROLL.

Constant dripping wears away the stone.
Dando y dando, la gotera va horadando.
Dando y más dando, la gotera abre agujero en la piedra.
(L. *Gutta cava lapidem.*)

S

He that is without sin among you, let him first cast a stone at her. *Vide*: SIN.

There's a scorpion under every stone.
So la linda hierba está la culebra.
Debajo de la mata florida, está la culebra escondida.
(La maldad, el peligro, está por doquier. Cf. *A snake lurks in the grass*.)

Those who live in glass houses should not throw stones. *Vide*: GLASS.

STOOL
Between two stools one falls to the ground.
Quien se acuesta en dos sillas, da de costillas.
(El que mucho quiere y abarca acaba sin nada.)

STORE
Store is no sore.
Lo que sobra no daña.
(Guardar es cosa buena. Y si sobra, mejor.)

STORM
After a storm comes a calm.
Después de la tormenta viene la calma.
(Después de grandes tribulaciones viene el sosiego, la calma. También existe la variante: *A calm is most welcome after a storm*.)

Vows made in storms are forgotten in calms.
El peligro pasado, el voto olvidado.
(En el peligro, *storms*, se hacen votos de enmienda, de comportamiento, que se olvidan tan pronto se ponen las cosas mejor.)

STRAW
A drowning man will clutch at a straw. *Vide*: DROWN.

It is the last straw that breaks the camel's back.
Es la gota que colma el vaso.
(Todo en esta vida tiene un límite. En castellano hay otro refrán que dice que *el asno sufre la carga, mas no la sobrecarga* que tiene también su equivalente en inglés: *it is not the burden, but the over-burden that kills the beast*.)

STREAM
Cross the stream where it is shallowest. *Vide*: CROSS.

It is ill striving against the stream.
Ir contra la corriente no es de hombre prudente.
(No es buena cosa ir contra las opiniones o usos generales.)

Large streams from little fountains flow.
De los arroyos chicos se hacen los grandes ríos.
(Las cosas grandes han sido pequeñas en sus comienzos. Anima a comenzar por el principio, por lo pequeño o poco.)

STRENGTH
Union is strength.
La unión hace la fuerza.
(L. *Vis unita fortior*, la unión da la fuerza.)

STRETCH
Everyone stretches his legs according to the length of his coverlet.
Extender la pierna hasta donde llega la sábana.
Cada uno extiende la pierna como tiene la cubierta.
(No gastes más de lo que tienes. No trates de hacer más de lo que puedas hacer.)

Stretch your arm no further than your sleeve will reach.
(No) Estirar el brazo más que la manga.
(No comas más de lo que puedas digerir. No prometas más de lo que puedas dar. Cf. *Everyone stretches his legs according to the length of his coverlet.*)

STRIKE
Strike while the iron is hot.
A hierro caliente, batir de repente.
(Es imperativo aprovechar las oportunidades cuando surgen. *Dum ferrum candet, tundito* es el dicho en latín.)

STRING
To have two strings to one's bow.
Cuerda triplicada difícil de romper.
(Lo que se refuerza y está preparado aguanta más.)

S

STROKE
An oak is not felled at one stroke. *Vide*: OAK.

Little strokes fell great oaks.
Muchos golpes derriban un roble.
(Poco a poco, con paciencia, se consiguen grandes cosas.)

STYLE
The style is the man.
El estilo es el hombre.
(L. *Stylus virum arguit*, y Buffon [1707-1788] dijo en su *Discurso sobre el estilo*:
Le style c'est l'homme.)

SUCCEED
If at first you don't succeed, try, try again.
En el peor aprieto, el mejor aliento.
En apurada ocasión, haz de tripas corazón.
(Este refrán o dicho ha sido atribuido a William Edward Hickson [1803-1870].

SUCCESS
There is no short cut to success.
No hay atajo sin trabajo.
(El éxito implica trabajo y sacrificio.)

SUN
Make hay while the sun shines. *Vide*: HAY.

The sun shines upon all alike.
Para todos sale el sol.
(L. *Sol lucet omnibus*. Implica que todos tenemos las mismas oportunidades.)

There is nothing new under the sun.
No hay nada nuevo bajo el sol.
(L. *Nihil sub sole novum*.)

SUNSHINE
There's never a Saturday without some sunshine. *Vide*: SATURDAY.

SUPPER
After dinner rest a while, after supper walk a mile. *Vide*: DINNER.

S

By suppers, more have been killed than Galen ever cured.
Más mató la cena que sanó Avicena.
(El mucho comer mata. Ya hemos visto varios refranes sobre la gula lo que indica que ya se sabe desde antiguo que hay que comer con moderación para estar sano.)

Laugh before breakfast, you'll cry before supper. *Vide*: LAUGH.

Who goes to bed supperless, all night tumbles and tosses.
Quien se echa sin cena, toda la noche devanea.
(A pesar de que Cf. *By suppers, more have been killed than Galen ever cured.*)

SUSPECT
Who is in fault suspects everybody. *Vide*: FAULT.

SWALLOW
One swallow does not make a summer.
Una golondrina no hace verano.
(Refrán conocidísimo en Europa, del latín *una hirundo non facit (effecit) ver*, que en alemán es *Eine Schwalbe macht nicht einen Sommer*, y en francés *une hirondelle ne fait pas le printemps*, y en valenciano *una oroneta no fa estiu*.)

SWIM
Don't go near the water until you learn how to swim.
No cruces el vado si no sabes nadar. / A gran río, pasar el último.
(No corras peligros innecesarios si no tienes fuerzas para superarlos.)

SWORD
The pen is mightier than the sword. *Vide*: PEN.

Those who kill by the sword shall perish by the sword. *Vide*: KILL.

T

TABLE
At a round table there's no dispute of place. *Vide*: DISPUTE.

TAILOR
A hundred tailors, a hundred millers and a hundred weavers are three hundred thieves.
Cien sastres y cien molineros, y cien tejedores, son trescientos ladrones.
(Este refrán ha perdido vigencia porque casi han desaparecido esos oficios pero resulta curioso hoy saber la opinión que tenía la gente sobre los sastres, molineros y tejedores. Hoy podríamos hablar de otras profesiones u oficios.)

TALE
An old man never wants a tale to tell. *Vide*: OLD.

Dead men tell no tales. *Vide*: DEAD.

You can't take it with you when you die. *Vide*: DIE.

TALK
Foolish talk, deaf ears.
A palabras necias, oídos sordos.
(No hay que hacer caso de las bobadas que nos dicen a diario.)

Look who's talking!
¡Quién habló que la casa honró!
(Más bien un dicho que un refrán. Sale a colación cuando alguien que tiene algo que callar, critica a los demás.)

Talk is cheap.
No es lo mismo predicar que dar trigo.
(Hablar, prometer, no cuesta dinero.)

Talk much and err much.
Quien mucho habla mucho yerra.
Quien en mucho hablar se empeña a menudo se despeña.
(La charlatanería vana causa errores.)

The greatest talkers are the least doers.
Mucho hablar y poco dar.
(A los habladores se les va la fuerza por la boca.)

TASTE
Everyone to his taste.
Sobre gustos no hay nada escrito.
(También: *Every man to his taste*. En francés se dice, *chacun a son goût*.)

There's no accounting for tastes.
Sobre gustos no hay nada escrito.
(L. *De gustibus non est disputandum*. También tenemos la variante *There is no disputing about tastes* que se ajusta más a la frase latina. También en L. *aliis alia placent*, a unos agradan unas cosas y a otros otras.)

TAT
Tit for tat is fair play. *Vide*: TIT.

TEACH
Teaching of others, teacheth the teacher.
Enseñando se aprende.
(Todos pueden aprender enseñando a los demás, hasta los mismos maestros. Séneca dijo: *Homines dum docent discunt*, los hombres mientras enseñan, aprenden.)

You cannot teach an old dog new tricks. *Vide*: DOG.

TEACHER
Mistakes are often the best teachers.
El errar es maestro del acertar.
(Aprendemos cometiendo errores, como todos sabemos.)

TEETH
The gods send nuts to those who have no teeth. *Vide*: GOD.

T TEMPTATION
No temptation, no sin.
Quien quita la ocasión quita el pecado.
(El problema del pecado, según el refrán, está en la tentación, la ocasión.)

THERE
There is a good time coming. *Vide*: TIME.
There is a great difference between word and deed. *Vide*: DEED.
There is a remedy for all things but death. *Vide*: REMEDY.
There is a scorpion under every stone. *Vide*: STONE.
There is a snake in the grass. *Vide*: SNAKE.
There is an exception to every rule. *Vide*: EXCEPTION.
There is many a slip between the cup and the lip. *Vide*: SLIP.
There is many a true word spoken in jest. *Vide*: WORD.
There is never a Saturday without some sunshine. *Vide*: SATURDAY.
There is no accounting for tastes. *Vide*: TASTE.
There is no blindness like ignorance. *Vide*: IGNORANCE.
There is no companion like the penny. *Vide*: PENNY.
There is no disputing about tastes. *Vide*: TASTE.
There is no fool like an old fool. *Vide*: FOOL.
There is no great loss without some gain. *Vide*: LOSS.
There is no jollity but has a smack of folly. *Vide*: JOLLITY.
There is no little enemy. *Vide*: ENEMY.
There is no place like home. *Vide*: HOME.
There is no remedy for fear. *Vide*: FEAR.
There is no royal road to learning. *Vide*: LEARNING.
There is no rule without an exception. *Vide*: RULE.
There is no shortcut to success. *Vide*: SUCCESS.
There is no smoke without fire. *Vide*: FIRE.
There is no time like the present. *Vide*: TIME.
There is no use crying over spilt milk. *Vide*: MILK.
There is no virtue like necessity. *Vide*: NECESSITY.
There is none so blind as those who won't see. *Vide*: BLIND.
There is nothing lost by civility. *Vide*: CIVILITY.
There is nothing new under the sun. *Vide*: SUN.
There is time for everything. *Vide*: TIME.

THIEF
If there were no receivers, there would be no thieves.
Si no hubiera compradores, no habría ladrones.

(Receivers aquí se refiere a los peristas, a los que compran objetos robados. *The receiver / is as bad as the thiever* y *the receiver is as bad as the thief.* Los que ayudan en una mala acción son tan culpables como los que la hacen.)

Little thieves are hanged, but great ones escape.
Para los ladroncillos se hicieron cárceles y presidios; para los grandes ladrones siempre hay cuentas de perdones.
(La gente siempre ha creído que la ley no castiga a los criminales importantes, sólo a los de poca monta.)

Once a thief, always a thief.
El que hace un cesto hace ciento.
Viejo caballo no muda de paso.
(Estos refranes demuestran poca fe en el ser humano ya que no creen en la posibilidad de enmienda o cambio.)

One thief will not rob another.
Aun al enemigo se ha de guardar la fe.

Opportunity makes the thief. *Vide*: OPPORTUNITY.

Set a thief to catch a thief.
El diablo a otro alcanza. / A ruin, ruin y medio.
(Para pescar a un ladrón, hace falta otro ladrón como él que sepa sus artimañas.)

THIRD
The third time pays for all.
A la tercera va la vencida.
(A la tercera vez se consigue.)

THORN
He that handles thorns shall prick his fingers.
El que ama el peligro, perecerá en él.
(El que maneja algo peligroso puede hacerse daño. Algo parecido en latín es: *qui amat periculum in illo peribit*.)

THOUGHT
Second thoughts are best.
El pensamiento postrero es más sabio que el primero.
(Es mejor reflexionar con el tiempo.)

THRICE

All things thrive at thrice.
No hay dos sin tres.
(Cf. *Third time lucky*.)

THRIFT

Thrift is a great revenue.
No hay más caudal como el ahorrar.
(Siempre se alaba el ahorro en los refranes.)

THUNDER

A quiet conscience sleeps in thunder. *Vide*: CONSCIENCE.

When it thunders the thief becomes honest.
Nos acordamos de Santa Bárbara cuando truena.
(Cuando estamos en peligro hacemos intención de enmienda.)

TIME

Busiest men find the most leisure time. *Vide*: BUSY.

Other times, other manners.
Múdanse los tiempos y múdanse las condiciones.
(En francés: *autres temps, autres moeurs*. También: *Other days, other ways; other countries, other manners*.)

There is a good time coming.
Ya vendrán tiempos mejores.
(Se dice para consuelo. Si las cosas no van bien en el presente, ya se arreglarán en el futuro.)

There is no time like the present.
El hoy está aquí, ¿mañana quién lo verá?
(La única realidad es la presente, nos dicen estos refranes.)

There is time for everything.
Cada cosa a su tiempo.
(También se dice que *there is a time and a place for everything*. En la Biblia, Eclesiastés, 3.1, *To everything there is a season, and a time to every purpose under the heaven. Hay un momento para todo y un tiempo para cada acción bajo el cielo*.)

Time and tide wait for no man.
Tiempo ni hora no se ata con soga.
(Hay ciertas cosas que no admiten espera.)

Time cures all things.
Todo lo cura el tiempo.
(Con el tiempo se olvidan las penas y los sinsabores. También: *Time works wonders* y *Time heals all wounds*.)

Time devours all things.
No hay tal vencedor como el tiempo.
(El tiempo todo lo destruye y hace desaparecer, por fortuna para nosotros.)

Time flees away without delay.
El tiempo corre que se las pela.
(L. *Tempus fugit*. Y Virgilio [70-10 a. C.] dijo en la *Eneida*: *Sed fugit interea, fugit inreparabile tempus*, mientras tanto el tiempo vuela, vuela para nunca más volver. Austin Dobson [1840-1921] dice en *The Paradox of Time: Time goes, you say? Ah no! / Alas, Time stays, we go*.)

Time flies.
El tiempo vuela.
(L. *Tempus fugit*. Cf. *Time flies away without delay*.)

Time has wings.
Vuela el tiempo como el viento.
(L. *Tempus fugit*.)

Time is a great healer.
El tiempo todo lo cura y todo lo muda.
El tiempo cura al enfermo, que no el ungüento.
El tiempo cura las cosas.
(Cf. *Time cures all things*. Siempre se habla del tiempo que cura los males del espíritu. También: *Time heals all wounds*.)

Time is money.
El tiempo es oro.
(También se dice que *he that has time, has life*.)

Time tames the strongest grief.

No hay mal que el tiempo no alivie su tormento.
(El tiempo todo lo cura.)

Time tries truth.
El tiempo todo lo descubre.
(El tiempo pone a prueba lo que se dice, y las mentiras salen a relucir.)

Time will tell.
Al tiempo el consejo.
(Con el tiempo se saben las cosas y se disipan los problemas.)

Times change, and we with them.
Todo lo muda el tiempo.
(En latín: *Mutantur nos et mutamur in illis*, los tiempos cambian y nosotros
con ellos.)

TIT
Tit for tat is fair play.
Hacer como hacen no es pecado. / Donde las dan las toman.
A tal tajo, tal revés.
(Es justo pagar con la misma moneda un agravio o insulto. También se dice:
Give and take is fair play.)

TODAY
One today is worth two tomorrows.
Más vale un hoy que diez mañanas.
(Cf. *A bird in hand is worth two in the bush.*)

Today a man, tomorrow none.
Hoy en palco, mañana en catafalco. / Hoy somos, mañana no.
(Indica lo corta que es la vida, que se puede truncar de un día para otro. En
francés se dice: *Aujourd'hui chevalier, demain vacher.*)

TOMORROW
Never put off till tomorrow what you can do today.
No dejes para mañana lo que puedas hacer hoy.
No guardes para mañana lo que puedes hacer hoy.
(A veces se dice también en broma: *Never do today what you can put off till
tomorrow.* La procrastinación no es apreciada por el refranero que quiere que
seamos trabajadores, cumplidores y diligentes. En latín era: *ne in crastinum, quod*

T

possis hodie. Y los franceses también lo dicen: *ne remettes pas à demain, ce qui vous pouvez faire aujourd'hui.*)

Tomorrow is another day.
Mañana será otro día.
(Habrá otro mañana, así que no debemos desesperar porque habrá otra oportunidad.)

Tomorrow never comes.
El día de mañana no lo ha visto nadie.
(Sólo tenemos el eterno hoy.)

TONGUE

A honey tongue, a heart of gall.
Lenguaje meloso, trato engañoso.
Palabras confitadas, entrañitas dañadas.
(Las buenas palabras esconden, a veces, maldad y enemistad. *Gall* es bilis, hiel. En latín se decía: *mel in ore, fel in corde.*)

A still tongue makes a wise head.
El bobo, si es callado, por sesudo es reputado.
(Se entiende que es mejor callar que decir bobadas.)

An ill tongue may do much.
Una mala lengua destruye un pueblo.
Este que dirán causa mucho mal.
(Los que murmuran pueden, y de hecho hacen mucho daño.)

He that has a tongue in his head may find his way anywhere.
Quien lengua ha, a Roma va.
Preguntando acá y allá, a todas partes se va.
(Preguntando sabremos respuestas.)

The tongue is not steel, yet it cuts.
Malas lenguas cortan más que espadas luengas.
(La palabra es el arma más peligrosa y cortante. En Salmos, 64.3, se dice: *Escóndeme de la banda de malvados, de la turba de los agentes de maldad, los que afilan su lengua como espada, lanzan como saetas palabras envenenadas... Who whet their tongue like a sword, and bend their bows to shoot their arrows, even bitter words.*)

TOOL

A bad workman blames his tools. *Vide*: WORKMAN.

TOOTH

If you cannot bite never show your teeth. *Vide*: BITE.

TOUGH

When the going gets tough, the tough get going.
Acometa quien quiera, el fuerte espera.
(El fuerte no se arredra nunca. *The tough* aquí se refiere a los resistentes, a los fuertes.)

TRADE

Jack of all trades, master of none. *Vide*: JACK.

TREASURE

Measure is treasure. *Vide*: MEASURE.

TREE

A great tree attracts the wind.
Gran nao, gran tormenta.
(También: *Great (high) winds blow upon high hills.*)

A tree is known by its fruit.
Un árbol se le conoce por su fruto.
(San Mateo, Matthew, 12. 33, *Either make the tree good, and his fruit good; or else make the tree corrupt, and his fruit corrupt: for the tree is known by his fruit. Decís que el árbol es bueno, si es bueno su fruto; decís que el árbol es malo, si es malo su fruto. Porque el árbol se conoce por su fruto.*)

He that would have fruit, must climb the tree. *Vide*: FRUIT.

You cannot shift an old tree without it dying.
Planta muchas veces traspuesta, ni crece ni medra.

TROUBLE

Never trouble trouble till trouble troubles you.
En lo que no te va nada, no metas tu cucharada.
(No hay que preocuparse por las cosas que ni nos conciernen ni están a la vista. A veces es mejor dejar las cosas como están.)

TRUE
There is many a true word spoken in jest. *Vide*: WORD.

What everybody says must be true. *Vide*: SAY.

TRUST
Deceiving those who trust us, is more than a sin.
A quien de ti se confía, engañarle es villanía.
(No debemos decepcionar a los que confían en nosotros.)

Trust in God and keep your powder dry. *Vide*: GOD.

Trust is the mother of deceit. *Vide*: DECEIT.

Trusting too much of others is the ruin of many.
Quien de otro se fía ya llorará algún día.
(No hay que fiarse demasiado de los demás.)

TRUTH
All truth is not always to be told.
Toda verdad no es para dicha.
(Una mentirijilla a tiempo puede hacer mucho bien.)

Old saws speak truth. *Vide*: SAW.

Tell a lie and find a truth. *Vide*: LIE.

The devil sometimes speaks the truth. *Vide*: DEVIL.

There is truth in wine.
En el vino, la verdad.
(De Plinio [23-79], en su *Historia Natural*: *In vino veritas*. Este dicho en latín es más conocido que en las lenguas vulgares.)

Truth and oil are ever above.
La verdad y el aceite nadan siempre encima.
(La verdad siempre vence y resplandece.)

Truth finds foes, where it makes none.
Quien dice las verdades pierde las amistades.

T (L. *Veritas odium parit*, la verdad pare, genera odio.)

Truth will conquer.
La verdad padece, mas no perece.
(La verdad se abre camino a la larga. También: *Truth never grows old*. En latín
se decía que *magna est veritas et praevalebit*, la verdad es grande y prevalece.)

TUB
Every tub must stand on its own bottom.
Que cada palo aguante su vela.
(Cada cual debe cargar con sus propias responsabilidades.)

Put out your tubs when it is raining. *Vide*: RAIN.

TURD
The more you tramp on a turd, the broader it grows.
Donde muchos mean, lodo hacen.
Cuanto más remueves la mierda, peor huele.
(Este proverbio es muy descriptivo. *Turd* es, claro, cagajón, una mierda, una
plasta.)

TURN
One good turn deserves another.
Favor con favor se paga.
(Una buena acción se merece, como recompensa, lo mismo.)

One never loses by doing a good turn.
Haz bien y no mires a quien.
(También: *Never be weary of well doing*.)

TWO
It takes two to make a quarrel. *Vide:* QUARREL.

U

UNEXPECTED

It is the unexpected that always happens.
Cuando menos se piensa, salta la liebre.
Lo menos esperado, más pronto llegado.
(También: *Nothing is certain but the unforeseen.*)

UNION

Union is strength. *Vide*: STRENGTH.

USE

Keep a thing seven years and you'll find a use for it. *Vide*: KEEP.

Use is all.
El uso hace maestro.
(Cf. *Practice makes perfect.*)

V

VARIETY
Variety is the spice of life.
En la variación está el gusto. / En la variedad está el gusto.
La variedad es la madre de la amenidad.
(El cambio le da sabor a la vida.)

VENTURE
Nothing venture, nothing gain.
Quien no se aventura no pasa la mar. / Quien no se arrisca, no aprisca.
Quien no se aventuró, ni perdió ni ganó.
Quien no se aventura, no ha ventura.
(También tenemos la versión *nothing have*. Hoy en día se dice más gramaticalmente, quizá, *nothing ventured, nothing gained*. Otra variante es: *Nothing stake, nothing draw*.)

VIRTUE
So long as there is shame, there is hope for virtue. *Vide*: SHAME.

Virtue is its own reward.
Comer arena antes que hacer vileza. / No hay cosa por chica que sea en que no quepa virtud. / Antes perecer que mal hacer.
(Es la satisfacción que se tiene por el buen comportamiento moral.)

VOICE
The voice of the people is the voice of God. *Vide*: GOD.

VOMIT
As a dog returneth to his vomit, so a fool returneth to his folly.
Como el perro que vuelve a su vómito, así el necio que recae en su necedad.
Perro que vomitó, al vómito se volvió.
(Proverbs, Proverbios: 26.11.)

W

WADE
No safe wading in an unknown water. *Vide*: SAFE.

WAGE
A good servant must have good wages. *Vide*: SERVANT.

WAIT
All things come to those who wait.
Quien esperar puede, tiene (obtiene) lo que quiere.
(La paciencia premia. En francés se dice: *tout vient à celui qui sait attendre*.)

Everything comes to him who waits.
Con paciencia se gana el cielo. / Con la esperanza se vive.
(Cf. *All things come to those who wait*.)

Haste makes waste. *Vide*: HASTE.

Time and tide wait for no man. *Vide*: TIME.

WALL
Walls have ears.
Las paredes oyen. / En consejas las paredes han orejas.
(Hay que ser discreto al hablar porque todo se oye y todo se sabe. Los franceses dicen lo mismo: *les murailles ont des oreilles*. Otra versión es: *Fields have eyes and woods have ears*.)

WANT
A thing you don't want is dear at any price. *Vide*: DEAR.

The more you get the more you want.
Cuanto más tienes, más quieres.

Cuanto más poseo, más deseo.
(La avaricia no tiene límite.)

Want is the mother of industry.
La necesidad hace maestro.
(La necesidad acucia el trabajo.)

WAR
All's fair in love and war. *Vide*: LOVE.

WARM
Warm heart, cold hands. *Vide*: HAND.

WASH
Don't wash your dirty linen in public.
La ropa sucia se debe lavar en casa.
(No hay que sacar los trapos sucios a relucir y debemos arreglar nuestros problemas en privado y no dar tres cuartos al pregonero. En francés: *C'est en famille, ce n'est pas en publique, qu'on lave sa linge sale.* Una var. *One does not wash one's dirty linen in public.*)

One hand washes the other. *Vide*: HAND.

WASTE
Waste not, want not.
Quien guarda, halla.
Quien no guarda, no halla.
(Estos refranes ensalzan el ahorro y previenen contra el despilfarro.)

WATCH
A watched pot never boils.
Quien espera, desespera.
(Parece que cuanto más esperamos una cosa, más tarda en llegar.)

WATER
Beware of still waters.
De las aguas mansas me libre Dios.
(Lo que aparenta tranquilidad y mansedumbre suele ocultar peligro.)

Blood is thicker than water. *Vide*: BLOOD.

Cast water into the sea.
Llevar agua al mar.
(Desarrollar una actividad inútil y superflua.)

Don't go near the water until you learn how to swim. *Vide*: **SWIM.**

Don't say I'll never drink of this water.
Nunca digas de este agua no beberé.
(Nunca se sabe lo que puede acontecer en el futuro y cómo pensaremos y nos comportaremos cuando cambien las circunstancias. Otra versión es: *Let none say, I will not drink water.*)

Draw water in a sieve.
Coger agua en un cesto.
(Trabajo inútil. Cf. *Carry coals to Newcastle.*)

Drinking water neither makes a man sick, nor in debt, nor his wife a widow.
Agua no enferma, ni embeoda, ni endeuda.
(La mejor bebida es el agua que tiene las virtudes que ensalzan los refranes.)

Still waters run deep.
Do más fondo el río hace menos ruido.
La corriente silenciosa es la más peligrosa.
(Lo tranquilo suele tener un trasfondo de peligro. Cf. *Beware of still waters. Il n'est pire eau que celle qui dort*, dicen en francés.)

Stolen waters are sweet.
No hay mejor bocado que el hurtado.
(Lo que se obtiene ilícitamente parece tener más valor, según estos y otros refranes. Proverbios, Proverbs, 9.17, *Stolen waters are sweet, and bread eaten in secret is pleasant. Son dulces las aguas hurtadas, y el pan de tapadillo, el más sabroso.*)

To draw water to one's mill.
Arrimar el ascua a la sardina de uno.
Llevar uno el agua a su molino.
(Tratar de llevar las cosas por derroteros que nos sean propicios.)

We never miss the water till the well runs dry.
El bien no es conocido hasta que es perdido.

Nos acordamos de Santa Bárbara cuando truena.
(Hasta que no nos topamos con la realidad, no nos acordamos de ella. Así, mientras sacamos agua del pozo no se nos ocurre pensar que quizá se seque algún día.)

Where there are reeds, there is water.
Cuando el río suena, agua lleva.
(Cf. *There's no smoke without fire.*)

You may lead a horse to the water but you cannot make him drink.
Treinta monjes y un abad no pueden hacer beber a un asno contra su voluntad.
(Es imposible obligar a la gente a hacer algo en contra de su voluntad. L. *Bos ad aquam tractus, non vult potare coactus.* Var.: *One may lead a horse to the water, but twenty cannot make him drink.*)

WAY
Love will find a way. *Vide*: LOVE.

You can't have it both ways. *Vide*: HAVE.

WEAK
The weaker has the worst.
Al endeble todos se atreven. / Al perro flaco todos son pulgas.
(De los débiles todos se aprovechan. También: *The weakest go to the wall.*)

The thread breaks where it is weakest.
Quiebra la soga por lo más delgado.
(Se refiere al punto débil que todos tenemos.)

WEALTH
Health is better than wealth. *Vide*: HEALTH.

WEAPON
Necessity is a powerful weapon. *Vide*: NECESSITY.

WEARY
The ox when weariest treads surest. *Vide*: OX.

WEATHER
Full moon brings fair weather. *Vide*: MOON.

WEDDING
One wedding makes many.

Una deuda veinte engendra. / Un loco hace ciento.

(Una cosa trae la otra y luego muchas. Una vez se empieza mal, la cosa no va bien. Y es que el mal ejemplo cunde. Cf. *One funeral makes many*.)

WEDLOCK
Wedlock is a padlock.

El día que me casé, buena cadena me eché.

(Los refranes arremeten siempre contra el matrimonio, desde el punto de vista del varón, claro está.)

WEED
Weeds grow apace.

Hierba mala presto crece.

(Lo malo abunda, dice el refrán. Ambos son traducción del latín: *mala herba cito crescit*.)

WEIGH
Weigh justly and sell dearly.

Peso cabal y en el precio regatear.

(En las ventas no se debe robar en el peso. El precio, eso ya es otra cosa.)

WELCOME
A constant guest is never welcome.

Visitas, cortas y poquitas.

(Arremete contra las visitas continuas y pesadas. Cf. *Fish and guests stink after three days*.)

Do not wear your welcome.

Antes seas deseado que visitante pesado.

(Cf. *A constant guest is never welcome*.)

WELL
All's well that ends well.

Aquello es bueno que bien acaba.

Bien está lo que bien concluye.

(Lo importante es cómo acaban las cosas: si acaban bien, todo está bien. William Shakespeare tiene una obra que se titula *All's Well that ends Well*. Y en latín es: *Si finis bonus est totum bonum est*.)

Do well and have well.
Tal harás, tal hallarás.
(Según cómo actuemos tendremos nuestra recompensa.)

Leave well (enough) alone.
Más vale dejallo que meneallo.
(A lo que marcha y funciona bien, lo mejor es dejarlo tal como está, por si acaso.
Una variante muy popular en USA es: *If it ain't broke, don't fix it*.)

The pitcher will go to the well once too often. *Vide*: PITCHER.

WEEP
He who sings on Friday will weep on Sunday. *Vide*: SING.

We weeping come into the world, and weeping hence we go.
Todos llorando nacieron, y nadie muere riendo.
(*El Rey Lear*, Shakespeare, IV.6, *When we are born, we cry that we are come / To this great stage of fools*.)

WHEEL
The squeaky wheel gets the grease.
El que no llora no mama.
(Se engrasa la rueda que chirría, no las otras, claro. El que se queja, obtiene.)

WHERE
Where there is smoke, there is fire.
Por el humo se sabe dónde está el fuego.
(Por el hilo se saca el ovillo.)

WHISPER
Where there is whispering, there's lying. *Vide*: LIE.

WHITE
Two blacks don't make a white. *Vide*: BLACK.

WHOLE
The half is better than the whole. *Vide*: HALF.

WIFE
A blind man's wife needs no paint. *Vide*: BLIND.

The first wife is matrimony, the second company, the third heresy.
La primera mujer es matrimonio, la segunda, compañía, la tercera es bellaquería.
(De nuevo tenemos un ejemplo de lo que el refranero piensa sobre el matrimonio.)

Three things drive a man out of his house -smoke, rain and a scolding wife.
Vide: MAN.

WILL

He that will not when he may, when he will he shall have nay.
Tal habrá que, sabiendo, no podrá; y tal hubo, que pudiendo no supo.
(La equivalencia no es absolutamente exacta en su sentido pero casi lo es y es muy apropiada. El original inglés implica que hay que coger las oportunidades por los pelos, cuando aparecen.)

He who wills the end, wills the means.
Quien quiso, hizo.
(Los que quieren hacer una cosa encuentran los medios para hacerla. También: *A wilful man must have his way*.)

Where there's a will, there's a way.
Querer es poder.
Donde hay querer todo se hace bien.
(La motivación para hacer algo es esencial para conseguir el fin.)

WILLING

All things are easy that are done willingly. *Vide*: EASY.

WIN

Slow and steady wins the race. *Vide*: SLOW.

WIND

Forsaken by the wind, you must use your oars. *Vide*: FORSAKEN.

Great tree attracts the wind. *Vide*: TREE.

He who sows the wind shall reap the whirlwind. *Vide:* SOW.

Hoist your sail when the wind is fair. *Vide*: SAIL.

Piss not against the wind. *Vide*: PISS.

When the wind is in the east, 'tis neither good for man nor beast.
Solano, ni en invierno ni en verano.
(Al agricultor de antaño no le gustaba el viento de levante. Sin embargo el viento de poniente ya era otra cosa: *When the wind is in the west / the weather's at the best.*)

Who spits against the wind, it falls in his face. *Vide*: SPIT.

Women are as wavering as the wind. *Vide*: WOMAN.

Words and feathers the wind carries away. *Vide*: WORD.

WINE
Good wine needs no bush.
El buen vino no ha menester pregonero.
El buen vino no ha menester ramo.
El buen paño en el arca se vende.
(Se habla del ramo que se ponía a la puerta de las tabernas a manera de reclamo. Lo bueno no es necesario anunciarlo ni tratar de venderlo.)

Old friends and old wine and old gold are best. *Vide*: FRIEND.

Play, women and wine undo men laughing. *Vide*: PLAY.

There is truth in wine. *Vide*: TRUTH.

When the wine is in the wit is out.
A mucho vino, poco tino.
Donde entra el mucho vino, sale el tino.
(La bebida no es buena. Los refranes siempre aconsejan la templanza.)

Wine and wenches empty men's purses.
El vino y la mujer, el juicio hacen perder.
(Los refranes suelen ser machistas, como ya se ha visto. *Wench* era antiguamente una puta.)

Wine wears no breeches.
El vino anda sin calzas.

El vino anda sin bragas.
(Porque el que se emborracha lo descubre todo y lo cuenta todo, todas la vergüenzas personales. *Breeches* son pantalones.)

WINK
A nod is as good as a wink. *Vide*: NOD.

WINTER
Winter never rots in the sky.
Al invierno no se lo comen los lobos.
(Al invierno no hay quien lo pare y cuando viene, viene.)

WISDOM
An ounce of luck is better than a pound of wisdom. *Vide*: LUCK.

What is not wisdom, is danger. *Vide*: DANGER.

WISE
A still tongue makes a wise head. *Vide*: TONGUE.

WISH
If wishes were horses, beggars would ride.
Quien no puede es quien más quiere.
Quien anda descalzo sueña con buenos zapatos.
(Los pobres desean muchas cosas, como todos los demás.)

Wishes can never fill a sack.
De deseos nunca vi saco lleno.
(Nadie se cansa nunca de desear lo que no tiene.)

WIT
Brevity is the soul of wit. *Vide*: BREVITY.

When the wine is in, the wit is out. *Vide*: WINE.

WITNESS
Conscience is a thousand witnesses. *Vide*: CONSCIENCE.

WOLF
Hunger drives the wolf out of the wood. *Vide*: HUNGER.

Who keeps company with the wolf will learn to howl. *Vide*: COMPANY.

WOMAN

A woman, a dog and a walnut tree, the more you beat them, the better they be.
A la mujer y a la mula, vara dura.
(Da por sentado que a la mujer le gusta que la zurren. Últimamente tenemos información de que esto parece no ser cierto.)

A woman and a ship ever want mending.
Quien no tuviera que hacer, arme navío o tome mujer.
(Porque se supone que siempre hay que estar gastando dinero.)

A woman is a weathercock.
Veletas y mujeres, a cualquier viento se vuelven.
(Virgilio [70-19 a.C.] decía, refiriéndose a la mujer: *varium et mutabile semper*, lo cual indica que este concepto sobre el sexo femenino no es nuevo. Creo que el hombre también es bastante *mutabile* a veces.)

A woman is flax, man is fire, the devil comes and blows the bellows. *Vide*: MAN.

A woman's place is in the home.
La mujer diestra edifica su casa.
Casa sin mujer no es lo que debe ser.
(Estos refranes, especialmente el inglés, son el epítome del machismo arcaico.)

A woman's work is never done.
La hacienda de la mujer siempre está hecha y siempre por hacer.
(Porque por mucho que se planche, se limpie, se lave, siempre hay que volver a hacerlo al otro día y al otro y al otro.)

Silence is a woman's best garment. *Vide*: SILENCE.

Women are as wavering as the wind.
Cada día se muda el viento, y la mujer, a cada momento.
(Cf. *A woman is as wavering as a weathercock.*)

Women have long hair and short brains.
La mujer tiene largo el cabello y corto el entendimiento.

(Se conoce que hace algún tiempo estos refranes o dichos eran muy chistosos y halagaban mucho la estupidez del varón.)

WONDER
A wonder lasts but nine days.
Ninguna maravilla dura más de tres días: luego con otra se olvida.
(En breve plazo nos cansamos de lo que tanto nos había gustado e impresionado en un principio.)

Wonder is the daughter of ignorance. *Vide*: IGNORANCE.

Wonders will never cease.
En cada villa, su maravilla.
(Siempre tendrá el hombre de qué maravillarse.)

WOO
Biting and scratching is Scots folks' wooing.
Amores queridos han de ser reñidos.
(Aquí se arremete contra los escoceses y su manera de enamorarse.)

WOOD
You cannot see the wood for the trees.
Los árboles no dejan ver el bosque.
(Entre todos los árboles y rodeados de ellos no nos percatamos del bosque. A veces vemos las partes y no el todo.)

WOOL
Many go out for wool and come home shorn.
Muchos van por lana y vuelven trasquilados.
(Tratar de conseguir una cosa y acabar mal.)

Much cry and little wool. *Vide*: CRY.

WORD
Actions speak louder than words. *Vide*: ACTION.

A man of words and not of deeds is like a garden full of weeds.
Palabras sin obras se venden baratas.
(Las promesas solas no valen nada.)

A word spoken is past recalling.
Palabra suelta no tiene vuelta.
(Debemos medir nuestras palabras porque una vez dichas, ahí quedan.)

A word to the wise is enough.
A(l) buen entendedor, con pocas palabras bastan.
(L. *Verbum sat sapienti est.* A los inteligentes con una vez que se les diga es suficiente; a los tontos hay que repetírselo muchas veces.)

Better one word in time than afterwards two.
Es mejor una palabra a tiempo que no después dos.
(Las cosas hay que hacerlas en su momento justo y no después.)

Fine words butter no parsnips.
Con palabras no se come. / Quien mucho promete, poco da.
Con palabras solas nadie pone olla.
(Las buenas palabras no sirven de nada. Cf. *A man of words and not of deeds is like a garden full of weeds.*)

Fine words dress ill deeds.
Buenas palabras, y obras malas.
(Las buenas palabras esconden a veces malas intenciones.)

For mad words, deaf ears.
A palabras necias, oídos sordos.
(Es preferible no hacer caso a las bobadas que se nos digan.)

From word to deed is a great space.
Del dicho al hecho hay un gran trecho.
(L. *Inter verba et actus magnus quidam mons est.*)

Good words cool more than cold water.
Más apaga la buena palabra que caldera de agua.
(La cortesía y los buenos modales hacen aplacar más la ira que otra cosa. Cf. *A soft answer turneth away wrath.*)

He who gives fair words feeds you with an empty spoon.
El que mucho promete poco da.
Palabras vanas, cáscaras de avellanas.
(Las alabanzas nos engañan y no les debemos prestar oídos.)

There is a great difference between word and deed. *Vide*: DEED.

There is many a true word spoken in jest.
Bromeando, bromeando, amargas verdades se van soltando.
Las burlas se vuelven (en) veras.
(A fuerza de bromas podemos decir grandes verdades sin que se ofenda nadie.)

Words and feathers the wind carries away.
Palabras y plumas el viento las lleva.
(Lo escrito permanece, las palabras vuelan y desaparecen.)

Words are but wind, but seeing is believing.
Para bien creer no hay cosa como ver.
Para creer, ver.
(Hay que ser práctico y para creer algo lo mejor es verlo y palparlo. En latín
es *Res, non verba*, realidades, no palabras.)

Words bind men.
Palabra dada, palabra sagrada.
(La palabra debe ser sagrada.)

Words fly, writing remains.
Lo hablado se va, lo escrito, escrito está.
Lo escrito escrito queda, y las palabras el viento las lleva.
(L. *Littera scripta manet*. Y también se dice en latín *verba volant, scripta manent*,
las palabras vuelan, los escritos quedan.)

WORK
A woman's work is never done. *Vide*: WOMAN.

He who works before dawn will soon be his own master.
Para prosperar, madrugar.
(Madrugar es otra de las cualidades que ensalza siempre el refranero.)

If you won't work you shan't eat.
Trabajar para manducar.
(San Pablo dice en la Epístola segunda a los Tesalonicenses, 3.10, *For even
when we were with you, this we commanded you, that if any would not work,
neither should he eat*. En efecto, *cuando todavía estábamos entre vosotros, os dimos
esta norma: el que no trabaje, que no coma*.)

Many hands make light work. *Vide*: HAND.

WORKMAN
A bad workman blames his tools.
El ciego que ha tropezado le echa la culpa al mal empedrado.
Para lo que el hombre no quiere hacer, achaque ha de poner.
Achaque al odre que sabe a la pez.
(Echamos siempre la culpa de nuestros fallos a otros o a cosas.)

The work shows the workman.
La buena obra al maestro honra.
(El resultado de la obra demuestra quién y cómo es el maestro.)
WORLD
He that has lost his credit is dead to the world. *Vide*: CREDIT.

It takes all sorts to make a world.
Tiene que haber de todo en este mundo.
Hay de todo en la viña del Señor.
(Cervantes, Don Quijote, II, Cap. 6: ... *no todos los caballeros pueden ser cortesanos, ni todos los cortesanos pueden ni deben ser caballeros andantes: de todos ha de haber en el mundo; ...*)

Love makes the world go round. *Vide*: LOVE.

The world is for him who has patience. *Vide*: PATIENCE.

The world is full of fools. *Vide*: FOOL.

The world is nought.
Todo el mundo es uno.

We weeping come into the world, and weeping hence we go. *Vide*: WEEP.

WORM
The early bird catches the worm. *Vide*: BIRD.

WORSE
Worse things happen at sea. *Vide*: SEA.

WORST
Hope for the best and prepare for the worst. *Vide*: HOPE.

WORTH
A man's worth is the worth of his land. *Vide*: MAN.

One good forewit is worth two afterwits. *Vide*: FOREWIT.

The worth of a thing is what it will bring.
Tanto una cosa valdrá cuanto por ella darán.
(L. *Valet quantum vendi potest*. Y no vale un duro más.)

WRATH
A soft answer turneth away wrath. *Vide*: ANSWER.

WRITING
Words fly, writing remains. *Vide*: WORD.

WRONG
Do wrong once and you'll never hear the end of it.
Por una mosca que mató, matamoscas le llamaron.
(Si alguna vez se comete un error, todos se aprovechan para echarlo en cara constantemente.)

No wrong without a remedy.
No hay daño que no tenga apaño.
(Todo tiene algún tipo de arreglo o remedio, excepto la muerte, claro.)

The absent are always in the wrong. *Vide*: ABSENT.

The King can do no wrong. *Vide*: KING.

Two wrongs do not make a right.
Un abuso no hace uso.
Un yerro no se remedia con otro.
(Los abusos, *wrongs*, nunca tienen justificación y no se enderezan con otro abuso.)

Y

YEAR

A snow year, a rich year. *Vide*: SNOW.

It will be the same a hundred years hence. *Vide*: SAME.

YOUNG

A young man married is a young man marred.
Casado y arrepentido.
Hombre casado, hombre enjaulado.
(Nótese que nunca se dice *a young woman married*... Para más información, *Vide*: **MAN**.)

The owl thinks her young are fairest.
¿Dónde tiene mi niño lo feo, que no lo veo?
(Los hijos nunca tienen defectos a los ojos de los padres. Todos los hijos son guapos, y si son bebés, *gorditos*.)

You are young only once.
La mancebez sólo se vive una vez.
(Se emplea a manera de excusa para cometer excesos, o por lo menos así lo ven los viejos.)

Young men die, but old men must die.
De joven se puede llegar a viejo; pero de viejo, sólo soltar el pellejo.
(La vejez es cercana a la muerte y ya es cosa segura.)

YOUTH

Youth must have its fling.
Año de mozo, año de gozo.
(La juventud debe cometer sus propios errores y disfrutar sin pensar en el porvenir, porque sólo se es joven una vez.)

CASTELLANO-INGLÉS
SPANISH-ENGLISH

A

ABARCAR

Quien mucho abarca, poco aprieta.

To bite off more than one can chew.

(Those who take up too many tasks end up doing nothing or accomplishing little. *Abarcar* is a pretty difficult word to translate into English!)

ABATIR

Las almas grandes nunca se abaten. *Vide*: ALMA.

ABOGADO

Ansí está el labrador entre dos abogados, como el pez entre dos gatos.

A client twixt his attorney and counsellor is like a goose twixt two foxes.

(*Ansí* is archaic but still used by country people. The Spanish saying speaks of a *labrador*, farmer, instead of client because it was thought that rural people were naive and easy to deceive and would readily fall into the clutches of the *evil* lawyer.)

Buen abogado, mal vecino.

A good lawyer, an evil neighbor.

(Someone can be an excellent lawyer but a lousy, crabby neighbor. As we all know, lawyers have always had a bad press and there are many proverbs to illustrate this: *Buen abogado, mal cristiano. Témele a un abogado más que a un dolor de costado*, etc.)

ABORRECIMIENTO

El mayor aborrecimiento, en el amor tiene su cimiento.

The greatest hate springs from the greatest love.

(It is believed that the boundary between love and hate is almost nonexistent. We can get to hate those we love, specially if they reject us. Other proverbs along this line are: *Fácilmente aborrece quien fácilmente quiere* and *Díme lo que aborreces y te diré de lo que careces*.)

ABRIL
A abril con sus chaparrones, sigue mayo con sus flores.
April showers bring forth May flowers.
(April has always been thought to be a rainy month, so much so that there are many sayings about April showers: *Abril, aguas mil; en abril cada gota vale mil; abril abrilero, cada día dos aguaceros*, for example. And let's not forget the most famous lines of all about April: *Whan that Aprill with his shoures soote / The droghte of March hath perced to the roote*, by Chaucer.)

Marzo ventoso y abril lluvioso sacan a mayo florido y hermoso. *Vide*: **MARZO.**

ABSTENERSE
En la duda, abstente. *Vide*: **DUDAR.**

ABUNDANCIA
Abundancia y soberbia andan en pareja.
Plenty breeds pride.
(The saying implies that the rich are proud; that riches and pride go hand in hand.)

La abundancia mata la gana.
Plenty is no dainty.
Abundance of things engenders disdainfulness.
(People don't seem to appreciate what they have plenty of. Also: *Hasta lo bueno cansa si es en mucha abundancia* and *la abundancia trae el fastidio*.)

ABUSO
Un abuso no hace uso.
Two wrongs do not make a right.
(In Latin: *Abusus non tollit usum*, abuse does not take away use, meaning that a wrong should not become a habit. Abuse is not an argument against proper use. Also: *Un yerro no se remedia con otro*.)

ACABAR
Aquello es bueno que bien acaba.
All's well that end's well.
(The most important thing is the outcome of the task. Also: *Bien está lo que bien concluye*. A variant: *Aquello es bueno si bien acaba*. L. *Si finis bonus est totum bonum est*.)

Aun no comenzamos y ya acabamos. *Vide*: ACABAR.

A

Nadie se alabe hasta que acabe.
Do not halloo till you are out of the wood.
(We must wait for the outcome of our efforts or endeavors.)

Obra empezada, medio acabada. *Vide*: OBRA.

Quien mal anda, mal acaba. *Vide*: ANDAR.

Tarea que agrada presto se acaba. *Vide*: TAREA.

Todo lo bueno se acaba. *Vide*: BUENO.

ACECHAR
Quien acecha por agujero, ve su duelo.
Eavesdroppers seldom hear good of themselves.
(It's not a good idea to spy on others for we might learn things we would rather not know about.)

ACHACAR
Achaque al odre que sabe a la pez.
A bad workman blames his tools.
(*Odre*: goatskin wine bag. *Pez*: pitch, tar. The implication is that it's no use whining about the way things are.)

ACOSTARSE
Acostarse temprano y levantarse temprano, hace al hombre activo, rico y sano.
Early to bed, early to rise, makes a man healthy, wealthy and wise.
(Proverbs and sayings always praise healthy-living habits like early rising and turning in early, and promise riches and good health to those who heed them. This proverb is not very well-known in Spain.)

El que se acuesta en dos sillas, da de costillas.
Between two stools one falls to the ground.
(You can't have everything.)

Quien con niños se acuesta, cagado se levanta (amanece).
If you lie down with dogs you'll get up with fleas.

(The Spanish proverb is very descriptive, of course, but straight and to the point: don't diddle with people of no account because you'll be sorry for it. Other variants are: *Quien con niños se acuesta, cagado se despierta; quien con niños se acuesta, por la mañana apesta.* And the closest to the English version: *Quien con perros se echa, con pulgas se levanta.*)

ACOSTUMBRAR
Difícil cosa es dejar lo acostumbrado.
Old habits die hard.
(Old habits, *lo acostumbrado*, give us a sense of security and thus we cling to them for dear life.)

ACTO
De los muchos actos se hace el hábito. *Vide:* HÁBITO.

ADÁN
Cuando Adán cavaba y Eva hilaba, la hidalguía, ¿dónde estaba?
When Adam delved and Eve span, who was then a gentleman?
(Supposedly this was said by a John Ball in 1381 in England in the Peasants' Revolt, meaning that all men were created equal. This saying is recorded in several Spanish *refraneros*.)

Todos somos hijos de Adán, los de la telilla y los del tafetán.
We are all Adam's children.
(*Tafetán*: finery, good clothes. The proverb says that we are all equal, the rich and the poor alike.)

ADMIRACIÓN
La ignorancia es madre de la admiración. *Vide:* IGNORANCIA.

ADVERSIDAD
Muchas veces la adversidad es causa de prosperidad.
Every cloud has a silver lining.
(Cf. *No hay mal que por bien no venga.*)

AGARRAR
Agarrarse a un clavo ardiendo.
A drowning man will clutch at a straw.
(In desperate circumstances anyone would clutch at a red-hot nail if need be. The English proverb explains that in dire straights anyone would even clutch

at a straw. The complete saying is: *a un clavo ardiendo se agarra el que se está hundiendo.*)

AGONÍA
Cada día trae su agonía. *Vide*: DÍA.

AGOSTO
Hacer su agosto.
Make hay while the sun shines.
(To make a killing, good business, rake in the money, etc. August is harvest time. The complete saying is: *Hacer su (el) agosto y la vendimia.*)

AGRADAR
No se puede satisfacer y agradar a todos.
You can't please everyone.
(It's just about impossible to satisfy everyone.)

AGUA
Agua no enferma ni embeoda ni endeuda.
Drinking water neither makes a man sick, nor in debt, nor his wife a widow.
(No two ways about it: water is the best drink. Needless to say that it's hinted that wine makes people sick or be in debt. Also: *El agua ni empobrece ni envejece; bendita sea el agua por sana y por barata* and *algo tendrá el agua cuando la bendicen.*)

Coger agua en un cesto.
To draw water in a sieve.
(To perform a useless task.)

De las aguas mansas me libre Dios.
Beware of still waters.
(What seems quiet and still might hide danger. The tag: *que de las bravas me libraré yo* is sometimes added. Cf. *De los amigos me guarde Dios, que de los enemigos me guardaré yo.*)

Echar agua en el mar.
To carry coals to Newcastle.
(To perform a needless and thankless task.)

Llevar agua al río.
To carry coals to Newcastle.

To cast water into the sea.
(Also: *Llevar vino a Jerez, manifiesta sandez.* And: *Llevar agua al mar; llevar hierro a Vizcaya.*)

Nunca digas de este agua no beberé.
Don't say I'll never drink of this water.
(The implication is that we should never think that we will never do things in the future we are not willing to do now. The popular song says: *Nadie diga en este mundo / de esta agua no beberé / por muy turbia que la vea / le puede apretar la sed.*)

Sacar agua de las piedras.
You cannot get blood out of a stone.
You can't get blood out of a turnip.
(To try do what is impossible to do.)

AGUANTAR
Cada palo aguante su vela. *Vide*: PALO.

AGUJA
Buscar una aguja en un pajar.
Look for a needle in a haystack.
(It's a warning to those who insist on searching for what's hard or impossible to find.)

AHORCADO
No hay que mentar la soga en casa del ahorcado. *Vide*: SOGA.

AHORCAR
A la fuerza ahorcan.
Needs must when the devil drives.
(Certain things are done by force, not out of willingness, like hanging people, for example.)

AHORRAR
Ahorra el ahorrador para que gaste el gastador.
He who saves for tomorrow saves for the cat.
(The implication is that one saves money for others to spend, or waste, as is usually the case.)

Dinero ahorrado, dos veces ganado. *Vide*: DINERO.

No hay más caudal como el ahorrar.
Thrift is a great revenue.
(This proverb contradicts *ahorra el ahorrador para que gaste el gastador* as it implies that saving is wealth, *caudal*.)

Real ahorrado, real ganado.
A penny saved is a penny earned.
(A *real* was 25 *céntimos* of a peseta. A peseta had four *reales*. Inflation has killed the word in everyday usage but it has survived in proverbs and expressions like *no valer un real*.)

Un remiendo a tiempo ahorra ciento. *Vide*: REMIENDO.

AIRE
Cuando el aire es favorable, aprovecharle.
Hoist your sail when the wind is fair.
(The implication is that we must heed opportunities as they come.)

AJO
Quien se pica, ajos come.
If the shoe fits, wear it.
(The words differ but both proverbs have the same meaning: when people react to criticism it's because it usually applies to them. *Picar* means, of course, sting, burn. Also: *Quien se quemare que sople*.)

ALABAR
Alabarse, denigrarse.
Self-praise is no recommendation.
(Those who boast have usually little to show for it.)

Cada ollero su olla alaba.
Every cook praises his own broth.
(Each one praises his own things as best.)

Lo que pienses comprar no lo has de alabar. *Vide*: COMPRAR.

Quien a sí mismo se alaba, no convence a con quien habla.
Self-praise is no recommendation.
(It's always a mistake to praise oneself. Cf. *Alabarse, denigrarse*.)

A   Nadie se alabe hasta que acabe. *Vide*: ACABAR.

ALEGRÍA
Alegría ten, y vivirás bien.
A merry heart goes all the way.
(Joy seasons life and eases the hardships of the daily rat race.)

Mucha alegría, poco seso.
There's no jollity but has a smack of folly.
(Those who are always horsing around are featherbrained or so the proverb implies.)

ALGO
El que algo quiere, algo le cuesta.
He that would have the fruit must climb the tree.
No pain, no gain.
(We don't get something for nothing. If you wish to have something you must be willing to pay a price, be it money, discipline, hardships, whatever. It is also said: *Quien peces quiere, que se moje el culo.* And: *Quien algo apetece, algo arriesgue.*)

Más vale algo que nada.
Better aught than naught.
(Certainly!)

ALIMENTAR
Más alimenta una mala pitanza que una buena esperanza. *Vide*:
ESPERANZA.

ALMA
Las almas grandes nunca se abaten.
Never say die.
(The tough never give up. Cf. **DIE** in English side.)

ALMOHADA
La mejor almohada es la conciencia sana. *Vide*: CONCIENCIA.

ALTO
De muy alto grandes caídas se dan.
The bigger they are, the harder they fall.

The higher up, the greater the fall.
(The more important people are, the worse the fall.)

A

AMANTE
Riñen a menudo los amantes por el gusto de hacer las paces.
Lovers quarrels are soon mended.
(It implies that it's a pleasure to make up after a quarrel.)

AMAR
Amar y no ser amado es un tiempo mal empleado.
Of all pains, the greatest pain, it is to love, but love in vain.
(This saying advises people not to court or woo those who don't care for us.)

Del mirar nace el amar, y del no ver, olvidar.
Out of sight, out of mind.
(Also: *Larga ausencia causa olvido.*)

Quien bien ama, bien desama.
Blood and hate are blood relations.
(You love someone one day, you hate him the next.)

Quien bien ama, tarde olvida.
Old love will not be forgotten.
(True love is not easily forgotten. When a lover forgets, it seems it's because he/she is not truly in love.)

AMARGAR
A la larga, lo más dulce amarga. *Vide*: DULCE.

AMIGO
Al amigo que no es cierto, con un ojo cerrado y otro abierto.
False friends are worse than bitter enemies.
(We must beware of treacherous friends and be always on the look-out for them.)

Al amigo y al caballo no apretallo.
Do not spur a willing horse.
(The implication is that one must not abuse friends, or those who are willing to help us. Also: *al amigo y al caballo, no cansallo.*)

Amigo del buen tiempo, múdase con el viento.
In times of prosperity friends are plenty; in times of adversity not one among twenty.
(Of course, *el tiempo* refers to the weather but notice the pun *buen tiempo*, good times and fair weather. When the going is easy, *buen tiempo*, one has plenty of friends; when the going gets rough, *el viento*, friends change.)

Amigo de mesa, poca firmeza.
Trencher friends are seldom good neighbors.
(Also: *Amistad de juerga no dura nada* and *amigo de mesa y mantel, no te fíes de él*. This proverb is a warning against false friends; those who are only interested in getting a free meal from us.)

Amigo en la adversidad es amigo de verdad.
A friend in need is a friend indeed.
A friend is never known till needed.
(The best friend is always ready to help when you are in need.It is at time of misfortune when you know true friendship.)

Amigo reconciliado, enemigo doblado.
A reconciled friend is a double enemy.
(A warning against trusting a friend we have had problems with in the past. The implication is that broken friendships can't be mended. Also: *Amigo reconciliado, mira de medio lado; amigos reconciliados, enemigos disimulados*.)

Amigo y vino, el más antiguo.
Old friends and old wine and old gold are best.
(Another variant is *Amigo, viejo; tocino y vino, añejo*. Old friendship, like wine, is best.)

Conocidos, muchos; amigos, casi ninguno.
Have but few friends, though many acquaintances.
(We can have but few true friends although the number of our acquaintances can be many. L. *Multa hospitia, nullas amitias*, many acquaintances and few friends.)

Cuando el amigo pide, no hay mañana.
When a friend asks there's no tomorrow.
(We must be ready and willing to help our friends in times of need. A true friend's request can't go unheeded.)

Del amigo y del traidor, guárdeme Dios.
Save us from our friends.
(In spite of the fact that proverbs praise friendship, this one does not and
warns us to beware of our friends and keep an eye open, just in case.)

De los amigos me guarde Dios, que de los enemigos me guardaré yo.
God defend me from my friends; from my enemies I can defend myself.
(Also and Cf. *Del agua mansa me libre Dios, que de la brava me libraré yo.*)

Desdichas y caminos hacen amigos.
Adversity makes strange bedfellows.
(Both the English and Spanish sayings have the same meaning: in adverse
circumstances we team up, or make friends with strangers.)

El diablo es grande amigo del hombre rico. *Vide*: **DIABLO.**

El mejor amigo, un perro. *Vide*: **PERRO.**

Más vale un amigo cercano que un hermano lejano.
Better is a neighbour that is near than a brother far off.
(Proverbios, Proverbs, 27.10.)

Para amigos, todos; para enemigos, uno solo. *Vide*: **ENEMIGO.**

Quien de todos es amigo, de ninguno es amigo.
A friend to everybody is a friend to nobody.
He is a friend to none that is a friend to all.
(Those who strike up friendships easily are not true friends themselves,
as they take friendship lightly. A var. *Amigo de todos y de ninguno, todo es
uno.*)

Trata a tu amigo como si hubiera de ser tu enemigo. *Vide*: **ENEMIGO.**

Vida sin amigos, muerte sin testigos.
Friendless in life, friendless in death.
(We run the risk of dying alone if friendless.)

AMISTAD
Amistad de pasera no es verdadera.
Trencher friends are seldom good neighbors.

(*Pasera*: place where raisins are made and kept. Also: *Amigo de mesa y mantel, no te fíes de él.*)

Amistad quebrada, soldada, mas nunca sana.
A broken friendship may be soldered, but will never be sound.
(Once two friends break up, it will never be the same again. Cf. *Amigo reconciliado, enemigo doblado.*)

Amistades conserva la pared medianera.
A hedge between keeps friendships green.
(A wall between helps keep neighbors in good terms because this way they have privacy. Also: *Para conservar la amistad, pared enmedio.* There is a saying in English about the *pared medianera*: Love thy neighbor, yet pull not down thy hedge.)

Buenas amistades, solamente entre iguales.
Perfect friendship cannot be without equality.
(It's difficult to keep a friendship when friends have marked differences in age, money, education, etc. Note that the proverbs speak of *buenas amistades* and *perfect friendship*. Var. *Amistad entre iguales es la que vale.*)

Con las liberalidades, se granjean las amistades.
The hand that gives, gathers.
(Cf. *Mayor dicha es dar que recibir. Liberalidad* means generosity and so, being generous one can assure friendship. It's not a question of buying friendship, but rather a question of being generous.)

En la necesidad se conoce la amistad.
A friend in need is a friend indeed.
(When we are in need, those who come to our help are our real friends. For the contrary Cf. *amistad de pasera no es verdadera.*)

No es amistad la que siempre pide y nunca da.
Friendship should not be all on one side.
(For proverbs, friendship seems to be a question of give and take: those who give are to be considered friends, and those who only take are not.)

Pared medianera amistad conserva. *Vide*: PARED.

Quien dice las verdades pierde las amistades. *Vide*: VERDAD.

AMOR

Afortunado en el juego, desgraciado en amores. *Vide:* JUEGO.

A

Amor con amor se paga; y lo demás con dinero.
Love does much; money does everything. / Love is the reward of love.
(These ironic proverbs imply that love is important but money is perhaps much more important. The French say: *Amour ne s'achète, ni se vend; mais au prix d'amour, amour se rend.*)

Amor en todo el mundo vencedor.
Love makes the world go round.
(Cf. *El amor lo vence todo.*)

Amor fuerte dura hasta la muerte.
Love me little, love me long. / Old love does not rust.
(It seems that true love must last a lifetime!)

Amor grande vence mil dificultades.
Love will find a way.
(Love overcomes all impediments.)

Amor no respeta ley, ni obedece a rey.
Love laughs at locksmiths.
(A lover will stop at nothing to gain the object of his love.)

Amor no se alcanza sino con amor.
Love begets love.
(L. *Amor gignit amore.* St. John of the Cross wrote: ... *y donde no hay amor, pon amor y sacarás amor.*)

Amor, tos y dinero llevan cencerro.
Love and cough cannot be hid.
(Those who are in love are so happy that everybody can tell; just as those who cough make it known they have a cold. In Latin: *amor tusisque non celantur.* Also: *Amores, dolores y dineros, no pueden estar secretos.* In French: *L'amour et la fumée ne peuvent se cacher.*)

Amor, tos y fuego, descúbrese luego.
Love and cough cannot be hid.
(Cf. *Amor, tos y dinero llevan cencerro.*)

Amor y guerra tienen batallas y sorpresas.
War, hunting and love are as full of trouble as pleasure.
(The implication is that love is a strife.)

Amores nuevos olvidan viejos.
New love drives out old love.
(New things, new love, catch our attention and help to forget. Also: *Amor con amor se cura.*)

Amores queridos han de ser reñidos.
Biting and scratching is Scots folks' wooing.
Lovers quarrels are soon mended.
(Those who love each other must quarrel often, or so the proverb goes. The English version is a dig at Scottish people and both are, it seems, a way of justifying the endless domestic disputes of so-called lovers. Cf. *Iras de enamorados son los amores doblados.*)

Cuando la pobreza entra en una casa por la puerta, el amor sale por la ventana.
When poverty comes in at the door, love flies out the window.
(Money, it seems, is the sinews of love.)

Donde no hay amor, pon amor y sacarás amor.
Love begets love.
(Unfortunately it doesn't always work out that way.)

El amor lo vence todo.
Love conquers all.
(L. *Amor vincit omnia.*)

El amor es ciego.
Love is blind.
(It is blind to the flaws and shortcomings of the object of love. Cupid, son of Venus, the Greek God of love, is blindfolded, as we know. L. *Amor caecus.*)

El amor todo lo puede.
Love makes the world go round.
Love will find a way.
(These two sayings do not have exactly the same meaning. Also: *El amor en*

todo el mundo vencedor. It is clear, however, that love is the driving force. The implication is that love can overcome all hurdles.)

El mayor aborrecimiento, en el amor tiene su cimiento. *Vide:* **ABORRECIMIENTO.**

En la guerra y el amor el que vence tiene razón.
All's fair in love and war.
(In love and war, it's winning that is important.)

Iras de enamorados son los amores doblados. *Vide:* **ENAMORADO.**

Las sopas y los amores, los primeros son los mejores.
Of soup and love, the first is the best.
(Proverbs offer fantastic comparisons! Cf. *No hay tal amor como el primero.*)

No hay tal amor como el primero.
No love like the first love.
(All firsts -first love, first job, first visit to the sea, etc.- are always best or at least they are remembered as best.)

Un amor saca otro amor.
New love drives out the old love.
(Cf. *Amores nuevos olvidan viejos.*)

ANDAR
Dime con quién andas y te diré quién eres.
A man is known by the company he keeps.
A man is known by his friends.
Tell me with whom thou goest and I'll tell thee what thou doest.
(Lord Chesterfield in a letter to his son in 1747 writes: *There is a Spanish proverb, which says very justly, tell me whom you live with, and I will tell you who you are.* In French: *Dis moi qui tu hautes, et je te dirai qui tu es.*)

El movimiento se demuestra andando. *Vide:* **MOVIMIENTO.**

No se puede desandar lo andado.
Things done cannot be undone.
(We must face the result of our acts.)

A   **Quien mal anda, mal acaba.**
Keep not ill men company, lest you increase the number.
(Better not keep ill company, just in case.)

ANILLO
Cuando te dieren el anillo, pon el dedillo.
Put out your tubs when it is raining.
When it rains pottage you must hold up your dish.
(Take advantage of a given situation and don't refuse it if it brings you benefit.
A good variant is: *Cuando viene el bien métolo en casa.*)

Honra sin provecho, anillo al dedo. *Vide*: HONRA.

ANTES
Más vale antes que después.
One good forewit, is worth two afterwits.
(Cf. *Más vale un hoy que diez mañanas.* Usually *después* is much too late to do
anything.)

Quien antes nace, antes pace.
First born, first fed.
First come, first served.
(The implication is that it's good to be early for everything.)

ANTIGUO
Antigua costumbre nadie la derrumbe. *Vide*: COSTUMBRE.

ANZUELO
El pez que busca el anzuelo, busca su duelo.
The bait hides the hook.
(There is always danger in good appearances.)

AÑO
A más años, más daños.
Long life has long misery.
(The older the more infirm, of course.)

Año de nieves, año de bienes. *Vide*: NIEVE.

Viejo que se cura, cien años dura. *Vide*: VIEJO.

APAGAR
Más apaga buena palabra que caldera de agua. *Vide*: PALABRA.

A

APARIENCIA
Las apariencias engañan.
Appearances are deceiving.
(L. *Fallitur visus*. Also: *So vaina de oro, cuchillo de plomo*. There is another Latin
variant: *frontis nulla fides*, no reliance can be placed on appearance. Another
very popular variant is: *Mucho ojo, que la vista engaña*.)

APETECER
Lo que se apetece presto se cree. *Vide*: CREER.

APRENDER
Aprender llorando; reirás ganando.
Learn weeping, and you shall gain laughing.
(The experience gained by hard work will be appreciated in the long run.)

Cada día se aprende algo nuevo.
A man may learn wit every day.
(Learning is a never-ending process. Also: *A la cama no te irás sin saber una cosa
más; cada día sabemos más; no hay día sin lección*. Cf. *Todos los días se aprende
algo*.)

Enseñando se aprende.
Teaching of others teaches the teacher.
(Because the teacher must know the subject to be taught and must be ready
to answer all types of questions. L. *Si vis scire, doce*, if you wish to learn, teach.)

Lo que se aprende en la cuna siempre dura.
What's learnt in the cradle lasts till the tomb.
(Of course, *cuna* refers also to childhood or boyhood. In French, *de ce qui
s'apprend au berceau l'on se souvient jusqu'au tombeau*.)

No se aprende de machucho, sino de muchacho.
Learn young, learn fair.
(*Machucho* means elderly, old.)

Para aprender es menester padecer.
There is no royal road to learning.

(The idea that learning entails suffering is deeply rooted in the Spanish mind. Another popular saying refers to this: *la letra con sangre entra*.)

Para aprender nunca es tarde.
Never too late to learn.
You are never too old to learn.
(Older people are always whining about their incapacity for learning. It's probably a question of laziness, not age.)

Para aprender y tomar consejo, nunca es tarde.
You are never too old to learn.
(Note that the Spanish proverb adds *tomar consejo*.)

Perdiendo aprendí: más vale lo que aprendí que lo que perdí. *Vide*: **PERDER.**

Se aprende haciendo.
In doing we learn.
(L. *Quid faciendum sit, a faciente discendum est*.)

Todos los días se aprende algo.
A man may learn wit every day.
(Cf. *Cada día se aprende algo nuevo*.)

APRENDIZ
Aprendiz de mucho, maestro de nada.
Jack of all trades, master of none.
Jack of all trades is of no trade.
(Those who try to learn too many trades end up being good at few. In former times specialization was also appreciated, it seems. A variant: *Aprendiz de muchos oficios, maestro de maldita cosa*. Both sayings are very popular.)

APRETAR
Dios aprieta pero no ahoga. *Vide*: **DIOS.**

APRIETO
En el peor aprieto, el mejor aliento.
If at first you don't succeed, try, try again.
(If you can't manage, don't give up. Also: *En apurada ocasión, haz de tripas corazón*.)

APUNTAR
Amagar y no dar, es apuntar y no tirar. *Vide*: **DAR**.

ARAÑA
Quien rompe una tela de araña, a ella y a sí mismo se daña.
If you want to live and thrive, let the spider run alive.
He who would wish to thrive, must let spiders run alive.
(There are many superstitions about spiders in both languages. Both proverbs
imply that it is bad luck to hurt a spider in any way.)

ÁRBOL
Del árbol caído todos hacen leña.
When a man is going down-hill, everyone will give him a push.
When a tree is fallen, everyone runs to it with his ax.
(People take advantage of, and exploit, the weak. Cf. *Al endeble todos se atreven*.)

El árbol más altanero, débil tallo fue primero.
Great (big) oaks from little acorns grow.
(From small beginnings, great things.)

Los árboles no nos dejan ver el bosque.
You cannot see the woods for the trees.
(This famous quotation from the Bible means that if trifles absorb our energies
we shall miss the important things.)

Quien a buen árbol se arrima, buena sombra le cobija.
It's good sheltering under an old hedge.
(It's good to have important and influential friends, *buen árbol*, if we wish to
go far in life.)

Un árbol se le conoce por su fruto.
A tree is known by its fruit.
(Cf. Matthew, San Mateo, 7.20.)

ARCA
El buen paño en el arca se vende. *Vide*: **PAÑO**.

ARREAR
El que venga detrás que arree.
The devil take the hindmost.

A

(The last always lose out. This expression is very popular and is used often to imply that those who come late or are not present can go to the devil.)

ARREPENTIR
Caro cuesta el arrepentir.
Repentance is a pill unwillingly swallowed.

ARRIMAR
Arrimar el ascua a su sardina. (A la sardina de uno.) *Vide*: SARDINA.

ARRISCAR
Quien no se arrisca, no aprisca.
Nothing venture, nothing gain.
(*Arriscar*, to risk; *apriscar*, to gather sheep into the fold. Those who want something must put an effort into it.)

ARRUGA
Buena vida, arrugas trae. *Vide*: VIDA.

ARTE
Quien tiene arte, va por (a) toda parte.
He that has an art, has everywhere a part.
(Those who have a trade or profession to offer, always flourish everywhere.)

ASCUA
Arrimar el ascua a su sardina. *Vide*: SARDINA.

ASNO
Asno con oro, alcánzalo todo. *Vide*: ORO.

Cuando carga de oro el asno lleva, sube al azotea.
An ass laden with gold climbs to the top of the castle.
(Money is powerful, so much so that even an ass, a fool, can go far if carrying gold, money.)

Cuando todos dicen que eres asno, rebuzna.
When all men say you are an ass, it's time to bray.
(When all find fault with you, it's time to do something about it.)

ATAQUE
El ataque es la mejor defensa.
Attack is the best form of defense.
(Because when the enemy is busy in the defense he has no mind to attack.)

ATAJO
No hay atajo sin trabajo.
There is no shortcut to success.
No gains without pains.
No pain, no gain.
(The Spanish proverb implies that nothing ever comes easy and that a shortcut is not without difficulties.)

ATREVERSE
Al endeble todos se atreven. *Vide*: ENDEBLE.

ATREVIDO
Nada hay más atrevido que la ignorancia. *Vide*: IGNORANCIA.

AUSENCIA
Larga ausencia causa olvido.
Out of sight, out of mind.
Long absent, soon forgotten.
Seldom seen, soon forgotten.
(We tend to forget those we don't see often or ever.)

AVARICIA
La avaricia es la raíz de todos los males.
Money is the root of all evil.
(Timoteo, Timothy, 6.10.)

La avaricia rompe el saco.
Grasp all, lose all.
Covetousness breaks the sack.
(One may be so greedy and put so much in the sack that it breaks and then one loses all.)

La pobreza carece de muchas cosas; la avaricia de todas. *Vide*: POBREZA.

AVARO

Al avaro siempre le falta.
The miser is always in want.
(The French say that *l'homme avare n'est jamais rich*, because he always wants more, out of greed.)

AVEJA

El favo es dulce, mas pica la aveja.
He that steals honey, should beware of the sting.
(*Favo*: honeycomb. There is always a risk involved in everything.)

AVENENCIA

Más vale mala avenencia que buena sentencia.
Better a poor compromise than a strong case.
(Tells us to beware of lawsuits.)

AVENTURA

Los que buscan aventuras, por una que hallan blanda, hallan nueve duras.
Adventures are to the adventurous.
(Adventures, the unknown, are always risky and dangerous.)

AVENTURARSE

Quien no se aventura no pasa la mar.
Nothing venture, nothing have.
(If you wish to obtain something, you must risk something. Also: *Quien no se aventura, no ha ventura.*)

Quien no se aventuró, ni perdió ni ganó.
Nothing venture, nothing gain (have).
(Cf. *Quien no se aventura no pasa la mar.*)

AVERIGUAR

Quien todo lo quiere averiguar, por su casa ha de empezar.
Mind your own business.
(It's better not to stick your nose in somebody's else's business and attend to your own affairs.)

AYUDAR

A quien se ayuda, Dios le ayuda. *Vide*: **Dios.**

Ayúdate y el cielo te ayudará.
God helps those who help themselves.
(By *cielo* God, Heaven, is to be understood. Cf. *A Dios rogando y con el mazo dando*. In Latin: *Orare est laborare*.)

La fortuna ayuda a los osados. *Vide*: FORTUNA.

AYUNAR
Comer hasta enfermar y ayunar hasta sanar. *Vide*: COMER.

B

BAILAR
Por el pan baila el can. *Vide*: PAN.

BARAJAR
Cuando uno no quiere dos no barajan.
It takes two to make a quarrel.
(*Barajar*: shuffle the cards. The idea is that when one is not willing, two cannot play cards.)

Quien destaja no baraja. *Vide*: DESTAJAR.

BARATO
Lo barato es caro cuando no es necesario.
A thing you don't want is dear at any price.
(Nowadays many people buy things they don't need simply because it's *a special offer*.)

BARBA
Cuando la barba de tu vecino veas pelar, pon la tuya a remojar.
It is good to beware of other men's harms.
Thatch your roof before the rain begins.
(This *refrán* is very popular and has several variants: *Cuando las barbas de tu vecino veas afeitar, pon las tuyas a remojar; cuando la barba de tu vecino vieres pelar, echa la tuya a remojar.* The implication is that we must learn from other people's bad experiences and must be ready. Also, what happens to others can also happen to us. The English proverbs chosen are not well-known or used but they are the closest in meaning.)

BÁRBARA
Nos acordamos de Santa Bárbara cuando truena.
When it thunders, the thief becomes honest.

(Santa Bárbara is the patron saint of thunderstorms. When in dire straits people remember those who can help them.)

B

BARRO
Tira el barro a la pared: si pegase, si no, hará señal.
Throw dirt enough and some will stick.
(Gossip always ruins a reputation.)

BARRER
Escoba nueva barre mejor. *Vide*: ESCOBA.

BEBER
Comamos y bebamos que mañana moriremos. *Vide*: COMER.

Nunca digas de este agua no beberé. *Vide*: AGUA.

Unos beben y otros pagan.
Some have the hap, others stick in the gap.
Some have hap and some nap.
(There are countless similar proverbs or variations, for example: *Unos las monda y otros las toma.* Also: *Unos tienen la fama y otros cardan la lana.*)

BELLEZA
La flor de la belleza es poco duradera.
Beauty is but skin-deep.
(Beauty doesn't last long. Probably the Spanish proverb is quoted by the ugly out of envy.)

BELLOTA
De una bellota chica se hace una encina.
Great oaks from little acorns grow.
Every oak has been an acorn.

BELTRÁN
Quien bien quiere a Beltrán, bien quiere a su can. *Vide*: QUERER.

BERNABÉ
El día de San Bernabé dijo el sol: "Hasta aquí llegué."
Barnaby bright, Barnaby bright, the longest day and the shortest night.

B

BESAR

Mano besa el hombre que la querría ver cortada.

Many kiss the hand they wish cut off.

(We must often pay tribute to those we despise. Variants: *Manos besa el hombre a las vegadas, que quisiera ver cortadas; manos beso cada día que ver cortadas querría. Vide*: KISS, in the English side. L. *Multi manum palpant quam amputatam vellent.*)

BIEN

El bien no es conocido hasta que es perdido.

We never miss the water until the well runs dry.

(We don't miss something until we don't have it, be it beauty, health, wealth or whatever.)

No hay mal que por bien no venga. *Vide*: MAL.

BOBO

El bobo, si es callado, por sesudo es reputado.

A still tongue makes a wise head.

(People appear more intelligent when they don't shoot their mouths.)

BOCA

Boca sucia no habla limpio. *Vide*: HABLAR.

Del plato a la boca se enfría la sopa.

There is many a slip between the cup and the lip.

(Another version goes: *de la mano a la boca se enfría la sopa. De la main a la bouche se perd souvent la soupe*, the French put it.)

En boca cerrada no entran moscas.

A shut mouth catches no flies.

Least said, soonest mended.

(Cf. *Habla poco, escucha más, y no errarás*. Garrulousness is looked askance by proverbs in both English and Castilian. In Latin it was: *nihil silentio tutius.*)

Una mano por el suelo, otra por el cielo y la boca abierta.

Greedy folks have long arms.

(It's said of greedy people who are for ever begging with outstretched hands and wide-opened mouths!)

B

BOCADO
No hay mejor bocado que el hurtado. *Vide*: HURTAR.

BOLLO
El muerto al hoyo y el vivo al bollo. *Vide*: MUERTO.

BOLSO
Bolso lleno, corazón contento.
A heavy purse makes a light heart.
(There are many proverbs dealing with the subject of money and how happy it makes us all. Cf. *Quien tiene dineros, tiene compañeros; quien dineros tuviere, hará lo que quisiere; quien tiene dineros pinta panderos*, etc.)

Pon y más pon y llenarás el bolsón. *Vide*: PONER.

BOSQUE
Los árboles no nos dejan ver el bosque. *Vide*: ÁRBOL.

BOTÓN
De muestra vale un botón. *Vide*: MUESTRA.

BRAZO
Estirar el brazo más que la manga. *Vide*: ESTIRAR.

BREVE
Lo bueno y breve, bueno dos veces. *Vide*: BUENO.

BROMEAR
Bromeando, bromeando, amargas verdades se van soltando.
There is many a true word spoken in jest.
(In fun everything goes.)

BUENO
(Lo) Bueno y breve, bueno dos veces.
Brevity is the soul of wit.
(Straight and to the point and no beating around the bush! L. *Quidquid praecipies, esto brevis*, whatever you explain, be brief.)

Lo bueno es difícil.
The best things are hard to come by.

B (Spinoza said in his *Ethics*: *But all things excellent are as difficult as they are rare.*)

Lo mejor es enemigo de lo bueno.
The best is the enemy of the good.
(And this is so because often we miss the good while striving to get what we think is the best. Voltaire [1694-1778] said in the *Dictionnaire philosophique*: *le mieux est l'ennemi du bien.*)

Lo nuevo sabe a bueno. *Vide*: NUEVO.

Los buenos se van y los malos se están.
The good die young.
(The good die early, and the bad die later.)

No todo lo grande es bueno, mas todo lo bueno es grande.
Goodness is not tied to greatness, but greatness to goodness.
(Whatever is good is great, but what is great is not always good.)

Todo es bueno y pan para casa. *Vide*: TODO.

Todo lo bueno se acaba.
All good things must come to an end.
(This is a fatalistic and very pessimistic proverb.)

BUEY
El buey viejo da mayor patada en el suelo.
The ox when weariest treads surest.
(Experience has taught the old to be careful. Also: *Buey viejo, paso seguro.*)

BURLA
Las burlas se vuelven (en) veras.
There is many a true word spoken in jest.
(In fun one can say just about anything!)

BURRO
Más fácil es al burro preguntar, que al sabio contestar.
A fool may ask more questions in an hour than a wise man can answer in seven years.
(Fools are always asking silly questions instead of trying to find the answers by themselves.)

Si entre burros te ves, rebuzna alguna vez.

If you can't beat'em, join'em.

(Often we must do as they do because we just can't change their ways.)

Una vez muerto el burro, la cebada al rabo.

It's too late to lock the stable after the horse has been stolen.

There is no use crying over spilt milk.

(What's done is done and there are no two ways about it. Once the jackass is dead it's no use trying to feed it. In Latin there is a similar saying: *Post factum, nullum consilium,* after it's been done, there is no need for advice.)

C

CABALLERO

De padres jornaleros, hijos caballeros y nietos mendrugueros. *Vide*: PADRES.

El dinero hace caballero. *Vide*: DINERO.

CABALLO

A caballo regalado no le mires el diente.
Don't look a gift horse in the mouth.
(St. Jerome said: *Noli equi dentes inspicere donati*. Accept a gift and no buts about it. Another possibility is, *a caballo regalado, no le mires el dentado*.)

Caballo que vuela no quiere espuela.
Do not spur a willing horse.
(Those who are willing should not be pressed.)

El caballo y la mujer a ninguno has de ofrecer.
A horse, a wife, and a sword may be showed, but not lent.
(It seems shocking now to see a horse and a woman being compared as objects that can be offered or lent, but that's the way it was and we are lucky we have come a long way since this proverb originated. It is of no practical value now and it is only included here as a sample of such sayings.)

El ojo del amo engorda el caballo. *Vide*: OJO.

Más vale perder la silla que el caballo.
Better lose the saddle than the horse.
(Also: *Mejor es perder los cuernos que la vaca* and *más vale tuerto que ciego*.)

Viejo caballo no muda de paso.
It is hard to make an old mare leave flinging.

Once a thief, always a thief.
(The old are used to their ways and are loath to change.)

CABECERA
En mesa redonda no hay cabecera. *Vide*: **MESA.**

CABER
No cabe todo en todos.
All things fit not all persons.
(Everything is not suitable for everybody.)

CABEZA
Escarmentar en cabeza ajena. *Vide*: **ESCARMENTAR.**

Más vale ser cabeza de ratón que cola de león.
Better be the head of a dog than the tail of a lion.
(It's better to be a small-time first fiddle than a big-time second fiddle.)

CABRA
La cabra tira al monte.
The leopard cannot change its spots.
Black will take no other hue.
(People don't change their characters. A wicked man will always be wicked, just as the goat tends to go to the mountain.)

CAER
Caen las hojas y caerán los árboles.
Everything has an end.
(In time leaves fall and even the tree will die. It's just a question of waiting. It is used to recommend patience.)

CALDERO
Echar la soga tras el caldero. *Vide*: **SOGA.**

CALIENTE
Ande yo caliente y ríase la gente.
Comfort is better than pride.
I will go warm, and let fools laugh on.
(People may poke fun at me for what I'm wearing but, who cares, if I'm warm! We have to look after our needs and forget what people think or say of us. This

saying shows how mindful Spaniards are -or were, better- of the opinions of others).

CALLAR

Donde el oro habla, la lengua calla. *Vide:* ORO.

El bobo, si es callado, por sesudo es reputado. *Vide:* BOBO.

Más vale callar que mal hablar.
Speech is silver, silence is golden.
(Cf. *En boca cerrada no entran moscas.*)

Quien calla otorga.
No answer is also an answer.
Silence gives consent.
(The implication is that when someone is accused of something he is assumed guilty if he doesn't defend himself. L. *Qui tacet, consentire videtur.*)

CALLE

No hay calleja sin revuelta.
It's a long lane that has no turning.
(It is used commonly to mean that things will eventually look up no matter how unfavorable they seem to be.)

CALUMNIA

Calumnia, que algo queda.
Throw dirt enough, and some will stick.
(Slander always leaves a shadow behind.)

CALVO

En cien años todos calvos. *Vide:* CIEN.

CAMA

A las diez en la cama estés y si puedes a las nueve.
Early to bed, early to rise makes a man healthy, wealth and wise.
(Early retiring is always recommended by proverbs and sayings in both languages. Also: *A las diez en la cama estés; si puede ser antes, que no sea después.*)

Más vale quedar con gana que caer en cama. *Vide:* GANA.

CAMINAR
A donde el corazón se inclina, el pie camina. *Vide*: CORAZÓN.

El mejor caminar es no salir de casa.
Far from home, near thy harm.
(The home was safety and protection. People still feel that way. They spend most of their time indoors.)

CAMINO
Camino comenzado, medio andado.
A good beginning is half the battle.
(The important thing in any task is to start doing it.)

El camino trillado es el más seguro.
The beaten road (path) is the safest.
(Because it is known. So don't take unnecessary risks.)

El mejor camino, el recto.
Honesty is the best policy.
Plain dealing is best.
(*El camino recto* means, of course, honesty, and so, honesty pays.)

CAMPANA
Oír campanas y no saber dónde.
He has heard something, but is no wiser through it.
(Not to have understood well what's going on.)

CAN
Menea la cola el can, no por ti sino por el pan.
Dogs wag their tails not so much in love to you as to your bread.
(Also: *¿Quieres que te siga el can? Dale pan. Por el pan baila el can.*)

Quien bien quiere a Beltrán, bien quiere a su can. *Vide*: QUERER.

CANA
Por echar una cana al aire no se perdió nadie.
All work and no play makes Jack a dull boy.
(A bit of fun, *echar una cana al aire*, sometimes may be a good thing. Work is good, of course, but recreation is also good and necessary.)

CANDELARIA
Cuando la Candelaria llora, el invierno fora. Que llore o que cante, invierno atrás y delante.
If Candlemas Day be fair and bright, winter will have another flight; if on Candlemas Day it be shower and rain, winter is gone and will not come again. (Candlemas Day is February 2, 40 days after Christmas, and there are many sayings about it in connection with the weather. In valenciano it is similar: *Si la candelaria plora, el hiver fora, i si es riú estem en el estiu*.)

CANTAR
Cada gallo canta en su muladar. *Vide*: GALLO.

Quien canta, su mal espanta.
He who sings drives away his grief.
(The origin of the two sayings is that those who are angry or upset either sing or hum a tune to themselves. Also, cheerfulness is a universal remedy. A variant: *Quien canta, su miedo espanta*.)

No cantes gloria hasta el final de la victoria.
Do not halloo till you are out of the wood.
(*Cantar gloria: gloria Patri*. Do not cry victory until you are sure the battle has been won.)

No cantes victoria antes de hora.
Don't count your chickens before they are hatched.
Do not halloo till you are out of the wood.
(Make sure of things before you advertise your victory.)

CÁNTARO
Tanto va el cántaro a la fuente que allí se deja el asa o la frente.
The pitcher will go to the well once too often.
(This proverb implies that the more we court danger the more risks we run, and finally we'll pay for it. This saying has many versions: *Tanto va el cántaro a la fuente que al fin se quiebra; tantas veces irá el cantarillo a la fuente, que alguna vez se quiebre; cantarico que muchas veces va a la fuente, alguna vez se ha de quebrar*.)

CARA
Más vale buena fama que buena cara. *Vide*: FAMA.

CARGAR
Grande o pequeño, cada uno carga con su leño.
Every man must carry his own cross.
(Everyone has his own burdens to carry.)

CARIDAD
La caridad bien entendida empieza por uno mismo.
Charity begins at home.
(The implication is that we must look after ourselves first. In Latin: *prima charitas incipit ab ego*. According to José María Iribarren, the French writer Montluc used the expression in his *Comedy of Proverbs* in 1633. There is a version that goes like this: *La caridad bien entendida comienza por uno mismo... y no pasa de ahí.*)

CARNE
Tener mucha carne en el asador.
To have too many irons in the fire.
(To be much too busy to be effective. *Asador* is a spit or roaster. The implication is that too much meat in the spit will burn and go to pot. It's better to bide one's time. Also: *Echar toda el agua al molino.* This is not a true proverb, strictly speaking, but the expression is so common that it passes for one.)

CARO
Caro cuesta el arrepentir. *Vide*: ARREPENTIR.

Lo barato es caro cuando no es necesario. *Vide*: BARATO.

CARPINTERO
Mal carpintero, buen virutero.
A carpenter is known by his chips.
He is not the best carpenter that makes the most chips.
(*Virutas* are the shavings of wood or metal. Good carpenters do not make too many *chips*, as the English saying goes. Good professionals are not wastrels.)

CARRO
Carro que rechina llega lejos.
A creaking gate hangs long.
A creaking door hangs longest.
(People who have ill health live long, sometimes.)

CASA

Cada uno en su casa y Dios en la de todos.
Every man for himself and God for us all.
(People must mind their own business and God will provide and bless.)

El casado, casa quiere. *Vide*: CASADO.

El mejor caminar es no salir de casa. *Vide*: CAMINAR.

En su casa cada uno es rey.
There is no place like home.
An Englishman's house is his castle.
(At home we are important and feel great. Sayings often glorify the home. Cf. *Mientras en casa estoy, rey me soy.* Also: *más quiero en mi casa pan que en la ajena faisán.*)

Mientras en casa estoy, rey me soy.
An Englishman house is his castle.
(Cf. *En su casa cada uno es rey.* We all need privacy. In democracies no one may enter a private home without the owner's consent.)

Y si una casa está dividida contra sí misma, no puede permanecer levantada.
If a house be divided against itself, that house cannot stand.
(San Marcos, Mark, 3.25. Discord destroys families.)

CASADO

Casado y arrepentido.
A young man married is a young man marred.
(There are many funny proverbs on the subject of marriage in general: *Hombre casado, pájaro enjaulado. El que se casa por todo pasa*, etc. Cf. *Antes de que te cases, mira lo que haces.* And *casarás y te arrepentirás.*)

El casado, casa quiere.
Before you marry, be sure of a house wherein to tarry.
(Newlyweds should have a house of their own.)

Hombre casado, hombre enjaulado. *Vide*: HOMBRE.

CASARSE

Antes de que te cases, mira lo que haces.

Marry in haste, repent at leisure.

(Although another proverb says *más vale casarse que abrasarse* it is clear that most sayings warn men, of course, of the dangers of wedlock.)

Es mejor casarse que abrasarse.

It's better to marry than to burn.

(This famous saying is from the *Bible*, I Corinthians, 7.9. *Abrasarse* in hell, of course.)

CASCABEL

Ponerle el cascabel al gato.

Who will bell the cat?

(It's an old story about a congress of mice who got together in order to take action about a cat. One mouse came up with a wonderful idea: if the cat wore a bell the mice would always know the enemy's whereabouts. They all liked the idea and approved it but then one of the mice asked the terrible question: Who will bell the cat? Iribarren in his excellent *El porqué de los dichos*, gives several theories about the origin of the saying. In French it is: *Qui prend le sonnette au chat?*)

CASTIGAR

Mucho castiga quien desprecia.

Contempt of a man is the sharpest reproof.

(Don't diddle with people of no account, and punish them with your indifference.)

CASTIGO

De un castigo, cien escarmentados.

He that chastens one, chastens twenty.

(There are many variants: Cf. *El castigo de uno, advierte a muchos; quien a uno castiga, a cien hostiga* and so we carry the idea that we must punish in order to set an example to others.)

El castigo de uno, advierte a muchos.

He that chastens one, chastens twenty.

(Cf. *De un castigo, cien escarmentados*. Also: *Mejor es castigar que después suspirar.* L. *Cum unis corrigitur, multi emendatur.*)

C **Quien aflige al afligido, tendrá su castigo.**
He that hurts another hurts himself.
(It sounds Biblical: Those who attack the weak shall come to no good.)

CASTO
Ya que no seas casto, sé cauto.
If you can't be good, be careful.
(No comment! L. *Si non caste, caute.*)

CAUSA
De chicas causas, grandes efectos.
From small beginnings come great things.

Quita la causa, cesa el efecto.
Take away the cause and the effect must cease.
(In Latin it is: *Sublata causa, tollitur effectus*, remove the cause, the effect ceases.)

CAZO
Dijo la sartén al cazo: quítate allá, que me tiznas. *Vide*: SARTÉN.

CEBADA
Una vez muerto el burro la cebada al rabo. *Vide*: BURRO.

CENA
De grandes cenas están las sepulturas llenas. *Vide*: SEPULTURA.

Más matan cenas que guerras.
Gluttony kills more than the swords.
(*Come poco y cena más poco*, goes another saying used by Cervantes in Part II, Chapter 43 in *El Quijote*. Eating in excess has been known to be unhealthy for centuries. Cf. *Más mató la cena que sanó Avicena.*)

Más mató la cena que sanó Avicena.
By suppers, more have been killed than Galen ever cured.
(Avicenna [980-1037] was a famous physician whose *Canon* was a medical textbook until the XVI century.)

Quien se echa sin cena, toda la noche devanea.
Who goes to bed supperless, all night tumbles and tosses.

(In spite of the attacks on suppers and overeating, this saying implies that if you go to bed on an empty stomach you'll toss and turn all night.)

CERRADURA
No hay cerradura donde es oro la ganzúa.
A silver key can open an iron door.
(Money can open any door.)

CÉSAR
Pues dad al César lo que es del César y a Dios lo que es de Dios.
Render therefore unto Caesar the things which are Caesar's and unto God the things which are God's.
(San Mateo, Matthew, 22.21.)

CESTO
El que hace un cesto hace ciento.
Once a thief, always a thief. / He that steals a pin steals a pound.
(People don't change and when some guy pulls a fast one on you, he'll do it again, if you let'im, of course!).

CIEGO
Al ciego no le hace falta pintura, color, espejo o figura.
Blind men can judge no colors.
(L. *Caecus non judicat de coloribus.* The Spanish proverb goes much further than the English in saying that blind people don't need make-up or a good figure and not even a mirror! In former times people were exceedingly cruel to those less favored by nature.)

Cuando guían los ciegos, guay de los que van tras ellos.
The blind leading the blind.
(By *ciego* we must also understand ignorant. *¡Guay!* is a poetic interjection meaning *¡ay!* and it is little used today.)

El ciego que ha tropezado le echa la culpa al mal empedrado.
A bad workman blames his tools.
(As we all know, no one is ever to blame for what he does wrong, others are always the culprits! *Empedrado*: stone pavement.)

En el país de los ciegos, el tuerto es rey.
In the country of the blind, the one-eyed man is king.

(Desiderius Erasmus [1466-1536] put it in Latin: *In regione caecorum rex est luscus*. The meaning is plain: those who are a bit better, just a bit, can rule and lead others. There is a variant: *En tierra de ciegos el tuerto es rey*. Naturally this proverb is found in most European languages. In French it is: *au pays des aveugles les borgnes sont rois*.)

La mujer del ciego, ¿para quién se afeita?
A blind man's wife needs no paint.
(*Afeitarse* meant to put make-up on. It goes without saying that if the husband can't see her, there is no use for the wife to fix herself up.)

No hay mayor ciego que el que no quiere ver.
There's none so blind as those who won't see.
(Also: *no hay mayor sordo que el que no quiere oír*. In Latin: *oculos habent et non videbunt*; they refuse to see the evidence in front of their very eyes.)

Y si un ciego guía a otro ciego ambos caen en el hoyo.
If the blind lead the blind, both shall fall into the ditch.
(San Mateo, Matthew, 15.14, *Let them alone: They be blind leaders of the blind. And if the blind lead the blind, both shall fall into the ditch. Dejadlos. Son ciegos, guías de ciegos, y si un ciego guía a otro ciego, ambos caerán en el hoyo.* A variant: *Si el ciego guía al ciego, ambos caerán en la hoya. Hoya*: ditch.)

CIELO
La oración breve sube al cielo. *Vide*: ORACIÓN.

Oración de perro no va al cielo. *Vide*: ORACIÓN.

CIEN
En cien años todos calvos.
It will be all the same one hundred years hence.
(In about one hundred years, or even less, all problems and sorrows will be forgotten. Iribarren tells an anecdote about the origin of the saying, which is very popular in Spanish: A criminal about to be hanged in 1888 and in Madrid, asked permission to address the throng and uttered the famous words. What Pedro Cantalejo meant was, obviously, that a hundred years thence they would all be dead.)

CIERRA
Cuando una puerta se cierra otra se abre. *Vide*: PUERTA.

CIERTO
Dejar lo cierto por lo dudoso, es peligroso. *Vide*: **PELIGROSO**.

CLAVO
Agarrarse a un clavo ardiendo. *Vide*: **AGARRAR**.

Por un clavo se pierde una herradura.
For want of a nail the shoe was lost.
(Little deeds have great effects, sometimes. Both proverbs have longer versions: *Por un clavo se pierde una herradura; por una herradura, un caballo; por un caballo, un caballero; por un caballero, un campo; por un campo, un reino. For want of a nail the shoe was lost; for want of a shoe the horse was lost; and for want of a horse the man was lost.*)

Un clavo saca otro clavo.
One nail drives out another.
(One thing makes us forget another. It's an old saying. Cicero [106-43 B.C.] said: *Novo amore, veterem amorem, tamquam clavo clavum, eficiendum putant*: *It is thought that a new love replaces an old love, in the way that one nail drives out another.* And in Psalms in the *Vulgate* we read: *Abyssus abyssum invocat.* Also: *Con un mal se saca otro tal.*)

COBARDE
Hombre cobarde no conquista mujer bonita.
Faint heart never won fair lady.
(Fainthearted men never accomplish much because of their lack of daring.)

COBIJAR
Quien a buen árbol se arrima, buena sombra le cobija. *Vide*: **ÁRBOL**.

COCER
En todas partes cuecen habas. *Vide*: **HABA**.

CODICIA
A la codicia no hay cosa que la hincha.
Beggars' bags are bottomless.
(By its very nature, greed is never satisfied. The more we have, the more we want. Cf. *Zurrón de mendigo, nunca henchido.*)

C

La codicia es raíz de todos los males.
Covetousness is the root of all evil.
(As far as proverbs are concerned, plenty of things are *the root of all evil*. For example: the love of money.)

La codicia lo quiso todo, y púsose del lodo.
All covet, all lose.
(Those who want all end up with nothing.)

La codicia rompe el saco.
Covetousness breaks the sack. / Covetousness is the root of all evil.
(Greed makes people stuff the sack until it breaks.)

CODICIOSO

El codicioso, lo mucho tiene por poco.
Covetousness breaks the sack.
(Another variant: *Codicia mala, saco rompe*. It is also said that *quien más tiene, más quiere*.)

COJO

De padre cojo, hijo renco.
Like father, like son.
(*Renco* means lame in the hip.)

El que con un cojo se junta, al año cojo y medio.
He that dwells next door to a cripple, will learn to halt.
Who keeps company with the wolf will learn to howl.
(Advises us not to have undesirable friends. A man is known by the company he keeps.)

COMENTAR

Quien comenta, inventa.
Where there is gossiping there is lying. / Gossiping and lying go together.
(Wagging tongues always lie and make up all sort of stories. Cf. *Malas lenguas cortan más que espadas luengas; una mala lengua destruye a un pueblo*.)

COMENZAR

Aun no comenzamos y ya acabamos.
First creep and then go.
(There is no rushing into things.)

COMER
Comamos y bebamos que mañana moriremos.
Let us eat and drink; for tomorrow we shall die.
(Isaías, Isaiah, 22.13. Let us enjoy the present because we never know what the future has in store for us.)

Comer arena antes que hacer vileza.
Virtue is its own reward.
(It's better to eat sand than to do wrong. Also: *Antes perecer que mal hacer*. L. *Potius mori quam foedari*.)

Comer hasta enfermar y ayunar hasta sanar.
He that eats till he is sick, must fast till he is well.
(Overeating is always condemned by proverbs. Fasting is almost a cure-all.)

Comer para vivir y no vivir para comer.
Eat to live and not live to eat.
(Eating should not be a pleasure, but a need, or so the saying seems to imply. Also: *Come poco y cena más poco* as Don Quijote, II, 43, said to Sancho.)

Comer por los ojos.
The eye is bigger than the belly.
(This is said of overly eager people who help themselves to a lot of food at table.)

Con esperanza no se come. *Vide*: **ESPERANZA**.

Con palabras no se come. *Vide*: **PALABRA**.

Cuando no hay jamón ni lomo, de todo como.
Poor folk are glad of porridge.
(The implication is that *jamón* and *lomo* are the best. Poor people had to eat everything else because they couldn't afford *jamón* or *lomo*.)

De hambre pocos vi morir, de mucho comer cien mil. *Vide*: **HAMBRE**.

El comer y el rascar, todo es empezar.
Eating and scratching wants but a beginning.
Appetite comes with eating.
(Once people start eating or scratching themselves there's no way of stopping them! In French: *L'appetit vient en mangeant*. And also: *Comiendo entra la gana*.)

Quien se sienta a mesa puesta no sabe lo que comer cuesta.
The wholesomest meat is at another man's cost.
(Eating at someone else's expense gives no idea of the cost of food.)

COMIDA
Comida hecha, compañía deshecha.
When good cheer is lacking, our friends will be packing.
(It is said of friends whose only interest in visiting us is to get a free meal and once they get it they beat it!)

La comida reposada y la cena paseada.
After dinner rest a while, after supper walk a mile.
(It was believed that it was unhealthy to go to bed on a full stomach. In Latin it is: *post prandium stabis, post coenam ambulabis*, after lunch stay put, after supper walk around. Other variants: *La comida, a reposar; y la cena a pasear; después de la comida, dormir la siesta, y pasear después de la cena.*)

COMIENZO
De comienzo chico viene granado hecho.
Little strokes fell great oaks.
(Great things are sometimes accomplished from small or humble beginnings.)

COMPAÑERO
No hay tan buen compañero como el dinero.
There's no companion like the penny.
(There are countless sayings about the power and goodness of money.)

Quien tiene dineros, tiene compañeros. *Vide:* DINERO.

COMPAÑÍA
Compañía de dos, compañía de Dios.
Two is company, three is none (a crowd.)
(Lovers need no company. Twosome is always best, in business specially. There is another saying in Spanish which is just about the same, and very popular, *A menos bulto, más claridad.*)

COMPARACIÓN
Las comparaciones son odiosas.
Comparisons are odious.

(Also: *Toda comparación es odiosa.* Cf. John Donne's poem "Comparison". In *Much Ado About Nothing* it's said that *comparisons are odorous.*)

COMPRADOR
Si no hubiera compradores, no habría ladrones. *Vide:* **LADRÓN.**

COMPRAR
Compra en la plaza y vende en tu casa.
Buy at a fair but sell at home.
(*Plaza* is market or marketplace. Buy wholesale at a bargain, and sell at home with a high markup.)

Lo que pienses comprar no lo has de alabar.
He that blames would buy.
(A shrewd buyer belittles what he wants to purchase in order to bring the price down. In Proverbs, Proverbios, 20.14, it is written: *"Malo, malo", dice el comprador, pero cuando se ha ido se felicita. It is naught, it is naught, saith the buyer: but when he is gone his way, then he boasteth.* A variant: *Quien desprecia, comprar quiere.*)

Nunca compres a cierra ojos.
Never buy a pig in a poke.
(*Cierra ojos:* with closed eyes. It's important to check the quality or value of what one buys before closing the deal. Unfortunately these two sayings in both languages go unheeded most of the time. In Latin it is: *Caveat emptor.*)

Quien compra ha de tener cien ojos; a quien vende le basta uno solo.
The buyer has need of a hundred eyes, the seller of but one.
(*Caveat emptor!* The buyer has to be exceedingly careful. In Italian: *Chi compra ha bisogna di cent'occhi; a chi vende ne basta uno solo.*)

Quien compra lo que no puede, vende lo que le duele.
He that buys what he does not want, must often sell what he does want.
(Also: *Compra lo que no has menester, y venderás lo que no podrás excusar.* Spendthrifts or purchaholics, must in the end sell what they have in order to make ends meet.)

CONCIENCIA
La buena conciencia vale por mil testigos.
Conscience is a thousand witnesses.

(Because it is always on the alert and lets us know what we do wrong and can bear witness against us for ever.)

La mejor almohada es la conciencia sana.
A good conscience makes a soft pillow.
(Also: *Una buena conciencia es una buena almohada.* And this is so because one can sleep soundly with a good conscience.)

Ten segura tu conciencia y llame el juez a tu puerta.
A clear conscience fears no false accusations.
(No need to fear the law when one has a clear conscience.)

CONCLUIR
Bien está lo que bien concluye.
All's well that ends well.
(Once we have reached a happy end, our initial fears and anxieties are forgotten.)

CONFESAR
Hecho confesado, hecho probado.
Confess and be hanged.
(Those who confess to a crime admit their guilt, naturally. But does the proverb advise us not to confess?)

CONFIANZA
La mucha confianza es causa de menosprecio.
Familiarity breeds contempt.
(We respect our superiors because we don't really know them. Familiarity, *confianza*, lets us see their weaknesses and we tend to lose respect. In French: *La trop grand familiarité engendre le mépris.* Also: *Lo que a todas horas veo no lo deseo* and *Por la puerta de la confianza se cuela la mala crianza.* Too much conversation is also bad: *La mucha conversación es causa de menosprecio.*)

Por la confianza se nos entra el engaño.
Trust is the mother of deceit.

CONFORMIDAD
La mejor felicidad es la conformidad. *Vide*: FELICIDAD.

CONOCER
Conócete a ti mismo.
Know thyself.
(Inscription at Delphi, shrine and oracle of Apollo. In L. *Nosce te ipsum*.)

Más vale malo conocido que bueno por conocer. *Vide*: MALO.

Por sus frutos les conoceréis.
By their fruits ye shall know them.
(San Mateo, Matthew, 7.20. We judge men by their actions.)

CONOCIDO
Amigos, muchos; conocidos, casi ninguno. *Vide*: AMIGO.

CONSEGUIR
Quien la sigue, la consigue.
Have at it, and have it. / It's dogged as does it.
(A variant: *Quien sigue, consigue*.)

CONSEJO
Consejo no pedido, consejo mal oído.
Never give advice unasked.
(There are many variants: *A quien no pide consejo, darlo es de necios; no hay peor consejo que el no pedido; quien da consejo no pedido, pierde el consejo y el amigo*.)

El consejo no es bien recibido donde no es pedido.
Advice most needed is least heeded.
(People like to make their own mistakes and they are entitled to it, certainly. That's why free advice is not welcome.)

El perro viejo cuando ladra da consejo. *Vide*: PERRO.

En consejas las paredes han orejas.
Walls have ears.
(Also, *las paredes oyen*, of course.)

Más vale fortuna que consejo ni industria. *Vide*: FORTUNA.

Quien da el consejo da el tostón.
Never give advice unasked.

(A *tostón* is a nuisance, a drag, a pain. Those who give advice unasked are a real pain. Cf. *Dar el consejo y el vencejo*.)

CONTENTARSE
Quien se contenta es dichoso.
Content is better than riches.
(To make the best of what one has is true happiness. Cf. *Corazón contento es gran talento*.)

CONTENTO
Corazón contento es gran talento. *Vide*: CORAZÓN.

¿Qué mayor riqueza que vivir contento en la pobreza? *Vide*: POBREZA.

CONVENCER
La espada vence, la palabra convence. *Vide*: PALABRA.

CORAZÓN
A donde el corazón se inclina, el pie camina.
Home is where the heart is.
(We tend to go where our heart, our emotions, lead us.)

Bolso lleno, corazón contento. *Vide*: BOLSO.

Corazón contento es gran talento.
A merry heart goes all the way.
(A good disposition is essential to be happy. In Proverbs, 15.13, it is said: *A merry heart maketh a cheerful countenance. Un corazón contento alegra el rostro*.)

Manos frías, corazón caliente. *Vide*: MANO.

Ojos que no ven, corazón que no llora. *Vide*: OJO.

Tu mayor enemistad en tu corazón está. *Vide*: ENEMISTAD.

CORDURA
Mesura es cordura.
Measure is treasure.
(Sanity in Spanish, treasure in English, but in both languages it's important to have things in check, specially our emotions.)

CORRER
Quien corre, cae.
Hasty climbers have sudden falls.
(Those who rush run the risk of falling.)

Quien miedo tiene corre ligero. *Vide*: **MIEDO.**

Quien mucho corre, pronto para.
More haste, less speed.
Nothing should be done in haste.
(Cf. *Quien corre, cae.* Haste is not appreciated by proverbs in either language.
Things done in haste, helter-skelter, end up badly.)

CORRIENTE
Ir contra la corriente no es de hombre prudente.
It is ill striving against the stream.
(Striving against the wishes of the many is not a good idea.)

La corriente silenciosa es la más peligrosa.
Still waters run deep.
(The French say, *il n'y a pire eau que celle qui dort. Corriente*: flow, current,
stream.)

CORTAR
Las malas lenguas cortan más que espadas luengas. *Vide*: **LENGUA.**

CORTE
Muchos entran en la corte y no la corte en ellos.
You can take the boy out of the country but you can't take the country out
of the boy.
(By *corte* understand big city. Country people will always be country people
no matter how long they live in the big city.)

CORTÉS
Lo cortés no quita lo valiente.
Courtesy costs nothing.
There is nothing lost by civility.
Discretion is the better part of valour.
(According to the Castilian proverb, one can be polite and courageous at the
same time. A variant: *No quita lo cortés a lo valiente.*)

CORTESÍA

Cortesía de boca, gana mucho y poco costa.
A soft answer turneth away wrath.
(Also: *Cortesía de boca, gana mucho a poca costa*. It implies that good manners can get us far in the world. Another variant: *Cortesía de boca, mucho vale y poco costa*. In Proverbs, 15.1, we find this expression in English. The Spanish version is not common: *Una respuesta amable calma la ira*.)

COSTAL

Todos los costales no son iguales, ni tales.
Every couple is not a pair.
(A *costal* is a sack or bag. Nothing is ever the same.)

COSTAR

El que algo quiere, algo le cuesta. *Vide*: ALGO.

Lo que poco cuesta poco se estima.
What costs little is little esteemed.
(The more people pay for something the better they think it is.)

Nunca mucho costó poco.
A great good was never got with little pains.
(If you want something, you have to give something.)

COSTUMBRE

Antigua costumbre nadie la derrumbe.
Old customs are best.
(People are very traditional and hate change.)

La costumbre es segunda naturaleza.
Habit is second nature.

La costumbre hace ley.
Custom rules the law.
(Common law.)

CRECER

Hierba mala presto crece. *Vide*: HIERBA.

Planta muchas veces traspuesta, ni crece ni medra. *Vide*: PLANTA.

CREER
Cree el ladrón que todos son de su condición. *Vide*: LADRÓN.

Lo que apetece presto se cree.
We soon believe what we desire.
(What is wanted badly is seldom checked or scrutinized to make sure it's solid and good. L. *Quod volumus, facile credimus*.)

Para bien creer no hay cosa como ver.
Words are but wind, but seeing is believing.
(We must have some tangible and evident proof to make us believe something.)

Para creer, ver.
Seeing is believing.
(Same as: *para bien creer no hay cosa como ver*.)

Ver para creer. *Vide*: VER.

CRIADO
A buen amo, buen criado.
Like master, like man.
(The master, the boss, sets the pace. If the boss is a good man, the employee behaves well. There are exceptions, of course.)

Los criados, bien tratados y bien pagados.
A good servant must have good wages.
(Modern management techniques have little new to offer, really, because old proverbs have always been preaching this sound business practice.)

CRUZ
Cada uno tiene su cruz.
Every man must carry his own cross.
(In reference to Christ's cross. We all have our private cross to bear.)

CUCHILLO
En casa del herrero, badil de madero (cuchillo de palo). *Vide*: HERRERO.

CUERDA
Cuerda triplicada difícil de romper.
To have two strings to one's bow.

(We must be prepared for all contingencies.)

CUERNO
Al toro hay que cogerlo por los cuernos. *Vide:* **TORO.**

CUERVO
Cría cuervos y te sacarán los ojos.
He has brought up a crow to pick out his own eyes.
(The implication is that people are ungrateful and bite the hand that feeds them.)

CULEBRA
So la linda hierba está la culebra.
There's a scorpion under every stone.
There is a snake in the grass.
A snake lurks in the grass.
(Vergil [70-19 B.C.] wrote: *Latet anguis in herba.* Great dangers lurk in pleasant appearances. *So* means under and today it is only used in phrases such as *so pena de, so capa de, so color de.* Also: *Debajo de la mata florida, está la culebra escondida.*)

CULPA
Culpa no tiene el que hace lo que debe.
Do what is right, come what may.
(We must be ethical and upright, no matter what.)

El ciego que ha tropezado le echa la culpa al mal empedrado. *Vide*: **CIEGO.**

CUMPLIR
Prometer y no cumplir, mil veces lo vi. *Vide*: **PROMETER.**

CUNA
Lo que se aprende en la cuna siempre dura. *Vide*: **APRENDER.**

CURAR
El tiempo cura al enfermo que no el ungüento. *Vide*: **TIEMPO.**

Mal que no tiene cura, quererlo curar es locura.
A deadly disease neither physician nor physic can ease.
(These proverbs are self-evident although nowadays they are not heeded.)

Medicina que pica, cura. *Vide*: **MEDICINA.**

D

DÁDIVAS
Dádivas quebrantan peñas.
Gifts break through stonewalls.
(Gifts and presents influence people.)

DAÑAR
Lo que sobra no daña.
Store is no sore.
(It's better to have plenty to spare than not enough.)

DAÑO
De locos y en lugar estrecho, esperar daño y no provecho. *Vide*: LOCO.

No hay daño que no tenga apaño.
No wrong without a remedy.
(There is a remedy for all ills. Cf. *Para todo hay remedio, sino para el morir.*)

No hay provecho propio sin daño para otro. *Vide*: PROVECHO.

Más leve es padecer el daño que esperallo.
Better pass a danger once, than be always in fear.
(It's terrible to be in perpetual expectation and dread of some danger. It's better to face it.)

DAR
Amagar y no dar es apuntar y no tirar.
If you cannot bite, never show your teeth.
(*Amagar* is to threaten. Do not threaten anyone if you are not going to make your threat good. Also: *Quien amaga y no da, miedo ha,* and *El que no puede morder, que no enseñe los dientes.*)

Cuando te dieren el anillo, pon el dedillo. *Vide*: ANILLO.

Donde las dan las toman.
The deed comes back upon the doer. / The biter is sometimes bit.
Tit for tat is fair play. / Give and take is fair play.
(Those who do wrong must accept the same treatment from others. The Spanish saying is very popular.)

Hay más felicidad en dar que en recibir.
It is more blessed to give than to receive.
(Cf. *Mayor dicha es dar que recibir.*)

Mayor dicha es dar que recibir.
It is more blessed to give than to receive.
(Hechos de los Apóstoles, Acts of the Apostles, 20.35, *I have showed you all things, how that so labouring ye ought to support the weak, and to remember the words of the Lord Jesus, how he said, It is more blessed to give than to receive. En todo os he dado ejemplo, mostrándoos cómo, trabajando así, socorráis a los necesitados, recordando las palabras del Señor Jesús, que Él mismo dijo: Hay más dicha en dar que en recibir.*)

Mucho hablar y poco dar. *Vide*: HABLAR.

Santa Rita, Rita, Rita, lo que se da ya no se quita.
Give a thing and take a thing, to wear the devil's gold ring.
(Also: *Quien quita lo que da, al infierno va.* This proverb is said by children when someone gives a thing and then takes it back. It is understood that when a thing has been given as a present it cannot be taken back.)

No dan a quien no acude.
He that would have the fruit, must climb the tree.
(Those who wish something must make an effort to get it.)

Quien da primero, da dos veces.
He gives twice who gives quickly.
(Lucius Annaeus Seneca, [4 B.C.- AD 65], *bis dat qui cito dat*. It has a double meaning. Those who hit first have the upper hand. And those who give first and fast, gain more.)

DEBER
Culpa no tiene el que hace lo que debe. *Vide*: CULPA.

D

Haz tu deber, y no habrás de qué temer.
Do what is right, come what may.
(Do your duty come what may and hold on tight for dear life!)

Paga lo que debes, sanarás del mal que tienes.
Out of debt, out of danger.
(Te be in debt is highly undesirable according to proverbs in both languages.
To be in debt is like a disease. In L. it is: *Felix qui nihil debet.*)

DECIR
Diciendo y haciendo. *Vide*: HACER.

Es más fácil de decir que de hacer. *Vide*: FÁCIL.

Este qué dirán causa mucho mal.
Rumor is a lying jade.
"They say so" is half a lie.
(*They say* or *it is said* ruins people's reputations in no time at all.)

Lo que todos dicen algo debe ser.
What everybody says must be true.

Quien dice mal de la yegua, ése la merca.
He that speaks ill of the mare, would buy her.
(The implication is that it is necessary to belittle the goods one wants to buy
in order to bring the price down. Those who do so, mean to buy. *Mercar*,
although not much used, means to buy.)

Quien mal dice, peor oye.
He that speaks lavishly shall hear knavishly.
(Those who gossip about others must be ready to hear others gossip about them.
The opposite saying is: *quien bien dice, mejor oye.*)

DEFENSA
El ataque es la mejor forma de defensa. *Vide*: ATAQUE.

DEJAR
Más vale dejallo que meneallo.
Leave well enough alone.
If it ain't broke, don't fix it.

(Oftentimes it is better to leave things the way they are so as not to stir up, *meneallo*, trouble.)

No dejes para mañana lo que puedas hacer hoy. *Vide*: MAÑANA.

DERECHO
Del hecho nace el derecho.
Custom rules the law.
(This is the foundation of Common Law which is the law of a country based on custom and usage. Also: *La costumbre hace ley*.)

DESCOSIDO
Nunca falta un roto para un descosido. *Vide*: ROTO.

DESEAR
Desea lo mejor y espera lo peor.
Hope for the best and prepare for the worst.
(We must have a cheerful attitude towards coming events but must be prepared to accept the slings and arrows of outrageous fortune.)

DESEO
De deseos nunca vi saco lleno.
Wishes can never fill a sack.
(Because of the greed of people who never seem to be satisfied and wish and want more and more.)

DESGRACIA
Desgracia compartida, menos sentida.
Two in distress makes sorrow less.
Misery loves company.
(When we tell our sorrows to others they usually retort that the same problem is afflicting them or that they know of someone who is going through the same bad experience, to make one feel better. They think that a shared misfortune is less painful, but it isn't, of course.)

Las desgracias nunca vienen solas.
Misfortunes never come singly.
It never rains but it pours.
(This was said by Mateo Alemán, A. Barclay, J. Addison, etc. Ill luck, disappointment, adversity, worry and anxiety strike us repeatedly and not

piecemeal or so it seems to us and to the proverbs. Also: *Una ola nunca viene sola.* In L. *Nulla calamitas sola.*)

Una desgracia a cualquiera le pasa.
Accidents will happen.
(No matter how careful we are, accidents do happen all the time.)

DESGRACIADO
Desgraciado en el juego, afortunado en amores.
Unlucky in sport, lucky in love.
(This is said when we wish to comfort losers and cheer them up. Sometimes losers say it themselves!)

DESPACIO
Apresúrate despacio.
Make haste slowly.
(Avoid needless haste. Cf. *Despacio que tengo prisa.* Also: *Date priesa, pero despacio; date prisa pero no corras; la prisa será tardar.* In French: *Pas a pas on va bien loin.*)

Despacio se va lejos.
Slow and steady wins the race.
(The Italians say that *chi va piano, va lontano.*)

(Vísteme) despacio que tengo prisa.
Slow and steady wins the race.
Easy does it.
(Haste is no good and it's better to take one's time specially if in a hurry. The Spanish saying has been attributed to King Fernando VII and also to King Carlos III.)

Despacio y buena letra.
Easy does it.
(This expression was used by teachers when they trained their students to write with *buena letra*, a good hand. A good, clear handwriting was essential a few years ago.)

DESTAJAR
Quien destaja no baraja.
Providing is preventing.

He is wise who looks ahead.
(*Destajar* means to set contractual conditions in agreements. The implication is that it is important to set the rules of the game or business agreement first in order to avoid misunderstandings later.)

DETRÁS
El que venga detrás que arree. *Vide*: **ARREAR.**

DESTRUIR
Más fácil es destruir que construir.
It's easier to pull down than to build.
(It's easier to criticize than to offer possitive suggestions.)

DÍA
Cada día trae su agonía.
No day passes without some grief.
(This is a rather pessimistic outlook, but the realities of life as reflected by proverbs didn't give much leeway for optimism.)

DEUDA
Lo prometido es deuda. *Vide*: **PROMETER.**

Pesadumbres no pagan deudas.
A pound of care will not pay a pound of debt.
(Care, worry, by itself, will not fix things.)

Una deuda veinte engendra.
One wedding brings another.
One funeral brings another.
(One action leads to another and to another...)

DIABLO
Algunas veces dice el diablo la verdad.
The devil sometimes speaks the truth.
(Liars, even the devil, sometimes tell the truth.)

Cuando el diablo reza, cerca viene el fin.
The devil can cite Scripture for his own purpose.
(Even the devil can pray if need be in order to gain his ends which shows, at least in this case, that the end does justify the means.)

El diablo a otro alcanza.
Set a thief to catch a thief.
(It takes a devil to catch another. Also: *a ruin, ruin y medio.*)

El diablo cuando no tiene nada que hacer, con el rabo mata moscas.
The dog that is idle barks at his fleas.
(It implies that those who have too much time on their hands employ it in useless pursuits.)

El diablo es grande amigo del hombre rico.
The devil looks after his own.
(The implication is that the rich have the devil for their friend and that's why they are rich.)

El oro es la mejor ganzúa del diablo. *Vide*: ORO.

Entre la cruz y el agua bendita el diablo se agita.
The devil lurks behind the cross.
(Those who pretend to be pious are to be suspected because the devil lurks behind the cross and holy water.)

La prisa es cosa del diablo. *Vide*: PRISA.

Más sabe el diablo por viejo que por diablo.
The devil knows many things because he is old.
(The old have the experience of long living.)

No es el diablo tan feo como lo pintan.
The devil is not as black as he is painted.
(Not all perils are as bad as we think they are.)

DICHA
Nunca es tarde si la dicha es buena.
Never too late to do well.
Late was often lucky.
(What's important is the outcome, even if one is late.)

DICHO
Del dicho al hecho hay un gran trecho.
Saying is one thing and doing another.

From word to deed is a great space.

There is a great difference between word and deed.

(It's easy to threaten or to promise but another thing to deliver. Also: *Del decir al hacer hay diez leguas de mal camino* and *desde el decir al obrar, hay muchos pasos que andar*. In Latin: *Inter verba et actus magnus quidam mons est*. Another variant: *Dicho sin hecho no trae provecho*.)

DICHOSO

No es dichoso el que lo parece, sino el que por tal se tiene.

All happiness is in the mind.

(Happiness is a state of mind more than anything else.)

Quien se contenta es dichoso. *Vide*: CONTENTARSE.

Todos los tontos son dichosos. *Vide*: TONTO.

DIENTE

El que no puede morder, que no enseñe los dientes. *Vide*: MORDER.

Ojo por ojo, diente por diente. *Vide*: OJO.

DIFAMAR

Hombre difamado, peor que ahorcado.

He that has an ill name is half hanged.

(A bad reputation is worse than death, according to these two proverbs.)

DIFÍCIL

Lo bueno es difícil. *Vide*: BUENO.

DIFICULTAD

Amor grande vence mil dificultades. *Vide*: AMOR.

DILIGENCIA

Diligencia pare abundancia.

He that labors and thrives, spins gold.

(In every collection of proverbs, *refraneros*, hard work is always praised to the skies. It's the old work ethics. Also: *La diligencia es madre de la buena ventura* and *diligencia hace casa; que no holganza*. Hard work is essential to succeed in business.)

La demasiada diligencia causa sospecha.
To be too busy, gets contempt.
(People who feign industry are not taken seriously.)

DINERO

Como tengo dinero, tengo cuanto quiero.
He that has money has what he wants.
(For proverbs, money is the best in life, be it gold, riches, wealth, or possessions.
Most of the *refranes* that follow illustrate this. Cf. **ORO.**)

Dijo la muerte al dinero: "Para nada te quiero."
Shrouds have no pockets.
(Another possibility is: *Ninguno muere tan pobre que la ropa no le sobre.*)

Dinero ahorrado, dos veces ganado.
A penny saved is a penny earned.

Dinero llama dinero.
Money breeds money.
Money makes money.
(Or so it seems to those who don't have it. Also: *Dinero hace dinero. Dinero, ¿a dónde vas? A donde hay más.*)

Dinero, seso y fe, no se ve.
He hat has money in his purse, cannot want a head for his shoulders.
(Money is much more important, according to the proverb, than brains or faith.)

El dinero es buen servidor, pero como amo, no lo hay peor.
Money is a good servant but a bad master.
(Cf. *El dinero es tan mal amo como buen criado.* And this is so because when money becomes the only object of a man's life it turns into a true tyrant. In French: *L'argent es un bon serviteur, et un méchant maître.*)

El dinero es el nervio de la guerra.
Money is the sinews of war.
(Attributed to Napoleon. Cicero said: *nervus belli pecunia.* It has also been attributed to Richelieu, Rabelais, and Nicolò Machiavelli, among others. In his *The Anatomy of Melancholy*, Burton says on page 107 ... *and money, which is nervus belli...*)

El dinero es la causa de todos los males.
Money is the root of all evil.
(Timothy, Timoteo, 4.7.)

El dinero es tan mal amo como buen criado.
Money is a good servant but a bad master.
(Cf. *El dinero es buen servidor, pero como amo, no lo hay peor.*)

El dinero es volandero.
Riches have wings.
(Not only does time fly, money also flies. The implication is that it is hard to
come by but it is easily spent, or wasted.)

El dinero hace al hombre entero.
A man without money is no man at all.
Money makes a man.
(It seems that without money a man is not a man, perhaps only half a man.
Also: *Hombre sin dinero, pozo sin agua.*)

El dinero hace caballero.
Manners and money make a gentleman.
(Notice that the Spanish proverb omits the word *manners*.)

El dinero no lo es todo.
Money isn't everything.

El dinero responde a todo.
Money governs the world.
Money answereth all things.
(Ecclesiastes, Eclesiastés, 10.19, *A feast is made for laughter, and wine maketh merry:
but money answereth all things. Para el placer se hacen los banquetes, y el vino alegra
la vida, y el dinero responde a todo.* And who are we to contradict the Good Book?)

Los dineros del sacristán, cantando vienen y cantando van.
Easy come, easy go.
(The sacristan helps in the mass and, supposedly, he makes his money easily
but just as easily he spends it. Another version is: *Lo que el agua trae, el agua
lleva.*)

No hay tan buen compañero como el dinero. *Vide*: COMPAÑERO.

Por el dinero se mueve el mundo entero.
Money governs the world.
(Money makes the world go round.)

Quien dinero tiene, logra cuanto apetece.
Rich men may have what they will.
(Cf. *Quien dineros tuviere, hará lo que quisiere.*)

Quien dineros tuviere, hará lo que quisiere.
He that has money has what he wants.

Quien tiene dineros pinta panderos.
Money talks.
(This saying explains how easily the rich obtain what they want.)

Quien tiene dineros, tiene compañeros.
Rich folk have many friends.

Todo lo puede el dinero.
Money is power.
(Horace wrote: *Et genus et formam regina pecunia donat*, riches give birth and
beauty.)

DIOS
A Dios rogando y con el mazo dando.
Pray to God and (but) keep your powder dry.
Trust in God and keep your powder dry.
(In Latin it is *orare et laborare* which means that one must pray but work at
the same time because God helps those who help themselves. Cf. *A quien se
ayuda, Dios le ayuda.*)

A nadie da Dios más frío de cuanto tiene la ropa.
God never sends mouths but he sends meat.
(As God is just, He never sends more hardships that man can bear.)

A quien Dios ama, le llama.
Whom the gods love die young.
(This is a proverbs of consolation to the bereaved.)

D

A quien Dios quiere para sí, poco tiempo lo tiene aquí.
Whom the gods love die young.
(Cf. *A quien Dios ama, le llama*.)

A quien Dios quiere perder, le quita antes el seso.
Whom God will destroy he first makes mad.
(L. *Quos vult perdere jupiter, dementat prius*.)

A quien madruga, Dios le ayuda. *Vide*: MADRUGAR.

A quien se ayuda, Dios le ayuda.
God helps those who help themselves.
(God's help is important but proverbs always emphasize self-help as an added must.)

Ante Dios todos somos iguales.
Before God and the bus conductor we are all equal.
(The rich and the poor, the smart and the idiot, we are equal as far as God is concerned.)

Cada uno en su casa y Dios en la de todos. *Vide*: CASA.

Da Dios almendras al que no tiene muelas.
The gods send nuts to those who have no teeth.
(Other variants: *Da Dios almendras al que no tiene muelas; da Dios habas al que no tiene quijadas; da Dios mocos al que no tiene pañuelo*. The implication is that sometimes people have what they cannot enjoy. In French: *Le pain vient à qui les dents faillent*, bread comes to those who have no teeth.)

De los amigos guárdeme Dios, que de los enemigos me guardaré yo. *Vide*: AMIGO.

Dios aprieta pero no ahoga.
God strikes with his finger and not with all his arm.
(We must have patience in our misfortune because God will not choke us in the end.)

Dios da y Dios quita, según su sabiduría infinita.
The Lord gave and the Lord hath taken away.
(From Job, 1.21, *The Lord gave and the Lord hath taken away; blessed be the name of the Lord. Dios había dado y Dios ha quitado, sea bendito el nombre del Señor*.)

Dios los cría y ellos se juntan.
Birds of a feather flock together.
(In Latin: *Omnis avis quaerit similem sui*, every bird looks for its match. People get together with those they have something in common with. Also: *Cada oveja con su pareja.*)

Dios no paga al contado, pero todo lo que debe queda pagado.
The mills of God grind slowly, but they grind exceedingly small.
(It may take long, but in the end God punishes all sins. A variant is: *Dios retarda su justicia, pero no la olvida.*)

Dios, si da nieve, también da lana.
God sends cold after clothes.
(Also: *Dios que da el mal, da su remedio cabal. Dios da el frío conforme la ropa.*)

El hombre propone y Dios dispone. *Vide*: HOMBRE.

El que no va por la mar, no sabe a Dios rogar. *Vide*: MAR.

Lo que el pueblo quiere, Dios lo quiere.
The voice of the people is the voice of God.
(L. *Vox pupuli, vox Dei.*)

Más hace a quien Dios ayuda que el que mucho madruga.
God's help is better than early rising.
(Without God´s help, hard work will not take us far)

No hay tan buen pagador como Dios.
God is a sure paymaster.
(God remembers and will reward and punish in the end.)

Todo es posible para Dios.
All things are possible with God.
(Matthew, San Mateo, 19.26, *But Jesus beheld them, and said unto them. With men this is impossible; but with God all things are possible. Mirándolos Jesús, les dijo: Para los hombres esto es imposible, mas todo es posible para Dios. Also: Dios to lo ve y to lo pué.*)

DISCURRIR
Más discurre un hambriento que cien letrados. *Vide*: HAMBRIENTO.

DISGUSTO
Sustos y disgustos matan a muchos.
Care killed the cat.
(Worry kills.)

DOLENCIA
Quien tenga dolencia, abra la bolsa y tenga paciencia.
Sickness soaks the purse.
(Probably because doctors and medicines are dear.)

DOLOR
Donde no ha honor no hay dolor. *Vide*: HONOR.

DORMIR
Antes de hacello, dormir sobre ello.
Night is the mother of counsel.
(The implication here is that when trying to make a decision it's a good idea to sleep over it.)

No despiertes a quien duerme.
Let sleeping dogs lie.
(It's better not to stir trouble when things run smoothly. In Latin it was said that *quieta non movere*, or do not disturb the things at rest.)

Una hora duerme el gallo; dos, el caballo; tres, el santo; cuatro, el que no es tanto; cinco, el navegante; seis el estudiante; siete el caminante; ocho el jornalero; nueve el caballero; diez, el majadero; once el muchacho, y doce el borracho.
Five hours sleep for a traveller, seven a scholar, eight a merchant, and eleven every knave.
Six hours sleep for a man, seven for a woman, and eight for a fool.
(Both proverbs have in common that they deal with sleep and the number of hours different people need per night. The hours needed according to these proverbs must be taken with a grain of salt, of course. A Variant: *Dos horas duerme el santo, tres el que no lo es tanto, cuatro el estudiante, cinco el caminante, seis el teatino, siete el pollino.*)

D

DORMITAR
Algunas veces dormita Homero. *Vide*: HOMERO.

DOS
Dos no riñen si uno no quiere. *Vide*: REÑIR.

No hay dos sin tres.
All things thrive at thrice.

DUDAR
En la duda, abstente.
When in doubt, do nowt.
(L. *In dubiis abstine*. It's better not to act when in doubt than to risk making a mistake one will later regret.)

Quien de nada sabe, de nada duda. *Vide*: SABER.

DUELOS
Los duelos con pan son menos.
All griefs with bread are less.
A heavy purse makes a light heart.
(Don Quijote, xiii, part II. Sorrows are lessened when eating. Perhaps this is why stressed people overeat.)

DUEÑO
Cual el dueño, tal es el perro.
Like master, like servant.
(Of course, servant and *perro* have nothing in common but master and *dueño* do have very much in common. We can tell a lot about the master by watching how the servant or dog behave.)

El pie del dueño es estiércol para la heredad.
The foot of the owner is the best manure for his land.
(The presence of the owner is an all-important ingredient for the success of any business. Cf. *El ojo del amo engorda el caballo*.)

DULCE
A la larga lo más dulce amarga.
Too much honey cloys the stomach.

DURAR
Fruta que pronto madura, poco dura. *Vide*: MADURAR.

La flor de la belleza es poco duradera. *Vide*: BELLEZA.

Ninguna maravilla dura más de tres días: luego con otra se olvida. *Vide*: MARAVILLA.

DURO
A quien sabe guardar una peseta nunca le faltará un duro. *Vide*: PESETA.

Estar a las duras y a las maduras.
Take the rough with the smooth.
(We must be ready to take whatever fortune has in store for us, the rough and the smooth, *las duras y las maduras*.)

E

EFECTO
De chicas causas, grandes efectos. *Vide*: CAUSA.

Quita la causa, cesa el efecto. *Vide*: CAUSA.

EJEMPLO
Predicar con el ejemplo. *Vide*: PREDICAR.

EMPEZAR
Lo que no se empieza no se acaba.
A good beginning is half the battle.
(Both proverbs have one thing in common: it's important to begin whatever task, instead of postponing it. In English there is another proverb: *Well begun is half done*.)

ENAMORADO
Iras de enamorados son los amores doblados.
The quarrel of lovers is the renewal of love.
(The implication seems to be that quarrelsome lovers are better off than those who never fight. Also: *Riñen los amantes, y quiérense más que antes*.)

ENCINA
De una bellota chica se hace una encina. *Vide*: BELLOTA.

ENDEBLE
Al endeble todos se atreven.
The weaker has the worst.
(The weak are stepped all over by everyone.)

E ENEMIGO

A enemigo que huye, puente de plata.
It is good to make a bridge of gold to a flying enemy.
(Erasmus, Desiderius [1466-1536]: *Hostibus fugientibus pontem argenteum exstruendum esse.* José María Iribarren writes that this was said by Gonzalo Fernández de Córdoba, El Gran Capitán [1453-1630].)

Amigo reconciliado, enemigo doblado. *Vide*: AMIGO.

Aun al enemigo se ha de guardar fe. *Vide*: FE.

De los amigos guárdeme Dios, que de los enemigos me guardaré yo. *Vide*: AMIGO.

El mayor enemigo del hombre es el hombre.
Every man is his own enemy.
(In the sense that he acts against himself and against his own good judgement most of the time.)

No hay enemigo pequeño.
There's no little enemy.
(Every foe must be taken seriously. It is also said: *De cuerdos es temer al enemigo.*)

Para amigos, todos; para enemigos, uno solo.
One enemy is too many; and a hundred friends too few.
(It's clear that what we need is friends, not enemies.)

Quien a su enemigo popa, a sus manos muere.
Despise not your enemy.
(*Popar*: scorn. It's best not to belittle the enemy, just in case.)

Trata a tu amigo como si hubiera de ser tu enemigo.
Treat a friend as if he might become a foe.

ENEMISTAD

Tu mayor enemistad en tu corazón está.
Every man is his own enemy.
(Cf. *El mayor enemigo del hombre es el hombre.*)

ENFERMAR
Comer hasta enfermar y ayunar hasta sanar. *Vide*: COMER.

ENFERMEDAD
Es peor el remedio que la enfermedad.
The remedy is worse than the disease.
(This *refrán* is said when the measures taken to correct something only make matters worse.)

La vejez, grave enfermedad es. *Vide*: VEJEZ.

ENFRIAR
Del plato a la boca se enfría la sopa. *Vide*: BOCA.

ENGAÑAR
A quien de ti se confía, engañarle es villanía.
Deceiving those who trust us, is more than a sin.
(It's a question of ethics not to pull a fast one on those who have faith in us.)

Engañar al engañador, no hay cosa mejor.
To deceive a deceiver is no deceit.
Deceiving of a deceiver is no knavery.
(This proverb has several variants, for example: *Quien engaña al engañador, cien días gana de perdón.*)

Quien a su prójimo engaña, a sí mismo se engaña.
Cheats never prosper.
(Those who deceive others do not thrive because they are forever suspected of ill doing.)

Quien te engañó, te engañará, y si repite, bien te estará.
If a man deceives you once, shame on him; if twice, shame on you.
(No comment!)

Una vez me podrás engañar; pero no más.
He that deceives is ever suspected.
(People will always be on their guard once they have been cheated.)

ENGAÑO
A buena fe, un mal engaño. *Vide*: FE.

Por la confianza se nos entra el engaño. *Vide*: CONFIANZA.

ENGENDRAR
Una deuda veinte engendra. *Vide*: DEUDA.

ENMENDAR
Nunca es demasiado tarde para enmendar. *Vide*: TARDE.

ENSEÑAR
El que no puede morder, que no enseñe los dientes. *Vide*: MORDER.

Enseñando se aprende. *Vide*: APRENDER.

ENOJAR
Enojar a otro y herirse en el ojo.
Anger punishes itself.
Don't cut off your nose to spite your face.

Quien se enoja no negocia.
When a man grows angry, his reason rides out.
(Anger blurs judgment.)

ENTENDEDOR
A buen entendedor con pocas palabras bastan.
A word to the wise is enough. / A nod is as good as a wink.
(In L. *intelligenti, pauca*. This is a very old saying which comes from the L. *verbum sat sapienti est*. A variant: *A buen entendedor, pocas palabras*.)

ENTERARSE
El marido es siempre el último en enterarse. *Vide*: MARIDO.

ENVIDIA
Más vale que nos tengan envidia que lástima.
Better be envied than pitied.
(Because it means we are doing all right.)

Si la envidia fuera tiña, muchos tiñosos habría.
If envy were a fever, all mankind would be ill.
(*Tiña*: ringworm. The implication is that most people envy others. A variant: *Si la envidia tiña fuera, ¡qué de tiñosos hubiera!*)

ENVIDIAR

Si envidias a un hombre, por inferior a él te reconoces.
He who envies admits his inferiority.
(Because man envies those who are better or have more.)

ENVIDIOSO

El envidioso nunca fue dichoso.
Envy never enriched any man.
(A variant says: *La envidia y las fiebres, matan al que las padece.*)

EQUIVOCARSE

El rey nunca se equivoca. *Vide*: **REY.**

ERRAR

El errar es maestro del acertar.
Mistakes are often the best teachers.
(The trial-and-error method is one of the best in order to learn.)

ESCARMENTAR

De los escarmentados nacen los avisados.
A burnt child dreads (fears) the fire.
Once bitten, twice shy.
(The implication is that experience teaches the way to act in the future. A variant is: *De los escarmentados nacen los arteros.*)

Escarmentar en cabeza ajena.
To learn at other men's cost.
(*Escarmentar*: to profit from experience.)

ESCOBA

Escoba nueva barre mejor.
New brooms sweep clean.
(New things seem better for a while. Cf. *Todo lo nuevo nos parece bueno.*)

Escovas nuevas barren bueno.
New brooms sweep clean.
(This is a Jewish-Spanish proverb. Cf. *Escoba nueva barre mejor.*)

ESCOGER

Entre ruin ganado poco hay que escoger. *Vide*: **GANADO.**

E ESCRITO
Lo hablado se va, lo escrito, escrito está. *Vide*: HABLAR.

Sobre gustos no hay nada escrito. *Vide*: GUSTO.

ESCUCHAR
Quien de otro mal hable, a escuchar se prepare. *Vide*: HABLAR.

Quien escucha su mal oye.
Listeners never hear any good of themselves.
He who peeps through a hole may see what will vex him.
(Eavesdroppers sometimes hear about themselves.)

ESCUPIR
Quien mal escupe, dos veces se limpia.
Who spits against the wind, it falls in his face.
(An evil deed boomerangs. Also: *Quien a Dios escupe en la cara le cae.*)

ESPADA
Cuantos empuñan la espada, a espada perecerán.
All they that take the sword shall perish with the sword.
(San Mateo, Matthew, 26.52.)

ESPEJO
Los ojos son el espejo del alma. *Vide*: OJO.

ESPERANZA
Con esperanza no se come.
Hope is a good breakfast but a bad supper.
Honor buys no meat in the market.
He that lives in hope dances to an ill tune.
(Hope alone is not enough.)

Con la esperanza se vive.
Everything comes to him who waits.
Hope keeps man alive.
(In spite of the fact that *con esperanza no se come*, hope alone suffices to endure the hardships of ill fortune.)

Esperanzas solas, malos avíos para la olla.
Hope is a good breakfast but a bad supper.
(A good stew can't be made with hope alone.)

E

La esperanza es el pan del alma.
If it were not for hope the heart would break.
(Because it feeds the soul and thanks to it man can keep on going in hard times.)

La esperanza es el pan que alimenta y no harta.
Hope is the poor man's bread.

La esperanza es larga y ancha.
Hope springs eternal in the human heart.
(Hope is wide and long.)

La esperanza es un pan de lontananza.
Hope springs eternal in the human heart.
(Cf. *La esperanza es el pan que alimenta y no harta.*)

La esperanza me sustenta.
Hope is the poor man's bread.
(However, Cf. *Más alimenta una mala pitanza que una buena esperanza.*)

Más alimenta una mala pitanza que una buena esperanza.
Who lives by hope will die by hunger.
(*Pitanza*: meal, food.)

Mientras hay vida hay esperanza.
While there is life, there is hope.
(Often *mientras* is substituted by *donde*. Cicero [106-43 BC.], *Dum anima est, spes esse decitur.*)

ESPERAR
A quien esperar y sufrir puede, todo en su tiempo le viene.
The world is for him who has patience.
(Those who are patient carry the day.)

Desea lo mejor y espera lo peor. *Vide*: DESEAR.

E

Lo menos esperado, más pronto llegado.
The unexpected always happens.
(The implication here is that we must be ready for all contingencies because when we least expected it, the unexpected happens.)

Quien espera, desespera.
A watched pot never boils.
Hope deferred makes the heart sick.
Too much hope, deceives.
(This *refrán* explains how hard it is to wait or hope for something to happen. This proverb is well known.)

ESTAR
Quien conmigo no está, contra mí está.
He who is not with me is against me.
(Matthew, San Mateo, 12.30, *El que no está conmigo está contra mi, y el que no recoge conmigo desparrama. He that is not with me is against me; and he that gathered not with me scattereth abroad.*)

ESTILO
El estilo es el hombre. *Vide*: HOMBRE.

ESTIRAR
Estirar el brazo más que la manga.
Stretch your arm no further than your sleeve will reach.
(Keep within your possibilities and means.)

EVA
Cuando Adán cavaba y Eva hilaba, la hidalguía, ¿dónde estaba? *Vide*: ADÁN.

EXCEPCIÓN
La excepción confirma la regla. *Vide*: REGLA.

EXCUSA
Excusa no pedida, la culpa manifiesta.
He who excuses, accuses himself.
(In Latin it is: *Excusatio non petita, accusatio manifesta.* And the French put it thus: *Qui s'excuse, s'accuse.* A similar proverb is: *Explicación no pedida, malicia arguye.*)

EXPERIENCIA

La experiencia es la madre de la ciencia.
Experience is the best teacher.
(Experience is all. L. *Experientia docet.*)

La experiencia mucho cuesta.
Experience must be bought.
(Because we must pay dearly with our own mistakes to acquire it.)

EXTENDER

Extender la pierna hasta donde llega la sábana.
Everyone stretches his legs according to the length of his coverlet.
(To do things according to one's possibilities and means. Also: *Cada uno extiende la pierna como tiene la cubierta.* Cf. *Estirar el brazo más que la manga.*)

EXTREMO

Los extremos se tocan.
Extremes meet.
(Opposites have a lot in common. Pascal, *Pensées, les extrèmes se touchent.* L. *Extremitates, aequalitates.*)

F

FÁCIL

Es más fácil de decir que de hacer.
Easier said than done.
(It's easy to make projects, for example, but to carry them out it's a bit more difficult.)

FALTA

Cada uno tiene su falta.
Every man has his faults.
(This is an excuse, of course, but true enough, nevertheless. There are a number of variants: *No hay hombre sin pero; hombre sin defecto alguno, ninguno; quien no cojea, renquea.*)

Guarda un cordelillo de cuarta; que alguna vez te hará falta. *Vide*: GUARDAR.

No hay tela sin falta.
The best cloth may have a moth in it.
(Nothing and nobody is perfect. Variants: *No hay mula sin tacha; no hay vino sin heces; no hay piara sin cabra coja.*)

FAMA

Cría buena fama y échate a dormir.
Win a good reputation and sleep at your ease.
(Another variation would be: *Cobra buena fama y túmbate en la cama.* Once you have a good reputation you'll always keep it.)

La mala fama al hombre mata.
He that has lost his credit, is dead to the world.
(A variant to this is: *La llaga, sana; la mala fama, mata.* The implication is that it is impossible to get rid of a bad reputation once acquired.)

F

Más vale buena fama que buena cara.
Good fame is better than a good face.
(Also: *Más vale buena fama que dorada cama.*)

Quien pierde la buena fama nunca logra recobrarla.
A good name is sooner lost than won.
(Once a good name is lost, it's difficult to mend things.)

FAMILIA
La familia que reza unida permanece unida.
The family that prays together stays together.
(This was made popular by Fr. Patrick Payton in the forties, and in the sixties in Spain, thanks to TV.)

FAVOR
Favor con favor se paga.
One good turn deserves another.

FE
A buena fe, un mal engaño.
Trust is the mother of deceit.
(Those who trust, end up deceived. This proverb warns us not to be too trusting. L. *Qui facile credit, facile decipitur.*)

Aun al enemigo se ha de guardar la fe.
One thief will not rob another.
(People must be honorable, even with one's enemies. The English proverb says that even a thief will be honorable with another thief!)

Hombre de poca fe.
O, thou, of little faith.
(Matthew, San Mateo, 14.31, *Hombre de poca fe, ¿por qué has dudado? O thou of little faith, wherefore didst thou doubt?*)

La fe mueve montañas.
Faith moves mountains.
(San Mateo, Matthew, 17.20, *Si tuvierais fe ... diríais a este monte, vete de aquí allá, y se trasladaría. If ye have faith ... ye shall say onto this mountain, Remove hence to yonder place and it shall remove.*)

F

FELICIDAD
La mejor felicidad es la conformidad.
Bear and forbear.
(This proverb tells us to put up with circumstances, however adverse because in this lies true happiness.)

FEO
¿Dónde tiene mi niño lo feo, que no lo veo? *Vide*: **NIÑO.**

FIAR
De quien me fío Dios me guarde, de quien no me fío me guardaré yo.
God keep me from him whom I trust, from him I trust not I shall keep myself.
(Another proverb dealing with the treachery of friends! *Vide*: **AMIGO** for further information.)

Quien de otro se fía, ya llorará algún día.
Trusting too much to others is the ruin of many.
(Proverbs constantly warn us against being too trusting.)

Quien fía y promete en deudas se mete. *Vide*: **PROMETER.**

FIESTA
A cada santo le llega su día de fiesta. *Vide*: **SANTO.**

FIN
El fin corona la obra.
The end crowns the work.
(L. *Finis coronat opus*. Also: *El fin lo hace todo*.)

El fin justifica los medios.
The end justifies the means.
(This famous saying is attributed to Herman Busenbaum, SJ., who said: *Cum finis est licitus, etiam media sunt licita*. However, Iribarren in his *El porqué de los dichos*, gives other possibilities: Pascal, for example. It seems that the idea is found also in Machiavelli's *The Prince*, Chap. XVIII, but even earlier than that Cicero said: *Salus populi, suprema lex esto*.)

Fin han de tener las cosas.
Everything has an end.
(Just as there is a beginning, there is an end. However, it is necessary to remark

that F. Nietzsche said that the idea of beginning and end was an invention of
the human brain and that there is no such thing in Nature.)

FLOR
La flor de la belleza es poco duradera. *Vide*: **BELLEZA.**

FORTUNA
Cuando la fortuna a tus puertas está, ábreselas de par en par.
When fortune smiles, embrace her.
(Don't turn your back on fortune when it comes to you. Cf. *La fortuna sólo pasa
una vez por cada casa.*)

Fortuna va sobre una rueda que nunca está queda.
The highest spoke in fortune's wheel, may soon turn lowest.
(This is about the wheel of fortune.)

La fortuna ayuda a los osados (audaces).
Fortune favors the brave.
(L. *Audaces fortuna juvat*, by Seneca.)

La fortuna es ciega y no sabe con quien pega.
Fortune is blind.
(Being blind, fortune doesn't know, or care, who it helps. Also: *La fortuna, a
unos lo da todo, y a otros, cosa ninguna.* The Latin is: *Fortuna caeca est.*)

La fortuna es madrina de los necios.
Fortune favors fools. / Fools for luck.
(*Madrina*: godmother, patroness.)

La fortuna es una veleta, nunca está quieta.
Fortune is fickle.
(Also: *La fortuna es loca. Veleta*: weathercock and fickle person.)

Más vale fortuna que consejo ni industria.
An ounce of luck is better than a pound of wisdom.
(The implication is that success is mostly a question of luck.)

FRÍO
Quien da el frío da el abrigo.
God sends cold after clothes.

F

(Although not mentioned in the Castilian proverb, the implication is that it is God who sends cold and clothes.)

FRUTA
La fruta prohibida es más deseada.
Forbidden fruit is sweetest.
(Of course, this is in reference to the forbidden fruit which Adam and Eve were not supposed to eat. But man longs for what he cannot have.)

FRUTO
Por sus frutos les conoceréis. *Vide*: CONOCER.

FUEGO
Donde fuego se hace, humo sale.
Where there is smoke there is fire.
(Cf. *Por el humo se sabe dónde está el fuego*. Also: *Cuando el río suena, agua lleva*.)

Por el humo se sabe dónde está el fuego.
Where there is smoke there is fire.
(One thing follows another.)

Quien juega con fuego, se quema los dedos.
If you play with fire you get burnt.
(Also: *Quien anda entre el fuego, quémase luego*.)

FUERTE
Acometa quien quiera, el fuerte espera.
When the going gets tough, the tough get going.
(The tough will withstand anything).

FUERZA
La unión hace la fuerza.
Union is strength.
(With the help of others we can accomplish more. Team work is always best.
L. *Vis unita fortior*.)

FUNDAR
No se fundó Roma en una hora. *Vide*: ROMA.

G

GAITERO

En casa del gaitero todos danzan.

In a fiddler's house all are dancers.

(The example sets the pace for the rest.)

GALLINA

Cuando la gallina se mete a gallo, enseguida remediallo.

It is a sad house where the hen crows louder than the cock.

(In reference to women who wish to run the household by bossing their husbands. It might be of interest to remark that the Castilian proverb urges a speedy solution.)

La gallina de mi vecina pone más huevos que la mía.

The grass looks greener on the other side of the fence.

(In spite of the fact that Spaniards are always accused of envy, or perhaps because of it, this proverb is not very common in Spain. Another such is: *Gusta lo ajeno más por ajeno que por bueno.*)

Matar la gallina de los huevos de oro.

To kill the goose that lays the golden eggs.

(Refers to Aesop's fable about the man who had a hen, goose, that laid gold eggs and out of curiosity killed it, only to destroy the wonderful source of his income. This applies to those who are greedy and, wishing to obtain more profit in business, destroy the sure thing.)

GALLO

Cada gallo canta en su muladar.

Every cock crows on his own dunghill.

(*Muladar*: dunghill. Everyone feels strong and confident in his own home or domain. In L. *Gallus in suo sterquilino plurimum potest*, as was said by Seneca.)

GANA

La abundancia mata la gana. *Vide*: ABUNDANCIA.

Más vale quedar con gana que caer en cama.
Leave off with an appetite.
(*Tener gana* means to have an appetite, to feel hungry. Again, these two proverbs urge us to eat less in order to avoid illness.)

GANANCIA

A más moros, más ganancia. *Vide*: MORO.

A río revuelto ganancia de pescadores. *Vide*: RÍO.

GANADO

Entre ruin ganado poco hay que escoger.
Small choice in rotten apples .
(Oftentimes it's dfficult to make a choice when the possibilities are not too good.)

GANAR

Mientras algo se gana, no se pierde nada.
There is no great loss without some gain.
(Something is better than nothing.)

No se ganó Zamora en una hora. *Vide*: ZAMORA.

Real ahorrado, real ganado. *Vide*: AHORRAR.

GANZÚA

No hay cerradura donde es oro la ganzúa. *Vide*: CERRADURA.

GASTAR

Quien poco tiene pronto lo gasta.
A moneyless man goes fast through the market.
(It's easy to go through money fast when our purse is empty.)

GATO

Cuando el gato no está, los ratones bailan.
When the cat's away, the mice will play.
(When the boss is out, the employees loiter away the day.)

G

De noche todos los gatos son pardos.
At night all cats are gray.
When candles are out all cats are gray.
(It's easy to deceive when things are not clear, or in the dark. The French have the same saying: *La nuit tous les chats sont gris*.)

Gato escaldado del agua fría huye.
A scalded cat fears hot water.
A burnt child dreads the fire.
Once bitten, twice shy.
Dogs once scalded are afraid even of cold water.
(When a person has been through a painful experience he treads more carefully in the future.)

Gato maullador, nunca buen cazador.
Barking dogs seldom bite.
(Those who make too much fanfare or act up a lot end up doing nothing or being really harmless. The French say: *chien qui aboit ne mord pas*.)

Hasta los gatos quieren zapatos.
Beggars' bags are bottomless.
(The implication is that people are forever asking for more, and there is no limit to their demands, so much so that even cats want to wear shoes!)

Pescado quiere el gato mas no quiere mojar el plato. *Vide*: PESCADO.

Ponerle el cascabel al gato. *Vide*: CASCABEL.

Siete vidas tiene un gato.
A cat has nine lives.
(Through history the cat has been symbolic in many ways. It is believed that it is just about immortal, having more than one life: seven in Castilian and nine in English. There is a very funny variant to this proverb: *Siete vidas tiene un gato y la mujer tres o cuatro*.)

GÉNOVA
Génova la bella, mar sin pescado, montes sin leña, hombres sin conciencia, mujeres sin vergüenza.
Genoa has mountains without wood, sea without fish, women without shame, and men without conscience.

(Obviously Genoa was not a popular city!)

GLORIA
Así pasa la gloria del mundo.
Thus the glory of the world passes away.
(Thomas à Kempis, *De Imitatio Christi*, *Sic transit gloria mundi*. It refers to the unimportance of material things, as all our worries and possessions will pass away, just as we will.)

GOLONDRINA
Una golondrina no hace verano.
One swallow does not make a summer.
(This well-known European saying comes from the L. *una hirundo non facit ver*. In German: *Eine Schwalbe macht nicht einen Sommer*. In French: *Une hirondelle ne fait pas le printemps*. Even in Catalan: *Una oroneta no fa estiu*.)

GOLPE
Muchos golpes derriban un roble. *Vide*: ROBLE.

Un solo golpe no derriba un roble. *Vide*: ROBLE.

GOTA
Gota a gota la mar se apoca.
Little leaks sink the ship.
The longest day must have an end.
(Great deeds can be accomplished little by little. Richard Burton quotes Austin as saying that *many grains and small sands sink a ship, many small drops make a flood*.)

La gota que colma el vaso.
The last drop makes the cup run over.
It is the last straw that breaks the camel's back.
(Everything has a limit beyond which things will go awry. Another *refrán* says that *El asno sufre la carga, mas no la sobrecarga*, which in English is: *it is not the burden, but the over-burden that kills the beast*.)

GOTERA
Dando y dando, la gotera va horadando.
Constant dripping wears away the stone.
(Great things can be accomplished with patience. From the L. *Gutta cava lapidem*.)

Dando y más dando, la gotera abre agujero en la piedra.
Constant dripping wears away the stone.
(Cf. *Dando y dando, la gotera va horadando.*)

GOZO
Año de mozo, año de gozo. *Vide*: MOZO.

GRACIA
Más vale caer en gracia que ser gracioso. *Vide*: GRACIOSO.

GRACIOSO
Más vale caer en gracia que ser gracioso.
Better be born lucky than wise.
A little wit will serve a fortunate man.
(No matter who or what you are, if people like you, you've got it made! The literal translation could be: *Better pleasing than pleasant!*)

GRAMÁTICA
Más vale una onza de práctica que una libra de gramática. *Vide*: PRÁCTICA.

GRANDE
De chicas causas, grandes efectos. *Vide*: CAUSA.

De los arroyos chicos se hacen los grandes ríos. *Vide*: RÍO.

GRANERO
A granero robado, cerradura y candado. *Vide*: ROBAR.

GRANO
Cada día un grano pon y harás montón.
Penny and penny laid up will be many.
(The implication is that thrift is good.)

Mucha paja y poco grano. *Vide*: PAJA.

Un grano no hace granero pero ayuda al compañero.
Every little helps.
(Help is always welcome even if not much.)

Una cosa es prometer y otra cosa es dar grano. *Vide*: PROMETER.

GUARDAR

A quien sabe guardar una peseta nunca le faltará un duro. *Vide*: PESETA.

Guarda un cordelillo de a cuarta; que alguna vez te hará falta.
Keep a thing seven years and you'll find a use for it.
(In the old times everything was useful and had to be kept for a rainy day, at least seven years in the case of English.)

Guardar para la vejez, acierto es.
Keep something for the sore foot.
(There was no social security and the future for old people was unsure, moneywise, so putting money away for old age was a good thing to do.)

Peseta guardada, dos veces ganada. *Vide*: PESETA.

Quien guarda, halla.
Those who hide can find.
Waste not, want not.
Of saving comes having.
(People were urged to be thrifty. Things are quite different now.)

Quien no guarda, no halla.
Waste not, want not.
(Cf. *Quien guarda, halla.*)

GUERRA

El dinero es el nervio de la guerra. *Vide*: DINERO.

En la guerra y el amor el que vence tiene razón. *Vide*: AMOR.

Más vale uno en paz que ciento en guerra. *Vide*: UNO.

GUSTO

Sobre gustos no hay nada escrito.
There is no accounting for tastes.
One man's meat is another man's poison.
There is no disputing about tastes.
(This very popular saying comes from the L. *De gustibus non est disputandum*. The last word has not been said yet about individual tastes. *De* is often used instead of *Sobre*.)

H

HABA
En todas partes cuecen habas.
In every country dogs bite.
(It's the same everywhere although we think we are different. People act the same, eat, sleep, die, work, boil beans and their dogs bite!)

HÁBITO
De los muchos actos se hace el hábito.
Once a use and ever a custom.
(Repetition makes habits.)

El hábito no hace al monje.
Clothes do not make the man.
The cowl does not make the monk.
(*L'habit ne fait pas le moine* in French. L. *cucullus non facit monachum*. A variant is: *El hábito no hace al fraile*. We shouldn't judge by appearance only. According to Iribarren it was Pope Gregory IX, who in 1227 wrote: *Cum monachum non faciat habitus, sed professio regularis*.)

HABLAR
De sabios es hablar poco y bien.
He knows most who speaks least.
(Silence is the course of the wise.)

Boca sucia no habla limpio.
Rumor is a lying jade.
(Gossipers have a foul mouth and nothing clean comes out from them.)

Habla poco, escucha más y no errarás.
The least said the better.
Least said soonest mended.

Little said, soon mended.
(Proverbs urge us to speak as little as possible in order to avoid making mistakes.)

Hablando del rey de Roma, por la puerta asoma.
Talk of the devil and he is sure to appear.
(Also: *En mentando al rey de Roma, luego asoma.* The original was *ruin* for *rey*. It is said when someone who is being talked about shows up.)

Hombre muerto no habla. *Vide*: HOMBRE.

Las leyes callan mientras hablan las armas.
Where drums beat, laws are silent.
(Another possibility is *Enmudecen las leyes con el estrépito de las armas.* In Latin: *Inter arma lege silent,* laws are silent among arms. Also: *Cuando la fuerza manda, la ley calla.*)

Lo hablado se va, lo escrito, escrito está.
Words fly, writing remains.
(L. *Littera scripta manet.* Also: *Lo escrito, escrito queda, y las palabras el viento las lleva.*)

Loro viejo no aprende a hablar. *Vide*: LORO.

Mucho hablar y poco dar.
The greatest talkers are the least doers.
(The implication is that those who promise, seldom deliver.)

Quien de otros mal hable, a escuchar se prepare.
He that speaks the things he should not, hears the things he would not.
(Gossipers, rumormongers, should be prepared to hear people talk ill of them also.)

Quien de otros te habla mal, a otros de ti lo hará.
Who chatters to you, will chatter of you.
(It's best not to lend ears to rumors because those who carry tales don't care whose reputation they ruin.)

¡Quién habló que la casa honró!
Look who's talking!

(This is often said about or to people who say things they shouldn't or who have something to hide.)

Quien mucho habla mucho yerra.
Talk much and err much.
(Silence is golden. Also: *Quien en mucho hablar se empeña a menudo se despeña.*)

HACER

A todo se hace uno.
Customs reconcile us to everything.
Pursuits become habits.
(Man gets used to everything, good and bad.)

Antes de hacello, dormir sobre ello. *Vide*: **DORMIR.**

Decir y hacer no comen a una mesa.
Saying and doing do not dine together.
(Because they seldom go together.)

Diciendo y haciendo.
The shortest answer is doing.
Do it now.
The shortest answer is doing the thing.
(The implication is that things must be done right away, in a jiffy. Cf. in English: *He who hesitates is lost.*)

Donde fueres haz lo que vieres.
When in Rome do as the Romans do.
(This proverb advises us to follow the customs and habits of the region or country we visit. It comes from the L. *Cum Romae fueris, Romano vivito more.*)

El que hace lo que puede no está obligado a más.
No one is bound to do impossibilities.
(We must do our best and our utmost, and no more. This Spanish proverb is very well-known and widely used. Also: *Culpa no tiene el que hace lo que puede.*)

Hacer como hacen no es pecado.
Tit for tat is fair play.
(To pay back in the same coin is no sin.)

H

Hágase lo que sea justo, aunque se hunda el mundo.
Do what is right, come what may.
(Justice must be done no matter what, and come what may.)

Haz bien y no mires a quien.
Do what is right, come what may.
One never loses in doing a good turn.
Never be weary of well doing.
(The Spanish proverb here means that a good turn must be done regardless of the recipient. It just wouldn't do to be good to some people only.)

Haz lo que bien digo y no lo que mal hago.
Do as I say, not as I do.
(In the *Decameron*, Boccaccio says: *Do as we say, and not as we do.*)

No la hagas y no la temas.
Evil doers are evil dreaders.
When in doubt do nowt.
(If you are not sure, don't, and you won't have to fear anything.)

Nunca hagas las cosas a medias.
Never do things by halves.
(It is said in English that if something is worth doing, it is worth doing well.)

Para lo que el hombre no quiere hacer, achaque ha de poner.
A bad workman always blames his tools.
(People never want to assume responsibilities for their mistakes. *Achaque* here is a pretext or excuse.)

Quien no tuviera que hacer, arme navío o tome mujer. *Vide*: **MUJER.**

Quien hizo, hará.
He who has done ill once, will do it again.
(Beware of those who have pulled a fast one on you because they'll try it a second time, says the proverb.)

Quien quiso, hizo. *Vide*: **QUERER.**

Tal harás, tal hallarás.
Do well and have well.
(Cf. *Quien siembra vientos recoge tempestades*.)

Y como queréis que hagan los hombres con vosotros, así también haced vosotros con ellos.
Do unto others as you would they should do unto you.
(Luke, San Lucas, 6.31.)

HALLAR
Cosa hallada no es hurtada.
Findings keepings. / Finders, keepers.
(And as it is not stolen, you may keep what you find.)

HAMBRE
De hambre pocos vi morir, de mucho comer cien mil.
Few die of hunger, a hundred thousand of surfeits.
(Warns us against overeating.)

El hambre echa al lobo del monte.
Hunger drives the wolf out of the wood.
(In French: *La faim chasse le loup hors du bois*.)

Hambre y esperar hacen rabiar.
A hungry man is an angry man.
(*Rabiar*: to rage, be very mad. A hungry man rages and is dangerous. Note that the Spanish proverb adds *esperar* also. Another possibility is: *Hombre con hambre no sabe lo que hace*.)

La hambre despierta el ingenio.
Hunger is sharper than the sword.
(Hunger forces a man to use his wits which are sharpened by it.)

La mejor salsa es el hambre.
Hunger is the best sauce.
(When people are hungry everything tastes great. Cicero, *De Finibus, cibi condimentum est fames*. And the Bible says: *El que está harto pisotea incluso el panal de miel. Mas el que tiene hambre incluso lo amargo encuentra dulce. The full soul loathed an honeycomb; but to the hungry soul every bitter thing is sweet.* Proverbios, Proverbs, 27.7.)

H

HAMBRIENTO
Más discurre un hambriento que cien letrados.
Hunger drives the wolf out of the wood.
(Hunger forces a man to get moving.)

HARINA
Donde no hay harina, todo es mohína.
A light purse makes a heavy heart.
When poverty comes in at the door, love flies out the window.
(*Mohína*: displeasure, anger. *Harina* refers to money, to poverty. Also: *En acabándose la plata, el amor se desbarata*.)

HECHO
A lo hecho, pecho.
Grin and bear it.
(What's done is done and no two ways about it!)

Dicho sin hecho no trae provecho.
Actions speak louder than words.
(Promises alone are not enough.)

Dicho y hecho.
No sooner said than done.
(It's the famous Catalan saying: *Pensat i fet*.)

Lo hecho, hecho está.
What must be, must be.
What's done cannot be undone.
Things past cannot be recalled.
(Cf. *A lo hecho, pecho*.)

HEMBRA
En la casa de bendición, primero hembra; y después, varón.
My son is my son tills he gets him a wife, but my daughter's my daughter all the days of her life.
(Both proverbs imply that women take better care of their parents than men do. This was very important for old age.)

HENCHIR
Zurrón de mendigo, nunca henchido. *Vide*: ZURRÓN.

HERIDA
No pongas el parche antes de que te hagan la herida.
Don't cry before you are hurt.
(A variant: *Algunos se ponen el barro antes que les pique el tabarro.*)

HERIR
Enojar a otro y herirse en el ojo. *Vide*: OJO.

HERRADURA
Por un clavo se pierde una herradura. *Vide*: CLAVO.

HERRERO
En casa del herrero, badil de madero.
Who is worse shod than the shoemaker's wife?
The shoemaker's son always goes barefoot.
(Another version, perhaps more common, goes: *en casa del herrero, cuchillo de palo.*)

HIEL
No hay miel sin hiel. *Vide*: MIEL.

HIERBA
Hierba mala presto crece.
Ill weeds grow apace.
(The implication is that evil people thrive. L. *Mala herba cito crescit.*)

HIERRO
A hierro caliente, batir de repente.
Strike while the iron is hot.
(Opportunities must be seized as they come, without delay. A blacksmith must strike the iron when hot in order to shape it. In Italian: *Bisogna batter il ferro quando é caldo.* Var. *Cuando el hierro está encendido, entonces ha de ser batido.* L. *Dum ferrum candet tundito.*)

Martillar en hierro frío.
To flog a dead horse.
(To perform a useless task.)

Quien a hierro mata, a hierro muere. *Vide*: MATAR.

H HIJO
Quien ahorra la vara odia a su hijo. *Vide*: VARA.

HISTORIA
La historia se repite.
History repeats itself.
(No comment!)

HOJA
Caen las hojas y caerán los árboles. *Vide*: CAER.

HOMBRE
Al hombre honrado, todo le cuesta caro.
Honesty is ill to thrive by.
(It does seem to imply that honesty doesn't pay ... but, who knows!)

El estilo es el hombre.
The style is the man.
(L. *Stylus virum arguit*. In French: *Le style est l'homme*.)

El hombre es fuego; la mujer, estopa; llega el diablo y sopla.
A woman is flax, man is fire, the devil comes and blows the bellows.
(Another variant is: *Si el fuego está cerca de la estopa, llega el diablo y sopla*.)

El hombre es la medida de todas las cosas.
Man is the measure of all things.
(Protagoras, c.485-c.410 B.C.)

El hombre es un lobo para el hombre.
Man is a wolf to man.
(Titus Plautus: *Homo homini lupus*.)

El hombre propone y Dios dispone.
Man proposes, God disposes.
(Kempis: *Homo proponit, set Deus disponit*. In French: *L'homme propose et Dieu dispose*.)

El mayor enemigo del hombre es el hombre. *Vide*: ENEMIGO.

El nombre rige al hombre. *Vide*: NOMBRE.

Hombre anciano, juicio sano.
An old man's sayings are seldom untrue.
(Good judgement because of experience and age.)

Hombre casado, hombre enjaulado.
A young man married is a man that is marr'd.
(There is, however, another proverb that makes up for this one: *Quien marido cobra, asno compra.*)

Hombre difamado, peor que ahorcado. *Vide*: DIFAMAR.

Hombre muerto no habla.
Dead men tell no tales.
(The dead are just nothing and present no threat to the living.)

Hombre pequeño pocas veces risueño.
Short folk are soon angry.
(Obviously this is not a universal truth, but it does show that short people were not appreciated.)

Hombre prevenido vale por dos.
Threatened men live long.
Afore warned, afore armed.
Forewarned, forearmed.
A danger forseen is half avoided.
One good forewit is worth two afterwits.
(It's good to be prepared for any contingency. Var. *Hombre apercibido vale por dos.*)

La mala fama, al hombre mata. *Vide*: FAMA.

La vida de un hombre es un soplo.
Life is but a span.
(*Soplo* is colloquial for instant, moment.)

Los hombres no se miden a palmos.
Men are not to be measured by inches.
(There is an excellent saying in Spanish that goes like this: *Al hombre se le mide de cejas arriba. Ceja* being eyebrow, of course.)

H

No hay gran hombre para su ayuda de cámara.
No man is a hero to his valet.
(According to Iribarren the saying has been attributed to several people:
Madame Curuel [1605-1694], Samuel Foot [1720-1777] but it seems that it was
used by Montaigne in one of his Essays. Cf. *La mucha confianza es causa de
menosprecio.*)

No hay hombre sin pero.
Every man has his weak side.
(John, San Juan, 8.7, says: *He that is without sin among you, let him first cast a
stone at her.*)

Para lo que el hombre no quiere hacer, achaque ha de poner. *Vide*: HACER.

Si envidias a un hombre, por inferior a él te reconoces. *Vide*: ENVIDIAR.

Tantos hombres, tantas opiniones.
So many men, so many opinions.
(L. *Quot capita tot sensus*, so many heads, so many opinions.)

**Tres cosas echan a un hombre de la casa fuera: el humo, la gotera y la mujer
vocinglera.**
Three things drive a man out of his house -smoke, rain and a scolding wife.
(A well-known L. saying: *Sunt tria damna domus: imber, mala femina, fumus. Mujer
vocinglera* is a nagging, shouting wife. Also: *Humo y mala cara, sacan a la gente
de casa.* And the Bible says: *Mejor es vivir en un rincón del desván que en amplia
casa con mujer quisquillosa. It is better to dwell in the corner of the housetop, than
with a brawling woman and in a wide house.* Proverbios, Proverbs, 25.24.)

HOMERO
Algunas veces dormita Homero.
Homer sometimes nods.
(Horace: *...quandoque bonus dormitat Homerus*, en su *Ars Poetica*, 359. Everyone can
make a mistake, even Homer. A similar proverb: *el mejor maestro de espada, muere
de una estocada*, meaning that nobody is perfect. Also: *El mejor escribano echa un
borrón* and *al mejor nadador se lo lleva el río*. Richard Burton in his *The Anatomy
of Melancholy* says on page 123: ... *there be so many objects to divert, inward
perturbations to molest, and the very best may sometimes err; aliquando bonus dormitat
Homerus, sometimes that excellent Homer takes a nap...* The Spanish version is not
very common in everyday speech, but neither is the English, for that matter.)

HONOR
Donde no hay honor no hay dolor.
Where there is no honor there is no grief.
(It seems that only honorable people suffer, the rest don't give a damn.)

HONRA
Con honra sola no se pone olla.
Honor buys no meat in the market.
(Honor and fame are just fine but buy nothing, or so the two proverbs seem to imply.)

Honra sin provecho, anillo al dedo.
Honor without profit is a ring on the finger.
(A ring on the finger is just show, a meaningless adornment.)

Honra sola no pone olla.
Honor buys no beef in the market.
Honor buys no meat in the market.
(These two proverbs are var. of *con honra no se pone olla.*)

La honra está en quien la da.
Honor shows the man.
(It pays to be honest.)

HORA
A buenas horas mangas verdes. *Vide*: MANGA.

No se ganó Zamora en una hora. *Vide*: ZAMORA.

Tiempo ni hora no se ata con soga. *Vide*: TIEMPO.

HOY
Antes hoy que mañana.
Do it now.
(Cf. *No dejes para mañana lo que puedas hacer hoy.*)

El hoy aquí está, ¿mañana quién lo verá?
There's no time like the present.
(The present is our only reality.)

H   Hoy en palco, mañana en catafalco.
Today a man, tomorrow none.
(*Catafalco*: catafalque, draped structure on which the coffin rests during an imposing funeral; bier. *Palco*, of course, is a theater box. The French say: *Aujourd'hui chevalier, demain vacher.*)

Lo que hoy no hagas no lo harás mañana. *Vide*: MAÑANA.

Más vale un "hoy" que diez "mañanas". *Vide*: MAÑANA.

Mejor es huevo hoy que pollo mañana.
Better an egg today than a hen tomorrow.
(Cf. *Más vale pájaro en mano que ciento volando.*)

HOYO
El muerto al hoyo y el vivo al bollo. *Vide*: MUERTO.

HUEVO
La gallina de mi vecina pone más huevos que la mía. *Vide*: GALLINA.

Matar la gallina de los huevos de oro. *Vide*: GALLINA.

No se hacen tortillas sin tocar los huevos. *Vide*: TORTILLA.

HUIR
A enemigo que huye, puente de plata. *Vide*: ENEMIGO.

Gato escaldado del agua fría huye. *Vide*: GATO.

Más vale un buen huir que un mal morir. *Vide*: MORIR.

HUMO
Por el humo se sabe dónde está el fuego.
Where there is smoke, there is fire.
Where bees are, there's honey.
(Certain hints or clues tell us what's behind them. L. *Fumus ergo ignis.*)

HURTAR
Más vale pedir que hurtar.
Better beg than steal.

(This is said to people who hate to borrow things from others or ask favors from others.)

No hay mejor bocado que el hurtado.
Stolen waters are sweet.
(The pleasure of getting something for nothing overrides even common sense.)

Quien hurta la onza, hurta la arroba.
He that steals a pin steals a pound.
(The Spanish proverb is not very popular but it should be because it is a perfect match for the English saying. An *arroba* was a unit of weight of about 25 pounds. Cf. *El que hace un cesto hace ciento.*)

I

IGNORANCIA

La ignorancia de la ley no excusa la pena de ella.
Ignorance of the law excuses no man.
(L. *Ignorantia iuris neminem excusat*. A legal maxim.)

La ignorancia es atrevida.
Ignorance is the mother of impudence.
A little learning is a dangerous thing.
(Ignorance is daring by its very nature.)

La ignorancia es madre de la admiración.
Wonder is the daughter of ignorance.
(Most people admire things simply because they don't understand them, out of ignorance. Terence [190-159 B.C.] said: *Omne ignotum pro magnifico est,* what we ignore we suppose wonderful. Publius Cornelius Tacitus mentions this in his *Agricola*.)

Nada hay más atrevido que la ignorancia.
A little learning is a dangerous thing.
(Cf. *La ignorancia es madre de la admiración.*)

IGUAL

Ante Dios todos somos iguales. *Vide*: DIOS.

Cada cual con su igual.
Like will to like.
(Cicero, *De Senectute*, III, vii, *Pares cum paribus facillime congregantur*, equals most easily mix.)

IMPRESIÓN
La primera impresión es la más duradera.
First impressions are the most lasting.
(Cf. *Las apariencias engañan.*)

INCONVENIENCIA
No hay conveniencia sin inconveniencia.
No convenience without its inconvenience.
(Cf. *El que algo quiere, algo le cuesta.*)

INFIERNO
El infierno está empedrado de buenas intenciones.
The road to hell is paved with good intentions.
(Var. *El infierno está lleno de buenas intenciones* and *el camino del infierno está empedrado de buenas intenciones.* Good intentions are not quite enough if not carried out in practice. St. Bernard de Claraval [1091]: *L'enfer est plein de bonnes volontés ou désirs.* Iribarren attributes it to Boswell and also to Walter Scott who said in his *The Bride of Lammeroor: Hell is full of good meanings and wishes.*)

INGENIO
La hambre despierta el ingenio. *Vide*: HAMBRE.

INGLÉS
Con los ingleses, ni a partir nueces: la carne se comerían y las cáscaras te dejarían.
The way to an Englishman's heart is through his stomach.
Gluttony is the sin of England.
(It may seem surprising but there are very few proverbs in Spain about the English. This one is just an example which has in common with the English saying that it accuses the English of gluttony, and greed, also.)

INGRATO
De ingratos está el mundo lleno.
The world's coin is ingratitude.
(The meaning is plain: people are just ungrateful.)

INVIERNO
Al invierno no se lo comen los lobos.
Winter never rots in the sky.

IR

En lo que no te va nada, no metas tu cucharada.
Never trouble trouble till trouble troubles you.
(Don't stick your nose in other people's affairs until they affect you, that is.)

Nadie de aquí rico se va; lo que tenga aquí lo dejará. *Vide*: RICO.

Quien va poco a poco hace buena jornada.
Slow and steady wins the race.
(Haste has been condemned by most proverbs. This one urges us to take it easy. The Italians say: *Chi va piano, va lontano*.)

IRA

La ira es locura el tiempo que dura. *Vide*: LOCURA.

ITALIA

Génova la bella, mar sin pescado, montes sin leña, hombres sin conciencia, mujeres sin vergüenza. *Vide*: GÉNOVA.

Italia para nacer; Francia para vivir, y España para morir.
A man would live in Italy but he would choose to die in Spain.
(The Spanish saying mentions France also. It is supposed that it was better to die in Spain because as this country was more steadfast in matters religious, it would be easier to go to Heaven from there.)

J

JAMÓN

Cuando no hay jamón ni lomo, de todo como. *Vide*: COMER.

JORNADA

Por oír misa y dar cebada nunca se perdió jornada. *Vide*: MISA.

Quien va poco a poco hace buena jornada. *Vide*: IR.

JOROBADO

El jorobado no ve su chepa, y se burla de la ajena.
The hunchback does not see his own hump, but sees his companion's.
(We don't see our own defects no matter how obvious they may be, but are quick to point out our neighbor's.)

JOVEN

De joven se puede llegar a viejo; pero de viejo, sólo soltar el pellejo.
Young men die, but old men must die.
(The older we are the closer to death we are. Truisms are part of the essence of the proverb.)

JUEGO

Afortunado en el juego, desgraciado en amores.
Lucky at cards, unlucky in love.
(This is said to those who are winning! Of course, the reverse is also said: *Desgraciado en el juego, afortunado en amores*, as a consolation.)

Juegos de manos, juegos de villanos.
It is ill jesting with edged tools.

JUGAR

Más ven los que miran que los que juegan. *Vide*: MIRAR.

J

Quien juega con fuego, se quema los dedos. *Vide*: FUEGO.

JUEZ
Del juez necio, sentencia breve.
From a foolish judge, a quick sentence.
(It seems that lawyers and judges always get the short end of the stick as far as proverbs go. But it seems that here the implication is that haste is not good.)

JUZGAR
No juzguéis para que no seais juzgados.
Judge not that ye be not judged.
(From the *Bible*: Matthew, San Mateo, 7.1.)

No juzgues la pieza por la muestra.
Don't judge a book by its cover.
(*Muestra*: sample. Cf. *Las apariencias engañan. El hábito no hace al monje.*)

L

LADRAR
El perro viejo no ladra en vano. *Vide:* PERRO.

Ladrar a la luna.
To bark at (against) the moon.
(Applied to a useless activity.)

LADRÓN
A fácil perdón, frecuente ladrón.
Pardon one offense and you encourage many.
(One should not forgive lightly lest one encourages crime.)

Cree el ladrón que todos son de su condición.
Who is in fault suspects everybody.
Ill doers are ill thinkers.
(No comment!)

La ocasión hace al ladrón.
Opportunity makes the (a) thief.
A bad padlock invites a picklock.
(L. *Occasio facit furem.* Also: *Puerta abierta, al santo tienta* and *candado sin tornillo da la hacienda al vecino.*)

Molinero y ladrón, dos cosas suenan y una son. *Vide:* MOLINERO.

Para los ladroncillos se hicieron cárceles y presidios; para los grandes ladrones siempre hay cuentas de perdones.
Little thieves are hanged, but great ones escape.
(People have always thought that justice only punishes the humble, the poor. The rich always get off lightly.)

L **Si no hubiera compradores, no habría ladrones.**
If there were no receivers, there would be no thieves.
(By *compradores* the proverb refers to buyers of stolen property, *fences*. An English proverbs says that the receiver is as bad as the thiever.)

LANA
Muchos van por lana y vuelven trasquilados.
Many go out for wool and come home shorn.
(The implication is that sometimes you try to get something and you end up worse than you began.)

LÁSTIMA
Más vale que nos tengan envidia que lástima. *Vide*: ENVIDIA.

LATÍN
Con latín, rocín y florín, andarás todo el mundo.
With Latin, a horse, and money, you may travel the world.
(Latin means, of course, knowledge. With these three things a person could go far in olden times. Nowadays money suffices.)

LECHERA
El cuento de la lechera.
Don't count your chickens before they are hatched.
(This saying refers to the story of the milkmaid, a famous fable by Félix María de Samaniego [1745-1801], who in turn took it from La Fontaine [1621-1695]. A milkmaid was going to the market in order to sell some milk. On the way she was daydreaming about the profits and what she would buy: some chickens and with the profits, a pig, and then a cow ... but she stumbles and spills the milk, and she loses everything! Also: *No hay mujer tan ladina, que cuente los huevos en el culo de la gallina.*)

LEJOS
Despacio se va lejos. *Vide*: DESPACIO.

LENGUA
Malas lenguas cortan más que espadas luengas.
The tongue is not steel, yet it cuts.
(In Psalms, 64.3, it is said: *Who whet their tongues like a sword, and bend their bows to shoot their arrows, even bitter words. Los que afilan su lengua como espada, lanzan como saetas palabras envenenadas.*)

Quien lengua ha, a Roma va. *Vide*: ROMA.

L

Una mala lengua destruye a un pueblo.
An ill tongue may do much.
(In Jeremiah, Jeremías, 18.18, it is said: *Come, and let us smite him with the tongue. Ea, matémosle con la lengua.*)

LENGUAJE
Lenguaje meloso, trato engañoso.
A honey tongue, a heart of gall.
(Good words and manners sometimes conceal deceit.)

LEÑA
Llevar leña al monte.
To carry coals to Newcastle.
(The implication is that one should not engage in useless activities, like taking wood to the forest.)

LEÑO
Grande o pequeño cada uno carga con su leño. *Vide*: CARGAR.

LEÓN
No es tan fiero el león como lo pintan.
The devil is not so black as he is painted.
(Also: *No es el diablo tan feo como lo pintan.* Sometimes things are not as bad as reported.)

LETRA
La letra mata, su sentido sana.
The letter killeth but the spirit giveth life.
(The Spanish is taken from II Corinthians, 3.6, ... *pues la letra mata, pero el espíritu da vida.* And in L. *Spiritus est qui vivificat.*)

LEY
Hecha la ley, hecha la trampa.
Every law has a loophole.
(It's difficult to pass a loophole-free law, as judges and lawyers know. L. *Inventa lege, inventa fraude.*)

L **La ignorancia de la ley no excusa su cumplimiento.**
Ignorance of the law is no excuse for breaking it.
Ignorance of the law excuses no one.
(L. *Ignoratia juris neminem excusat*, ignorance of the law excuses no one. If this were not so, no one would ever break the law!)

La ley nace del pecado y la ley lo castiga.
The law grows of sin, and chastises it.

Las leyes callan mientras hablan las armas. *Vide*: **HABLAR**.

Muchas leyes, mal gobierno.
Much law but little justice.
(Lawmakers pass bill after bill but in the end there is little justice.)

Nuevo rey, nueva ley.
New lords, new laws.
(Every new boss upsets the applecart with new rules and ways of doing things. The Latin proverb is: *Novus rex, nova lex*.)

Quien la ley establece, guardarla debe.
Law makers should not be lawbreakers.
(These proverbs still hold true or at least they should. Another one is: *El respeto de la ley comience por el rey*.)

LIBERALIDAD
Con las liberalidades se granjean las amistades. *Vide*: **AMISTAD**.

LIBERTAD
La libertad vale más que el oro.
Liberty is more worth than gold.
Cervantes, and through Don Quijote, says about liberty: *La libertad, Sancho, es uno de los más preciosos dones que a los hombres dieron los cielos; con ella no pueden igualarse los tesoros que encierra la tierra...* in Part II, Chapter LVIII.)

La libertad es una alhaja que con ningún dinero se paga.
Liberty is a jewel.
(Cf. *La libertad vale más que el oro*.)

La libertad no tiene par.
Liberty is a fair thing.
(It's probably the best thing in life.)

Merced recibida, libertad vendida.
Who receives a gift, sells his liberty.
(Once we accept a gift we owe something and those who owe are not free.)

LIBRE
Quien a otro sirve no es libre. *Vide*: SERVIR.

LIBRO
Libro cerrado no saca letrado.
A book that is shut is but a block.
(It's not enough to buy and own books, they must be opened and read. *Un letrado* is a learned person, a scholar.)

LIEBRE
Cuando menos se piensa salta la liebre.
The unexpected always happens.
Where we least think there goes the hare away.
(When you are out hunting and when you least expect it, the hare springs suddenly in front of you and makes a run for it. The French say: *De là où l'homme ne pense pas, sort le lièvre*.)

Perro que muchas liebres levanta pocas mata. *Vide*: PERRO.

Quien sigue dos liebres ambas pierde.
If you run after two hares you will catch neither.
(L. *Qui duos lepores sequitur, neutrum capit*. Also: *Galgo que a dos liebres corre, a ninguna coge*.)

Uno la liebre levanta y otro la mata.
One beats the bush and another catches the birds.
(A var. *Uno coge la liebre en el prado, y otro la coge en el plato*.)

LIMPIAR
Quien mal escupe, dos veces se limpia. *Vide*: ESCUPIR.

LIMPIEZA

La limpieza es media riqueza.
Cleanliness is next to godliness.
(Proverbs try to instill basic rules of conduct, and cleanliness is one of them.)

Limpieza y sanidad son amigos de verdad.
Cleanliness is next to godliness.
(A very common variant is: *La limpieza no está reñida con la pobreza.*)

LLAMADO

Porque muchos son ciertamente los llamados, mas son pocos los escogidos.
For many are called, but few are chosen.
(San Mateo, Matthew, 22.14. *Elegidos* is often used instead of *escogidos*.)

LLEGAR

El que primero llega ése la calza. *Vide*: **PRIMERO.**

LLORAR

Aprende llorando; reirás ganando. *Vide*: **APRENDER.**

El que no llora no mama. *Vide*: **MAMAR.**

El reír del llorar, poco suele distar. *Vide*: **REIR.**

Quien bien te quiere te hará llorar. *Vide*: **QUERER.**

Siempre es tarde cuando se llora. *Vide*: **TARDE.**

Todos llorando nacieron, y nadie muere riendo.
We weeping come into the world, and weeping hence we go.
(A truism of which proverbs are very fond of.)

LLOVER

Cuando no llueve en febrero, no hay buen prado ni buen centeno.
If in February there be no rain, 'tis neither good for hay nor grain.

Llovida de mañana no quita jornada.
Rain before seven, fine before eleven.
(It was believed that morning rain was a short thing.)

LOBO

El hambre echa al lobo del monte. *Vide*: HAMBRE.

El hombre es un lobo para el hombre. *Vide*: HOMBRE.

Muda el lobo los dientes y no las mientes.
A leopard never changes his spots.
The wolf may lose his teeth but never his nature.
(L. *Lupus pilum mutat non mentem*. Basically people never change.)

Un lobo a otro no se muerden.
Dog does not eat dog.
Hawks will not pick out hawks' eyes.
(People should not attack or harm one another, specially those who have something in common. Also: *Nunca un lobo mata a otro* and *un perro a otro no se muerden*.)

LOCO

De locos y en lugar estrecho, esperar daño y no provecho.
Take heed of mad fools in a narrow place.
(This reflects the attitude of people towards the insane a few centuries back. Mad fools were feared, specially in narrow places where escape was difficult.)

Los locos y los niños dicen las verdades.
Children and fools tell the truth.
(They tell the truth out of ignorance and because they are naive. The implication is that everybody else lies.)

Tontos y locos nunca fueron pocos.
The world is full of fools.
(L. *Stultorum infinitus est numerus*. Those who quote these proverbs don't think they are fools, of course.)

Un loco hace ciento.
One fool makes many.
(It's contagious! It has a tag: *si le dan lugar y tiempo*, from the L. *Dementia unius fit multorum opinio*, The madness of one becomes the opinion of many.)

L

LOCURA
La ira es locura el tiempo que dura.
Anger is a short madness.
(Because people cannot think or reason while anger lasts. In Latin: *ira furor brevis est*, anger is a brief madness.)

LORO
Loro viejo no aprende a hablar.
You cannot teach an old dog new tricks.
(It is difficult for old people to learn anything. Why this is, scientists will some day find out, but proverbs have known it for centuries.)

LUNA
Ladrar a la luna. *Vide*: LADRAR.

Luna llena brillante, buen tiempo por delante.
The full moon brings fair weather.
(Another example of weather-predicting proverbs.)

No pidas la luna.
Don't cry for the moon.
(Don't ask the impossible.)

M

MADRE

La buena madre no dice quieres.
The good mother says not, "will you" but gives.
(Another variant, closer to the English version: *La buena madre no pregunta ¿quieres? si no da cuanto tiene*. But further: *Quien bien me quiere me da y no dice, ¿quieres?*)

¿Quieres ganar a la madre? Cómprale a su niño un hojaldre.
Praise the child and make love to the mother.
(Also: *¿Quieres ser agradable a la madre del niño? Hazle un cariño.*)

MADRUGAR

A quien madruga, Dios le ayuda.
The early bird catches the worm.
(A very popular saying quoted to people who stay in bed late and which has several variants. Cf. *A quien madruga coge la oruga.*)

El que madruga coge la oruga.
The early birds catches the worm.
(Cf. *A quien madruga, Dios le ayuda.*)

Más hace a quien Dios ayuda que el que mucho madruga. *Vide*: DIOS.

No por mucho madrugar amanece más temprano.
Though you rise early, yet the day comes at his time, and not till then.
(Even though *A quien madruga, Dios le ayuda*, this saying does imply that it really makes no difference because things happen in their stride.)

Para prosperar, madrugar.
He who works before dawn will soon be his own master.
(Again we have another example of the good effects of early rising.)

MADURAR
Fruta que pronto madura, poco dura.
Soon ripe, soon rotten.
Early ripe, early rotten.
(The implication is that things take time to come into their own and there is no need to rush them. In L. it is: *cito maturum, cito putridum*.)

MAESTRO
Aprendiz de mucho, maestro de nada. *Vide*: APRENDIZ.

El uso hace maestro. *Vide*: USO.

La buena obra al maestro honra. *Vide*: OBRA.

MAHOMA
Si la montaña no viene a Mahoma, Mahoma irá a la montaña.
If the mountain will not come to Mahomet, Mahomet will come to the mountain.
(The implication is that if someone is not willing to do something, we will do it ourselves. It urges us not to be stubborn or set in our ideas.)

MAL
A grandes males, grandes remedios.
Desperate diseases must have desperate remedies.
(This comes from the L. *Extremis malis extrema remedia*, and it is a very popular proverb in Spain. Hippocrates [460-377? B.C.] put it thus in a L. translation: *Ad extremos morbos, extrema remedia exquisite optima*.)

Del mal el menos.
Of two evils choose the less.
(Bad luck we can do without and we must make the best of a bad situation. It has a L. origin: *Minima de malis*. Thomas à Kempis says: *De duobus malis, semper minus est eligendum* which is closer to the English proverb.)

El dinero es la causa de todos los males. *Vide*: DINERO. ·

Este qué dirán causa mucho mal. *Vide*: DECIR.

La raíz de todos los males es el afán de lucro.
The love of money is the root of all evil.

(Timoteo, Timothy, 6.10, *Porque la avaricia es la raíz de todos los males, llevados de la cual algunos se apartaron de la ley y se infligieron muchos dolores. For the love of money is the root of all evil: which while some coveted after, they have erred from the faith, and pierced themselves through with many sorrows.*)

Mal de muchos, consuelo de tontos (todos).
Two in distress makes sorrow less.
Grief is lessened when imparted to others.
A trouble shared is a trouble halved.
(A very common and popular saying in Spanish. When we are crying in someone's shoulder we often hear that others are worse off as a way of making us feel better. The original was *todos* instead of *tontos*, but probably the latter was used for a good reason.)

Mal de muerte, no hay médico que acierte. *Vide*: MÉDICO.

Mal que no tiene cura, quererlo curar es locura. *Vide*: CURAR.

No dejes para mañana lo que puedas hacer hoy.
Don't put off till tomorrow what you can do today.
(Very popular. We never mention this to ourselves, but to others. The humorous var. is used: *No hagas hoy lo que puedas hacer mañana.*)

No hay bien ni mal que cien años dure.
The longest day must have an end.
It is a long lane that has no turning.
(Nothing lasts forever, fortunately.)

No hay mal que por bien no venga.
A stumble may prevent a fall.
Bad luck often brings good luck.
(A misfortune may be good if it prevents a greater misfortune from happening.)

Quien canta su mal espanta. *Vide*: CANTAR.

Quien dice mal de la yegua, ése la merca. *Vide*: DECIR.

Un mal quita otro mal.
Take a hair of the dog that bit you.
(Cf. *Un clavo saca otro clavo.*)

M MALO

Los buenos se van y los malos se están. *Vide*: BUENO.

Más vale malo conocido que bueno por conocer.
Better the devil you know than the devil you don't know.
(It is risky to change something you know well, even if not very good, for
something which might be better.)

MAMAR

El que no llora no mama.
The squeaky wheel gets the grease.
(This implies that in order to get something you must ask for it just as the baby
that wants fed must cry.)

MANCEBEZ

La mancebez sólo se vive una vez.
You are young only once.
(This truism is said by young people in order to justify their folly.)

MANDAR

Ata la burra donde el amo manda, aunque se ahorque.
Obey orders, if you break owners.
An ass must be tied where the master will have him.
(Obey and ask no questions.)

El que no sabe obedecer no sabe mandar. *Vide*: OBEDECER.

No sabe mandar quien no sabe obedecer.
He that cannot obey cannot command.
(Humility teaches people how to command and manage others.)

MANGA

A buenas horas mangas verdes.
No time to stoop when the head is off.
It's too late to shut the stable door when the horse has been stolen.
(It is said when help, aid or whatever is called for, comes too late to be of
use. In The Middle Ages in Spain the *Santa Hermandad* was an armed body
of rural police all dressed up in green uniforms. As they were reputed to come
to the aid of people much too late, this gave rise to the expression.)

Estirar el brazo más que la manga. *Vide*: ESTIRAR.

MANO
A más manos, menos trabajo.
Many hands make light work.
(However, Cf. *Obra de común, obra de ningún*. Erasmus: *multae manus onus levius reddunt*.)

Mano besa el hombre que la querría ver cortada. *Vide*: BESAR.

Manos frías, corazón caliente.
Cold hands, warm heart.
(These proverbs justify clammy hands.)

Tú, cuando des limosna, que no sepa tu mano izquierda lo que hace tu derecha.
But when thou doest alms, let not thy left hand know what thy right hand doeth.
(San Mateo, Matthew, 6.3.)

Una mano lava la otra.
One hand washes the other.
You scratch my back and I'll scratch yours.
(Also: *Un dedo lava a otro, y todos juntos, el rostro*.)

MANZANA
La manzana podrida pierde a su compañía.
The rotten apple injures its neighbors.
(L. *Pomum compuctum cito corrumpit sibi junctum*.)

Una manzana cada día, de médico te ahorraría.
An apple a day keeps the doctor away.
(This saying is not very well-known in Spain although it is very old.)

Una manzana diaria aleja al médico de la casa.
Eat an apple going to bed, make the doctor beg his bread.
(Cf. *Una manzana cada día, de médico te ahorraría*.)

M MAÑA

Más vale maña que fuerza.
Better brain than brawn.
(Oftentimes we can accomplish more with dexterity and ease than by force.)

MAÑANA

Antes hoy que mañana. *Vide*: HOY.

Cuando el amigo pide, no hay mañana. *Vide*: AMIGO.

El día de mañana no lo ha visto nadie.
Tomorrow never comes.
(Today is the only reality we have and that's why no one has ever seen a tomorrow.)

El hoy aquí está, ¿mañana quién lo verá? *Vide*: HOY.

Hoy somos, mañana no.
Today a man, tomorrow none.
(Also: *Hoy en pie le ves, y mañana dio al través; hoy en palco, mañana en catafalco.* The implication is that life is but a span.)

La buena jornada empieza muy de mañana.
The cow that is first up, gets the first of the dew.
(Early rising is excellent. Cf. *Al que madruga, Dios le ayuda; el que madruga, coge la oruga.*)

Lo que hoy no hagas, no lo harás mañana.
Delays are dangerous.
(*Carpe diem*, seize the day, the moment, the right-here-and-now.)

Mañana será otro día.
Tomorrow is another day.
(The proverb is used when things go wrong and are postponed for the next day hoping that the morrow will fix things. The *refrán* has a tag: *Mañana será otro día y verá el ciego los espárragos.*)

Más vale un "hoy" que diez "mañanas".
One today is worth two tomorrows.

Delays are dangerous.
(Cf. *Más vale pájaro en mano que ciento volando.*)

No dejes para mañana lo que puedas hacer hoy.
Don't put off till tomorrow what you can do today.
(Cf. *Antes hoy que mañana; no guardes para mañana lo que puedas hacer hoy.*)

No guardes para mañana lo que puedes hacer hoy.
Don't put off till tomorrow what you can do today.
(A very common and popular saying which has the variant *no dejes para mañana lo que puedas hacer hoy.* In Latin it is: *Ne in crastinum, quod possis hodie.* And the French put it like this: *Ne remettez pas à demain, ce que vous pouvez faire aujourd'hui.* Needless to say that the opposite can be said, and it is said, of course.)

MAR
El que no va por la mar, no sabe a Dios rogar.
He that would go to sea for pleasure, would go to hell for a pastime.
He that would learn to pray, let him go to sea.
(The sea and its dangers have always been proverbial among sailors and seadogs. L. *Qui nescit orare, pergat ad mare.*)

El mar es hospedería de los ríos.
The sea refuses no river.

MARAVILLA
En cada villa, su maravilla.
Wonders will never cease.
(The Spanish proverb implies that every town has some wonder to see. In effect wonders abound everywhere.)

Ninguna maravilla dura más de tres días: luego con otra se olvida.
A wonder lasts but nine days.
(People tire of wonders and prefer new things. Cf. *La novedad entretiene.*)

MARIDO
El marido es siempre el último en enterarse.
The husband is always the last to know.
(Aside from the obvious meaning, the implication is that those who are closest are least aware. A variant is: *El cornudo es el postrero en enterarse.*)

MARINERO
Los marineros dan la vuelta al mundo sin entrar en él.
Sailors go round the world without going into it.
(Cf. *Muchos entran en la corte y no la corte en ellos.*)

MARZO
Marzo ventoso y abril lluvioso sacan a mayo florido y hermoso.
March winds and April showers bring forth May flowers.
(This is another weather-forecasting proverb.)

MÁS
Cuantos más, mejor.
The more, the merrier.
(Usually this implies more people.)

MÁS VALE
Más vale algo que nada. *Vide*: ALGO.
Más vale antes que después. *Vide*: ANTES.
Más vale buena fama que buena cara. *Vide*: FAMA.
Más vale caer en gracia que ser gracioso. *Vide*: GRACIOSO.
Más vale callar que mal hablar. *Vide*: CALLAR.
Más vale dejallo que meneallo. *Vide*: DEJAR.
Más vale fortuna que consejo ni industria. *Vide*: FORTUNA.
Más vale la salsa que los caracoles. *Vide*: SALSA.
Más vale la salud que la riqueza. *Vide*: SALUD.
Más vale malo conocido que bueno por conocer. *Vide*: MALO.
Más vale maña que fuerza. *Vide*: MAÑA.
Más vale pájaro en mano que ciento volando. *Vide*: PÁJARO.
Más vale pedir que hurtar. *Vide*: HURTAR.
Más vale perder la silla que el caballo. *Vide*: CABALLO.
Más vale perro vivo que león muerto. *Vide*: PERRO.
Más vale poco que nada. *Vide*: POCO.
Más vale prevenir que lamentar. *Vide*: PREVENIR.
Más vale que nos tengan envidia que lástima. *Vide*: ENVIDIA.
Más vale quedar con gana que caer en cama. *Vide*: GANA.
Más vale ser cabeza de ratón que cola de león. *Vide*: CABEZA.
Más vale solo que mal acompañado. *Vide*: SOLO.
Más vale soltero andar que mal casar. *Vide*: SOLO.
Más vale tarde que nunca. *Vide*: TARDE.
Más vale tener que desear. *Vide*: TENER.

Más vale un amigo cercano que un hermano lejano. *Vide*: AMIGO.
Más vale un buen huir que un mal morir. *Vide*: MORIR.
Más vale un "hoy" que diez "mañanas". *Vide*: MAÑANA.
Más vale un toma que dos te daré. *Vide*: VALER.
Más vale una mala avenencia que buena sentencia. *Vide*: AVENENCIA.
Más vale una onza de práctica que una libra de gramática. *Vide*: PRÁCTICA.
Más vale uno en paz que veinte en guerra. *Vide*: UNO.

MATAR

El que la sigue, la mata. *Vide*: SEGUIR.

Las penas no matan, pero rematan.
Care killed the cat.
(*Rematar*: death blow.)

Las penas para el otro mundo.
Care killed the cat.
It's not work that kills, but worry.
(The Spanish proverb is not as popular as the English one but it must do. *Pena* is grief.)

Lo que no mata engorda.
We must eat a peck of dirt before we die.
(What's not bad for you is good for you. This proverb is widely used specially when someone questions the suitability or freshness of some food because he or she is very fussy. There is another one: *Mierda que no ahoga, engorda*.)

Más matan cenas que guerras.
You dig your grave with your teeth.
(*Cenas* are not popular in the *romancero*. Cf. *Más mató la cena que sanó Avicena* and *la comida reposada y la cena paseada*.)

Más mató la cena que sanó Avicena. *Vide*: CENA.

Por una mosca que mató, matamoscas le llamaron. *Vide*: MOSCA.

Quien a hierro mata, a hierro muere.
Those who kill by the sword shall perish by the sword.
(L. *Qui gladio ferit, gladio perit*. Matthew, San Mateo, 26.52, says: *All they that take the sword shall perish with the sword, cuantos empuñan la espada, a espada perecerán*.)

MATRIMONIO
Matrimonio y mortaja, del cielo baja.
Marriages are made in heaven.
(Not only marriages are made in heaven but shrouds as well, according to the Spanish proverb.)

MAYO
Hasta el cuarenta de mayo no te quites el sayo.
Stick to your flannels until your flannels stick to you.
Never cast a clout till May be out.
Cast not a clout ere May be out.
(This proverb refers to the weather and urges people not to put away their winter clothes until the 40th of May.)

MAZO
A Dios rogando y con el mazo dando. *Vide*: DIOS.

MEAR
Donde muchos mean, lodos hacen.
The more you tramp on a turd, the broader it grows.
(A var.: *Cuanto más remueves la mierda, peor huele.*)

Quien contra el viento mea, mojado queda.
Piss not against the wind.
(Do evil and brace yourself to pay for it.)

MEDICINA
La mejor medicina es usar poco de ella.
Make not thy stomach an apothecary's shop.
(These two proverbs should be heeded by modern people who are so very fond of taking medicine.)

Medicina que pica, cura.
No pain, no cure.
(Also: *Medicina que pica, sana. Picar*: sting, burn.)

MÉDICO
Dios cura y cobra el médico.
God heals, and the physician has the thanks.
(*Dios es el que sana y el médico se lleva la plata*, is another version no less biting.)

El mal de muerte, no hay médico que acierte.
Death defies the doctor.
(There isn't much doctors can do with terminal disease.)

El médico que mejor cura, a alguno manda a la sepultura.
Physicians kill more than they cure.
(We know that physicians, lawyers and politicians are not the most popular professions and all kinds of ills are attributed to them.)

Médico, a ti te digo: cúrate a ti mismo.
Physician heal thyself.
(Luke, San Lucas, 4.23.)

Médico nuevo, en dos años le echa una solería al cementerio.
A young physician flattens the churchyard.
(*Solar*: to pave. This may be so because he lacks experience.)

Si tienes médico amigo, quítate la gorra, y envíale a casa de tu enemigo.
If you have a physician for your friend, tip your hat and send him to your enemy.
(The implication is that if we send a physician friend to our enemy he will be greatly harmed.)

MEDIDA
El hombre es la medida de todas las cosas. *Vide*: HOMBRE.

El que no se mide, la medida se mete en él. *Vide*: MEDIR.

MEDIO
Nunca hagas las cosas a medias. *Vide*: HACER.

MEDIR
El que no se mide, la medida se mete en él.
He that measures not, himself is measured.
(Those who do not restrain themselves, others restrain them.)

Los hombres no se miden a palmos. *Vide*: HOMBRE.

MEJILLA
Al que te hiera en tu mejilla, vuélvele también la otra.
But whosoever shall smite thee on thy right cheek, turn to him the other also.
(San Mateo, Matthew, 5.39.)

MEJOR
Lo mejor es enemigo de lo bueno. *Vide*: BUENO.

Procura lo mejor, espera lo peor y toma lo que viniere.
Hope for the best and prepare for the worst.
(It's best to be ready for whatever may befall us. Also: *Desea lo mejor y espera lo peor.*)

MENDIGO
Zurrón de mendigo, nunca henchido. *Vide*: ZURRÓN.

MENTE
Deberías pedir una mente sana en un cuerpo sano.
You should pray for a healthy mind in a healthy body.
(Juvenal [60-140]: *Orandum est ut sit mens sana in corpore sano.*)

MENTIR
El mentir pide memoria.
A liar ought to have a good memory.
(Because she must remember what she lied about and when, in order not to contradict herself.)

El que una vez mintió, nunca se le creyó.
A liar is not believed when he tells the truth.
(Once found out, a liar is always suspect. Another version says: *En boca del mentiroso lo cierto se halla dudoso.*)

MENTIRA
De una mentira nacen ciento.
One lie makes many.
(Liars must lie constantly in order to conceal their tricks and falsehoods.)

Sacar de una mentira una verdad.
Tell a lie and find a truth.
(Sometimes through a lie we can discover the truth.)

MENTIROSO
Antes se coge al mentiroso que al cojo.
A liar is sooner caught than a cripple.
A liar is not believed when he tells the truth.
(A cripple doesn't run fast but it's even easier to catch a liar.)

MERCADO
Si el necio no fuese al mercado no se vendería lo malo. *Vide*: NECIO.

MÉRITO
Donde no hay riesgo, no hay mérito. *Vide*: RIESGO.

MES
Treinta (días) trae noviembre, abril y junio y septiembre; veintiocho trae uno, los demás treinta y uno.
Thirty days has September, April, June and November. All the rest have thirty one, except February which has twenty eight.

MESA
En mesa redonda no hay cabecera.
At a round table there's no dispute of place.
(Nobody can sit at the head of the table when the table is round. The implication is that in certain situations it's difficult to pull seniority, for instance.)

Quien se sienta a mesa puesta no sabe lo que comer cuesta. *Vide*: COMER.

MIEDO
El miedo agranda los objetos.
Fear has magnifying eyes.
(Because dangers appear larger than they really are. Also: *El miedo abulta las cosas.*)

Para el miedo no hay remedio.
There is no remedy for fear.
(It's very subjective.)

Quien miedo tiene corre ligero.
Fear gives wings.
(In order to run away from what we are afraid of, we quicken our pace.)

MIEL

La miel atrae las moscas.
Flies are easier caught with honey than with vinegar.
(This implies that good manners and words attract people instead of repelling them, which is what vinegar -bad manners- does.)

No hay miel sin hiel.
No bees, no honey; no work, no money.
No joy without annoy.
(Those who wish to have something nice, sweet, must be ready to suffer a bit for it.)

MIL

Preso por mil, preso por mil quinientos. *Vide*: PRESO.

MÍO

Este mío, tuyo y suyo, revuelve a todo el mundo.
Meum, tuum, suum, set all the world together by the ears.
(Also: *Mío y tuyo es causa de todos los males.* Pierre-Joseph Proudhon in his *Que'est-ce que la Propriété?* said: *What is property? ... Theft.*)

Lo mío, mío, y lo tuyo de entrambos.
What's yours is mine and what's mine is my own.
(Also: *Lo mío, mío es y lo tuyo también.*)

MIRAR

El que adelante no mira, atrás se halla.
He that looks not before, finds himself behind.
(We must be on our toes all the time.)

Más ven los que miran que los que juegan.
Lookers on see most of the game.
(Also: *Más se ve mirando que jugando.* Those who do not participate in the game are more neutral and are affected less by its ups and downs and thus can see more.)

MISA

Por oír misa y dar cebada nunca se perdió jornada.
Meat and mass never hindered man.
(The implication is that one can do one's duties or obligations without hindering other activities.)

MITAD

La mitad vale más que el todo.
The half is better than the whole.
(This was said by Hesiod, Greek poet of the 8th. Century B.C. The implication is that those who have everything strive for nothing.)

MOLINERO

Cien sastres y cien molineros, y cien tejedores, son trescientos ladrones.
Vide: SASTRE.

Molinero y ladrón, dos cosas suenan y una son.
Millers and bakers do not steal: people bring it to them.
(Millers must have had a bad reputation, considering the number of proverbs that attack them. For example: *Molinero y no ladrón, sería caso de admiración.* Probably they kept part of the grain.)

MOLINO

(Con) Agua pasada no muele molino.
A mill cannot grind with the water that is past.
(The implication is that what is past is past and cannot affect the present. There is no point in grieving over lost opportunities.)

Quien al molino va, enharinado saldrá.
He who goes into a mill comes out powdered.
(Cf. *Quien con niños se acuesta, cagado se levanta.*)

MONA

Aunque la mona se vista de seda, mona se queda.
An ape's an ape, a varlet's a varlet, whether they be clad in silk or scarlet.
Dress up a monkey as you will, it remains a monkey still.
(This Spanish saying is a translation of one of the Adages of Erasmus: *simia simia est, etiamsi aurea gestet insignia.* It implies that people never change whether they appear in fine clothes or acquire great riches.)

MONJE

Treinta monjes y un abad no pueden hacer beber a un asno contra su voluntad.
You may lead a horse to the water, but you cannot make him drink.
(It's impossible to force someone to do something against his will.)

MONTAÑA

No hagas una montaña de un grano de arena.
Don't make a mountain out of a molehill.
(There is no need to make a fuss out of trifles.)

Si la montaña no viene a Mahoma, Mahoma irá a la montaña. *Vide*:
MAHOMA.

MONTE

No todo el monte es orégano.
Life is not all beer and skittles.
(Var. *Todo el monte no es orégano.* Not everything is as easy as we might think.
Orégano, oregano, plant, genus Origanum, of the mint family and used as a spice.)

MORDER

El que no puede morder, que no enseñe los dientes.
If you cannot bite, never show your teeth.
(Do not threaten if you cannot carry out your threats. In Italian: *Chi non può mordere, non mostri i denti.*)

Un lobo a otro no se muerden. *Vide*: **LOBO.**

MORIR

A mal vivir, mal morir.
An ill life, an ill end.
(Cf. *Cual la vida, tal la muerte.*)

Cuando empezaste a vivir empezaste a morir. *Vide*: **VIVIR.**

Mala hierba nunca muere.
A bad thing never dies.
(Bad things endure and outlast all.)

Más vale un buen huir que un mal morir.
He that fights and runs away, lives to fight another day.
(These proverbs justify those who have the sense to run away from a losing fight. Also: *Antes huir que morir.* Also: *Quien en tiempo huye, en tiempo acude* and *El valiente que hoy huye otra vez peleará.*)

Mientras no te mueras, espera.
Death alone can kill hope.
(Cf. *Mientras hay vida, hay esperanza.*)

Para todo hay remedio, sino para el morir. *Vide*: REMEDIO.

Quien a su enemigo popa, a sus manos muere. *Vide*: ENEMIGO.

Todos llorando nacieron, y nadie muere riendo. *Vide*: LLORAR.

MORO
A más moros, más ganancia.
The more danger, the more honor.
(A saying from the wars against the Spanish Moors, in the Middle Ages. The more Moors to fight, the more spoils to share after the battle.)

MOSCA
El diablo cuando no tiene nada que hacer, con el rabo mata moscas. *Vide*: DIABLO.

En boca cerrada no entran moscas. *Vide*: BOCA.

La miel atrae las moscas. *Vide*: MIEL.

Por una mosca que mató, matamoscas le llamaron.
Do wrong once and you'll never hear the end of it.
(A funny variant is: *Una vez que se arremangó, hasta el culo se le vio.*)

MOVIMIENTO
El movimiento se demuestra andando.
The taste is in the pudding.
The proof of the pudding is in the eating.
(Action is better than words. Don't tell about it: show it!)

MOZA
Más tira moza que soga. *Vide*: SOGA.

MOZO
Año de mozo, año de gozo.
Youth must have its fling.

(You are only young once and must make the most out of it.)

Guárdate del mozo cuando le nace el bozo.
You must not expect old heads on young shoulders.
(*Bozo*: fuzz on upper lip.)

Más quiero viejo que me regale que mozo que me mande. *Vide*: **VIEJO.**

MUDAR
Múdanse los tiempos, múdanse las condiciones. *Vide*: **TIEMPO.**

MUELA
Da Dios almendras al que no tiene muelas. *Vide*: **DIOS.**

Entre dos muelas molares nunca metas tus pulgares.
Put not thy hand between the bark and the tree.
(*Pulgar*: thumb. It implies that we shouldn't meddle or run unnecessary risks.)

MUERTE
Amor fuerte dura hasta la muerte. *Vide*: **AMOR.**

Cual la vida, tal la muerte.
Such a life, such a death.
(People die the way they have lived. Cf. *Quien a hierro mata, a hierro muere*. In Latin: *Qualis vita, finis ita*.)

Cuando menos se espera, la muerte llega.
At every hour death is near.
(This truism is one of the many on the subject of death.)

Dijo la muerte al dinero: "Para nada te quiero." *Vide*: **DINERO.**

La muerte es gran remediadora.
Death is the remedy of all things.
(Death fixes everything, of course.)

La muerte todo lo ataja.
Death pays all debts.
(*Atajar*: restrain, end.)

La muerte todo lo barre, todo lo iguala y todo lo ataja.
Death is the great leveller.
(In Latin: *Mors ultima ratio*, death is the last reason or principle.)

Males y bienes acábalos la muerte.
Death rather frees us from ills, than robs us of our goods.
(*Bienes* has here the meaning of *good* and *goods*.)

Muerte cierta, hora incierta.
Death keeps no calendar.
(We must die, but fortunately we dont't know when.)

No es mala la muerte si el hombre va como debe.
A good life makes a good death.
(In ancient times people wanted to be good because they wanted to be rewarded
in death, in heaven.)

Quien teme la muerte no goza la vida.
He that fears death, lives not.
Cowards die many times before their deaths.
(The perennial *memento mori* ruins our enjoyment of life's good things.)

Una tos seca es de la muerte trompeta. *Vide*: **TOS.**

MUERTO

Con los muertos no se cuenta.
Dead men have no friends.
(The dead are not counted on for anything, in spite of the expression: *In
loving memory.* Var. *Quien pasa a la otra vida, se le olvida.*)

Deja que los muertos entierren a sus muertos.
Let the dead bury their dead.
(Matthew, San Mateo, 8.21, *And another of his disciples said onto him, Lord,
suffer me first to go and bury my father. But Jesus said unto him, Follow me; and
let the dead bury their dead. Otro de sus discípulos le dijo: Señor, déjame ir a sepultar
a mi padre. Le dijo Jesús: sígueme y deja sepultar sus muertos a los muertos.*)

El muerto al hoyo y el vivo al bollo.
We must live by the living, not by the dead.
(Cf. *El muerto a la fosa y el vivo a la olla; al vivo la hogaza, y al muerto, la mortaja.*

The implication is that we must forget the dead and go about the business of living. The Castilian proverb, however, is also used in order to taunt those who easily forget the memory of their dead, specially widows.)

Idos y muertos, olvidados presto.
To dead men and absent there are no friends left.
(No comment! Var. *El muerto y el ausente no son gente; muertos y ausentados, casi nunca recordados.*)

Los muertos no hablan.
A dead dog does not bite.
Dead men tell no tales.
(The dead can do no harm.)

MUESTRA
De muestra vale un botón.
You may know by a handful the whole sack.
(*Ab uno disce omnes*, said Vergil, from one you know the rest. Also: *Por la muestra se conoce el paño.*)

MUJER
A la mujer y a la mula, vara dura.
A woman, a dog and a walnut tree, the more you beat them, the better they be.
(These two proverbs assume that women like to be beaten. However, recent research has reached a different conclusion.)

Bolsa, mujer y espada no quiere andar prestada.
A horse, a wife, and a sword may be showed but not lent.
(Again we have a whisk of olden-time machismo. In this instance women are property, like a sword or a horse.)

Cada día muda el viento, y la mujer, a cada momento.
Women are as wavering as the wind.
(Men have always thought that women -*la donna é mobile...*- are fickle by nature. Cf. *Veletas y mujeres, a cualquier viento se mueven.*)

Casa sin mujer no es lo que debe ser.
A woman's place is in the home.
(Both proverbs differ a bit in meaning. In English, the wife must be home; in

Spanish a home is not a home without the lady of the house. And yet the woman-home idea is still there.)

El hombre es fuego; la mujer, estopa; llega el diablo y sopla. *Vide*: HOMBRE.

El vino y la mujer, el juicio hacen perder. *Vide*: VINO.

La hacienda de la mujer, siempre está hecha y siempre por hacer.
A woman's work is never done.
(Because no matter how much she cleans, washes or cooks, she still has to do it daily.)

La mujer discreta edifica su casa.
A woman's place is in the home.
(Women had to be *discreet* and prudent and stay home, according to this proverb.)

La mujer lista y callada, de todos es alabada.
Silence is a woman's best garment.
(The implication is, I suppose, that a man may be a chatterbox.)

La mujer tiene largo el cabello y corto el entendimiento.
Women have long hair and short brains.
(Once upon a time these proverbs were supposed to be funny and witty!)

La primera mujer es matrimonio, la segunda, compañía, la tercera es bellaquería.
The first wife is matrimony, the second company, the third heresy.
(These two belong to the humorous group of proverbs.)

Naipes, mujeres y vino, mal camino.
Play, women and wine undo men laughing.
(No comment!)

Quien no tuviera que hacer, arme navío o tome mujer.
A woman and a ship ever want mending.
(Both will keep a man busy.)

Sobre la mujer del César no debe caer ninguna sospecha.
Caesar's wife must be above suspicion.
(In *Parallel Lives*, Plutarch attributes this remark to Julius Caesar.)

Tres cosas echan a un hombre de la casa fuera: el humo, la gotera y la mujer vocinglera. *Vide*: HOMBRE.

Veletas y mujeres, a cualquier viento se vuelven.
A woman is a weathercock.
(Vergil put it thus in his *Aeneid: Varium et mutabile semper / Femina*, woman is always fickle and changeable. Also: *¿Qué hay más mudable que el viento? De la mujer el pensamiento.*)

MULA
A la mujer y a la mula, vara dura. *Vide*: MUJER.

MUNDO
Amor en todo el mundo vencedor. *Vide*: AMOR.

Los marineros dan la vuelta al mundo sin entrar en él. *Vide*: MARINERO.

Tiene que haber de todo en este mundo. *Vide*: TODO.

Todo el mundo es uno.
The world is nought.

MURMURAR
Murmurador a la oreja, antes place que molesta.
Where there is whispering, there's lying.
(These two proverbs differ, of course, but they have in common the idea of whispering and lying.)

N

NACER
Dime no con quien naces, sino con quien paces.
Birth is much but breeding is more.
(Cf. *Dime con quien andas y te diré quién eres*. Education and manners are more important than birth.)

Quien antes nace, antes pace. *Vide*: ANTES.

Quien es nacido para la horca, no se anega.
He that is born to be hanged shall never be drowned.
(No running away from fate! *Anegar*, to drown.)

Todos llorando nacieron, y nadie muere riendo. *Vide*: Llorar.

NADA
De nada no se hace nada.
Nothing comes of nothing.
(L. *Ex nihilo nihil fit*. An excellent alternative is: *Con nada no se hacen tortas*.)

Más vale poco que nada. *Vide*: POCO.

NADADOR
Al mejor nadador se lo lleva el río.
Good swimmers are drowned at last.
(For further information *Vide*: HOMERO.)

NAPOLITANO
Napolitano, largo de boca y estrecho de mano.
The Neapolitan is wide-mouthed and narrow handed.
(For some reason Neapolitans were not popular.)

NATURALEZA
La costumbre es segunda naturaleza. *Vide*: COSTUMBRE.

NECESIDAD
A necesidad no hay ley.
Necessity knows no law.
(*La necessité n'a point de loi*, in French, and in Latin, *necessitas non habet legem.*)

Donde no hay regla, la necesidad la inventa.
Necessity knows no law.
(L. *Necessitas non habet legem.*)

La necesidad carece de ley.
Necessity knows no law.
(L. *Necessitas non habet legem.*)

La necesidad es la madre de la habilidad.
Necessity is the mother of invention.
(Also: *No hay mejor maestro que la necesidad. L. Mater artium necessitas.*)

La necesidad hace maestro.
Want is the mother of industry.
(Because it sharpens one's wits. Also: *Más enseña la necesidad que diez años de universidad.*)

La necesidad obliga.
Necessity is a powerful weapon.

NECIO
El sabio muda consejo, el necio no. *Vide*: SABIO.

La fortuna es madrina de los necios. *Vide*: FORTUNA.

Si el necio no fuese al mercado no se vendería lo malo.
A fool and his money are soon parted.
(Fools buy what they don't need and nobody wants, and so they part with their money quickly.)

N

NEGRO

Sobre negro no hay tintura.
Black will take no other hue.

NIDO

Pájaro mal natio, el que se ensucia en el nido. *Vide*: PÁJARO.

NIEVE

Año de nieves, año de bienes.
A snow year, a rich year.
(There will be plenty of water for the crops.)

NIÑEZ

Los viejos, a la vejez, se tornan a la niñez. *Vide*: VIEJO.

NIÑO

A los niños se les ve pero no se les oye.
Children should be seen but not heard.
(This is said to children when they are acting up.)

Dejad que los niños se acerquen a mí.
Suffer the little children to come unto me.
(San Marcos, Mark, 10.14. And later Mark says, 10.15, *En verdad os digo que el que no reciba el reino de Dios como un niño, no entrará en él. Verily I say unto you, whosoever shall not receive the kingdom of God as a little child, he shall not enter therein.*)

¿Dónde tiene mi niño lo feo, que no lo veo?
The owl thinks her own young fairest.
(Our children are, of course, the most intelligent, good-looking and hard-working! Also: *Dijo el escarabajo a sus hijos: venid acá, mis flores.*)

Los locos y los niños dicen las verdades. *Vide*: LOCO.

Los niños y los tontos no saben mentir. *Vide*: TONTO.

Niño mal vezado, difícilmente enmendado.
Spare the rod and spoil the child.
(*Vezado: acostumbrado.*)

N

Niño mimado, niño ingrato.
Spare the rod and spoil the child.
(*Ingrato*: ungrateful.)

Quien con niños se acuesta, cagado se levanta. *Vide*: ACOSTAR.

¿Quieres ganar a la madre? Cómprale a su niño un hojaldre. *Vide*: MADRE.

NOCHE
De noche todos los gatos son pardos. *Vide*: GATO.

Quien se echa sin cena, toda la noche devanea. *Vide*: CENA.

NOMBRE
El nombre rige al hombre.
A good name is better than riches.
(A good reputation rules a man.)

Piérdase el hombre y no su buen nombre.
A good name is sooner lost than won.
(The implication is that a good name is more important than man himself.)

NOTICIA
Sin noticias, buenas noticias.
No news, good news.
(A popular Spanish version of the old English saying.)

NOVEDAD
La novedad entretiene.
Everything new is fine.
(What's new is interesting and more important than the old, worn-out or known. Marketing people in this century have heeded this proverb.)

NOVIA
Novia mojada, novia apaleada.
Happy is the bride the sun shines on.
(A superstition about the effects of the weather on the future of a bride.)

NUECES
Mucho ruido y pocas nueces. *Vide*: RUIDO.

N

NUEVAS
Las malas nuevas siempre son verdaderas.
Ill news is too often true.
(Unfortunately!)

NUEVO
A santo nuevo, mucho rezo.
Everything new is fine.

Las más de las cosas viejas son mejores que las nuevas. *Vide*: VIEJO.

Lo nuevo sabe a bueno.
New things are fair.

Todo lo nuevo nos parece bueno.
Newer is truer.
(All new things appear better.)

NÚMERO
Los números nones son los mejores.
There is luck in odd numbers.
(Another example of superstitions about numbers.)

O

OBEDECER
El que no sabe obedecer no sabe mandar.
Through obedience learn to command.
(First we must learn humility, and then we shall be able to lead and manage others.)

OBEDIENCIA
La obediencia cumple y no juzga.
Obey orders, if you break owners.
(Cf. *Ata la burra donde el amo manda, aunque se ahorque.*)

OBLIGACIÓN
Primero es la obligación que la devoción.
Business before pleasure.
(A very popular and much-quoted saying. This is said to people who don't have their priorities right. Also: *Primero es Dios que los santos.*)

OBRA
Buenas palabras, y obras malas. *Vide*: PALABRA.

El fin corona la obra. *Vide*: FIN.

La buena obra al maestro honra.
The work shows the workman.
(A work well done shows that the workman is a professional.)

Obra de común, obra de ningún.
Too many cooks spoil the broth.
(Nobody takes responsibility for the *obra* and so it cannot turn out right. Also: *Prado común, hierba corta.* Also: *Muchos componedores descomponen la olla.*)

Obra empezada, medio acabada.

Well began is half done.

(The Castilian proverb emphasizes the fact that the job must be started. The English one wants to start right, although both agree that once began it's half done.)

Obras son amores y no buenas razones.

Actions speak louder than words.

(Also: *Obras son querencias y no palabras huecas.* In Latin: *Res, non verba*, realities, not words.)

OCASIÓN

Coger la ocasión por los pelos.

Take occasion by the forelock.

(Take advantage of opportunities as they come.)

La ocasión hace al ladrón. *Vide*: LADRÓN.

La ocasión la pintan calva.

When fortune smiles, embrace her.

(Bald because the Romans had a goddess who represented Fortune and whose head was hairless. For further information see Iribarren, *El porqué de los dichos.*)

Quien quita la ocasión, quita el pecado.

No temptation, no sin.

(Cf. *La ocasión hace al ladrón.* The implication is that some people steal only because they have the opportunity to do so, and for no other reason.)

OCHAVO

Ochavo a ochavo se junta el ducado.

Take care of the pence (dimes) and the pounds (dollars) will take care of themselves.

(*Vide*: REAL and PESETA also.)

OCIOSIDAD

La ociosidad es madre de todos los vicios. *Vide*: VICIO.

OCULTAR

Pecado de mucho bulto no puede estar siempre oculto. *Vide*: PECADO.

ODIO
El odio no tiene ojos.
Hatred is blind as well as love.
(Angry people are blinded by hate.)

ODIOSO
Las comparaciones son odiosas. *Vide*: COMPARACIONES.

ODRE
Achaque al odre que sabe a la pez. *Vide*: ACHACAR.

OÍR
Las paredes oyen. *Vide*: PARED.

No hay peor sordo que el que no quiere oír. *Vide*: SORDO.

Quien mal dice, peor oye. *Vide*: DECIR.

OFICIO
Acude a tu oficio que todos lo demás es vicio.
Diligence makes an expert workman.
(Cf. *Zapatero, a tus zapatos.*)

OJO
Cría cuervos y te sacarán los ojos. *Vide*: CUERVO.

Cuando los labios callan, los ojos hablan.
The heart's letter is read in the eye.
(This is now known as non-verbal communication. The eyes talk and express more than speech.)

El ojo del amo engorda el caballo.
The master's eye makes the horse fat.
The eye of the master does more work than both his hands.
(This proverb urges us to tend to our business.)

Enojar a otro y herirse en el ojo.
An angry man never wants woe.
(The implication is that when we want to hurt others in anger we end up with more troubles than we started with.)

Hay quien en el ojo de su vecino ve una paja, y en el suyo no ve una tranca.
You can see a mote in another's eye but cannot see a beam in your own.
(From Matthew, San Mateo, 7.3, *¿Cómo es que ves la paja en el ojo de tu hermano y no adviertes la viga en el tuyo? And why beholdest thou the mote that is in thy brother's eye, but considerest not the beam that is in thine own eye? Var. Ver la paja en el ojo ajeno, y no la viga en el nuestro.*)

Los ojos son el espejo del alma.
The eyes are the windows of the soul.
(L. *Oculus animi index.* It seems we can judge a person's character through the eyes.)

Los ojos son las ventanas del corazón.
The eyes are the windows of the heart.
(Cf. *Los ojos son el espejo del alma.*)

Más ven cuatro ojos que dos.
Four eyes see more than two.
Two heads are better than one.
(The implication is that it's best to seek advice when not sure. L. *Magis vident oculi quam oculus*, several eyes see more than one.)

Ojo por ojo, diente por diente.
An eye for an eye, a tooth for a tooth.
(Lat. *Oculum pro oculo et dentem pro dente.* In the Bible: *Pero si siguiere daño, pagarás vida por vida, ojo por ojo, diente por diente, mano por mano, pie por pie*, and if any mischief follow, then thou shall give life for life, eye for eye, tooth for tooth, hand for hand, foot for foot. Exodus, *Éxodo, 21. 23-25*. A var. says: *Paga el tiro con el tiro, y el palo con el palo.*)

Ojos que no ven, corazón que no llora.
What the eye doesn't see the heart doesn't grieve over.
Out of sight, out of mind.
(This refers not only to people but to sorrows as well. In Italian they say: *Si occhio non mira, cuor non sospira.* The Latin version is: *Quod oculus non videt, cor non desiderat.*)

Ojos que no ven, ladrillazo que te pego.
The absent are always in the wrong.

(When someone is absent we can freely give him a *ladrillazo* –a blow with a brick–, talk ill about him, for example, because he can't defend himself.)

OLVIDAR
Del mirar nace el amar, y del no ver, olvidar. *Vide*: **AMAR.**

El peligro pasado, el voto olvidado. *Vide*: **PELIGRO.**

Idos y muertos, olvidados presto. *Vide*: **MUERTO.**

Larga ausencia causa olvido. *Vide*: **AUSENCIA.**

Quien bien ama, tarde olvida. *Vide*: **AMAR.**

OPINIÓN
Tantos hombres, tantas opiniones. *Vide*: **HOMBRE.**

ORACIÓN
Oración breve sube al cielo.
Short prayers run up to heaven.
(What's brief and short is more effective. The L. original is: *Brevis oratio penetrat caelos*.)

Oración de perro no va al cielo.
The braying of an ass does not reach heaven.
(People of no account never get what they want. The poor, the underdog, always get the short end of the stick. L. *Caelus non penetrat oratio quam canis orat*.)

ORO
A más oro, menos reposo.
Much coin, much care.
(The richer we are, the more woes we have, or at least this is what the rich tell the poor.)

Asno con oro, alcánzalo todo.
An ass laden with gold climbs to the top of the castle.
(Money gets everything. Also: *Cuando carga de oro el asno lleva, sube al azotea*.)

Donde el oro habla, la lengua calla.
Money is power.

Money talks.
(Money is much more eloquent than the tongue.)

El oro es la mejor ganzúa del diablo.
A silver key can open an iron lock.
(Money opens all doors and it is the work of the devil.)

El oro hecho moneda, ¡por cuántas sentinas rueda!
Money is rounded and rolls away.
(*Sentina* is a den or hotbed of vice.)

Los que miden el oro por celemines suelen ser los más ruines.
Abundance, like want, ruins many.
(A *celemín* was a measure for grain. Those who have a lot of money are usually cheap, stingy.)

Más manda el oro que el rey.
Money is the only monarch.

No es oro todo lo que reluce.
All that glitters is not gold.
Appearances are deceiving.
(Appearances are tricky and can't be trusted. L. *Non omne quod nitet aurum est.* The following tag is also added: *ni harina lo que blanquea.* These two proverbs are very popular in everyday speech in both Castilian and English.)

No hay cerradura donde es oro la ganzúa. *Vide*: CERRADURA.

OSADO
La fortuna ayuda a los osados. *Vide*: FORTUNA.

OSO
No vendas la piel del oso antes de haberlo muerto. *Vide*: VENDER.

OTORGAR
Quien calla otorga. *Vide*: CALLAR.

OVEJA
Cada oveja con su pareja.
Birds of a feather flock together.

(In French: *Chacun cherche son semblable*. In Latin it is: *Omnis avisquaerit similem sui*, every bird looks for its match.)

La más ruin oveja sigue a la buena.
One sheep follows another.
(People are followers. Also: *Ovejas bobas, por do va una van todas.*)

Oveja que bala bocado pierde.
A bleating sheep loses a bite.
(Those who talk too much miss a lot.)

P

PACIENCIA

A cualquier duelo la paciencia es remedio.
Patience is a remedy for every grief.
(*Duelo* is not only mourning, bereavement, but also, naturally, grief and sorrow. Patience is a remedy for all.)

Con el tiempo y la paciencia se adquiere la ciencia.
Patience, time and money accommodate all things.
(The Castilian saying is interested in acquiring knowledge; the English goes beyond that in saying that all can be gotten with time, patience *and* money also.)

Con paciencia se gana el cielo.
Everything comes to him who waits.
(Heaven is for those who can wait.)

La paciencia es una hierba que no nace en todas las tierras.
Patience is a flower that grows not in everyone's garden.
(*Hierba*, flower; *tierra*, garden; but the idea is exactly the same: patience is scarce.)

Quien tenga dolencia, abra la bolsa y tenga paciencia. *Vide*: DOLENCIA.

PADECER

Más leve es padecer el daño que esperallo. *Vide*: DAÑO.

Para aprender es menester padecer. *Vide*: APRENDER.

PADRES

De padre santo, hijo diablo.
The father a saint, the son a devil.
(In bringing up children, things don't always work out.)

P **De padres jornaleros, hijos caballeros y nietos mendrugueros.**
From shirtsleeves (clogs) to shirtsleeves (clogs) in only three generations.
(The implication is that the grandparents work hard, their children squander
the money and the grandchildren must go back to eke out an existence; and
all this in three generations. A *mendrugo* is a piece of stale bread. *Mendrugueros*
were the poor who were forced to eat stale bread.)

PAGADOR
Al buen pagador no le duelen prendas.
Good paymasters need no security.
(Those who pay their debts well and on time do not mind giving security. Also:
El buen pagador no necesita prendas.)

No hay tan buen pagador como Dios. *Vide*: DIOS.

PAGAR
A dineros pagados, brazos cansados.
Pay beforehand was never well served.
(It is also said: *A dineros dados, brazos quebrados.* It's not a good idea to pay
beforehand. Cf. *Quien paga adelantado, aténgase al resultado* and *Tamborilero
pagado, hace mal son.*)

Los criados, bien tratados y bien pagados. *Vide*: CRIADO.

Pagar justos por pecadores.
One man may steal a horse, while another may not look over a hedge.
(The just pay for sinners. This is a very popular proverb, much used and often
quoted by those who feel they have been trespassed.)

Quien paga adelantado, aténgase al resultado.
Pay beforehand was never well served.
(Cf. *A dineros pagados, brazos cansados.*)

PAJA
Mucha paja y poco grano.
Much bran and little meal.
(The implication is that although appearances may be good, there is little
substance behind.)

P

PAJAR
Buscar una aguja en un pajar. *Vide*: AGUJA.

PÁJARO
A cada pajarillo le llega su veranillo.
Every dog has his day.
(We all have our one good day, our hour of triumph.)

Más vale pájaro en mano que cien(to) volando.
A bird in the hand is worth two in the bush.
(There is a variation: *Más vale pájaro en mano que buitre volando*. The French say *le moineau pris vaut mieux qui l'oie qui vol*. In Latin it is: *plus valet in manibus avis unica quam dupla silvis*.)

Matar dos pájaros de un tiro.
To kill two birds with one stone.
(To accomplish two tasks with little effort. Very well known in both languages.)

Pájaro mal natío, el que se ensucia en el nido.
It's an ill bird that fowls its own nest.
(We must behave where we live or work. The nest refers to family, workplace, country, etc. *Natío* is birth and *mal natío* means *mal nacido*, ill born, low born or SOB. Both proverbs come from the L. *Nidos commaculans inmundus habebitur ales*.)

Pájaro viejo no entra en jaula.
You cannot catch old birds with chaff.
(Those who have experience are not easily deceived.)

PALABRA
A buen entendedor, con pocas palabras bastan.
A word to the wise is enough.
(A Latin saying: *Verbum sat sapienti est*. Those willing and able to understand do not need much explaining. A very common variant: *A buen entendedor, pocas palabras*.)

A palabras necias, oídos sordos.
Foolish talk, deaf ears.
For mad words, deaf ears.
(It's better not to lend ears to foolish talk. Var. *A palabras locas, orejas sordas*.)

P

Buenas palabras, y obras malas.
Fine words dress ill deeds.
(Good words often hide bad deeds.)

Con palabras no se come.
Fine words butter no parsnips.
(The implication is that words, promises, are not enough. Cf. *Obras son amores y no buenas razones.* From the Latin: *Mare verborum, gutta rerum*, we get the Spanish *muchas palabras, pocos hechos.* Cf. *Palabras sin obras se venden baratas.*)

Con palabras solas nadie pone olla.
Fine words butter no parsnips.
(Cf. *Con palabras no se come.*)

De las palabras, no el sonido, sino el sentido.
No offense taken when none is meant.
(This implies that we should not take offense by the way arguments are worded, but by the meaning behind them. L. *Sensum, non verba, considerare debemus.*)

Es mejor una palabra a tiempo que no después dos.
Better one word in time than afterwards two.
(As there is a time for everything, the right word at the right time is essential. Cf. *Más vale un "hoy" que diez "mañanas".*)

La espada vence, la palabra convence.
The pen is mightier than the sword.
(The implication is that it is better to convince than to defeat by force.)

La palabra honesta mucho vale y poco cuesta.
There is nothing lost by civility.
Good words cost nothing.
(It's easy to be civil and polite and it costs nothing, to boot.)

Más apaga la buena palabra que caldera de agua.
A soft answer turneth away wrath.
Good words cool more than cold water.
(Good words appease the angry. The Castilian proverb compares wrath to a fire.)

Palabra dada, palabra sagrada.
Words bind men.

Palabra suelta no tiene vuelta.
A word spoken is past recalling.
(We have to be careful with what we say because, once said, there is no turning back.)

Palabras confitadas, entrañitas dañadas.
A honey tongue, a heart of gall.
(Also: *Palabras melosas, siempre engañosas.*)

Palabras sin obras se venden baratas.
A man of words and not of deeds is like a garden full of weeds.
(Because it's easy to promise and not deliver.)

Palabras y plumas el viento las lleva.
Words and feathers the wind carries away.

PALCO
Hoy en palco, mañana en catafalco. *Vide:* **HOY.**

PALO
Cada palo aguante su vela.
Every herring must hang by its own gill or head.
Every tub must stand on its own bottom.
(Strictly speaking, this is not a saying or proverb. We must all bear our own cross and make the best of it. *Palo* means mast.)

De tal palo, tal astilla.
Like father, like son.
An apple never falls far from the tree.
(The French say, *Tel maître, tel valet.* Var. *De tal árbol, tal madera; de tal parra, tal racimo; de tal flor, tal olor.*)

Palo compuesto no parece palo.
Dress up a stick and it does not appear to be a stick.
(Also: *Compuesta no hay mujer fea* and *una escoba ataviada, por dama hermosa pasa.*)

P   PAN

A falta de pan buenas son tortas.
Half a loaf is better than no bread.
If thou has not a capon, feed on an onion.
(The implication is that we must make do with what we have instead of complaining because, after all, *tortas* are better than no bread at all. Let's not forget that a *torta* is also a slap in the face.)

A quien no le sobra pan, no críe can.
Spend as you get.
Never spend your money before you have it.
(Don't waste your good money on trifles and try to live within your income. Formerly, dogs were not pets exactly, and to keep one was expensive.)

Llamar al pan, pan y al vino, vino.
Call a spade a spade.
(To talk turkey, straight and to the point and not to mince words.)

La esperanza es el pan del alma. *Vide*: ESPERANZA.

La esperanza es un pan de lontananza. *Vide*: ESPERANZA.

Mejor es pan duro que ninguno.
Half a loaf is better than no bread.
(Stale bread is better than no bread at all. It's better to have something, even if not the best, than nothing.)

No sólo de pan vive el hombre.
Man cannot live by bread alone.
(The Biblical quote is: *no sólo de pan vivirá el hombre, man shall not live by bread alone* and it's from Matthew, San Mateo, 4.4, *It is written, Man shall not live by bread alone, but by every word that proceedeth out of the mouth of God. Escrito está: No sólo de pan vive el hombre, sino de toda palabra que sale de la boca de Dios.* Also in Deuteronomy, 8.3, *that he might make thee know that man doth not live by bread only.*)

Por el pan baila el can.
It's money that makes the mare go.
(*Pan* here means money. Money makes the world go round.)

PAÑO

El buen paño en el arca se vende.
Good wine needs no bush.
(A good product needs no advertising. This, of course, is debatable, as any marketing person will argue.)

Según sea el paño, hazte el sayo.
Cut your coat according to your cloth.
(We must live according to the means we have. We just can't make a big coat with little cloth.)

PARAR

Quien mucho corre, pronto para. *Vide*: **CORRER**.

PARECER

Palo compuesto no parece palo. *Vide*: **PALO**.

PARED

En consejas las paredes han orejas. *Vide*: **CONSEJO**.

Las paredes oyen.
Walls have ears.
Fields have eyes and woods have ears.
(In French: *Les murrailles ont des oreilles*. The implication is that it's difficult to keep a secret.)

Pared medianera, amistad conserva.
Good fences make good neighbors.
(Also: *Para conservar la amistad, pared enmedio*. Neighbors need a certain amount of privacy.)

PARIENTES

Parientes y trastos viejos, pocos y lejos.
Many kinsmen, few friends.
(The implication is that relatives are useless.)

PAZ

Si quieres asegurar la paz, prepárate para la guerra.
If you want peace, prepare for war.
(L. *Si vis pacem, para bellum*.)

PECADO
El que de vosotros esté sin pecado, lance contra ella la primera piedra.
He that is without sin among you, let him first cast a stone at her.
(San Juan, John, 8.7. This implies that it's easy to accuse others of mischief but, who is without sin?)

En el pecado va la penitencia.
Every sin brings its punishment.
Every sin brings its punishment along with it.
(Also: *Muchas veces el pecado trae consigo la penitencia.*)

Hacer como hacen no es pecado. *Vide*: HACER.

La ley nace del pecado y la ley la castiga. *Vide*: LEY.

Ningún pecado anda solo.
Sin plucks on sin.
(Also: *Los pecados son cadena: unos eslabones a otros se agregan.*)

Pecado confesado es medio perdonado.
A fault confessed is half redressed.
(The former religious peculiarities of Spain and England are evident in the words *pecado* and *fault*.)

Pecado de mucho bulto no puede estar siempre oculto
Old sins cast long shadows.

Quien quita la ocasión, quita el pecado. *Vide*: OCASIÓN.

PECADOR
No hay viejo pecador. *Vide*: VIEJO.

Pagar justos por pecadores. *Vide*: PAGAR.

PECHO
Tomar las cosas a pechos, da fin a los hechos.
Anger and haste hinder good counsel.
(*Tomar a pecho* means to take to heart. We must take things in stride.)

PEDIR
Más vale pedir que hurtar. *Vide*: HURTAR.

Ni sirvas a quien sirvió, ni pidas a quien pidió. *Vide*: SERVIR.

Pedid y se os dará.
Ask and it shall be given you.
(San Mateo, Matthew, 7.7, *Pedid y se os dará; buscad y hallaréis; llamad y se os abrirá. Ask, and it shall be given you; seek and ye shall find; knock and it shall be opened onto you.*)

PELAR
Pluma a pluma se pela la grulla.
Feather by feather the goose is plucked.
(Easy does it! A *grulla* is a crane.)

PELIGRO
El peligro pasado, el voto olvidado.
Vows made in storms are forgotten in calms.
(We tend to forget our vows or promises once the danger is past and gone.)

El que ama el peligro perecerá en él.
He that handles thorns shall prick his fingers.
(L. *Qui amat periculum in illo peribit.*)

Peligros no pueden faltar ni en la tierra ni en el mar.
He that would sail without danger, must never come on the main sea.
(Nothing is sure. Dangers lurk everywhere.)

PELIGROSO
Dejar lo cierto por lo dudoso es peligroso.
What is not wisdom, is danger.
(The unbeaten path is always dangerous.)

La corriente silenciosa es la más peligrosa. *Vide*: CORRIENTE.

PELILLOS
Echar pelillos a la mar.
Forgive and forget.

P PENA
   La pena es coja mas llega.
   Punishment is lame but it comes.
   (*Pena* here means punishment.)

   Las penas (duelos) con pan son menos.
   All griefs with bread are less.
   (Eating lessens grief an awful lot. It is a well-known fact that after funerals people get together to partake of food and drinks.)

PENSAMIENTO
   El pensamiento postrero es más sabio que el primero.
   Second thoughts are best.

PEÑA
   Dádivas quebrantan peñas. *Vide*: DÁDIVA.

PEQUEÑO.
   Pucherito pequeño rebosa luego.
   A little pot is soon hot.
   (Praises small things and people.)

PERDER
   A quien Dios quiere perder le quita antes el seso. *Vide*: DIOS.

   El perder a veces ganar es.
   There is no great loss without some gain.
   (This is said by way of consolation to those who have lost something.)

   La salud no es conocida hasta que es perdida. *Vide*: SALUD.

   Más perdió el rey Godo, que lo perdió todo.
   Worse things happen at sea.

   Más se perdió en Cuba.
   Worse things happen at sea.
   (This proverb is used as a way of consolation when a loss has taken place.)

   Mientras algo se gane, no se pierde nada. *Vide*: GANAR.

Oveja que bala bocado pierde. *Vide*: OVEJA.

P

Perdiendo aprendí: más vale lo que aprendí que lo que perdí.
When house and land are gone and spent, the learning is most excellent.
Learning is better than house and land.

Quien todo lo quiere todo lo pierde. *Vide*: QUERER.

PERDÓN
A fácil perdón, frecuente ladrón. *Vide*: LADRÓN.

PERDONAR
Consejo es de sabios perdonar injurias y olvidar agravios.
To err is human, to forgive divine.
(It is not perhaps correct to give the English version as a saying or proverb when it is from Alexander Pope, *Essay on Man*, but perhaps it is so well-known that it will do.)

Quien perdona al malo, al bueno hace agravio.
Pardoning the bad is injuring the good.
(It sets a bad example.)

PERECER
Cuantos empuñan la espada, a espada perecerán. *Vide*: ESPADA.

La verdad padece, mas no perece. *Vide*: VERDAD.

PEREZA
Pereza no alza cabeza.
Of idleness comes no goodness.
(Proverbs preach the work ethics all the time: *pereza es llave de pobreza* and *la pereza nunca hizo cosa bien hecha*.)

PERRO
Al perro que duerme, no le despiertes.
Let sleeping dogs lie.
When sorrow is asleep, wake it not.
(Cf. 14th. Century French: *N'esveillez pas lou chien qui dort*, wake not the sleeping dog.)

P

A(l) perro flaco todos son pulgas.
The weaker has the worst
An unhappy man's cart is eith to tumble.
(Cf. *Arrimar el ascua a la sardina.*)

Como el perro que vuelve a su vómito, así el necio que recae en su necedad.
As a dog returneth to his vomit, so a fool returneth to his folly.
(Proverbios, Proverbs: 26.11.)

El mejor amigo, un perro.
A dog is man's best friend.
(The dog has been man's partner for centuries. This proverb is mostly used now to complain about false friends.)

El perro ladra, pero la caravana pasa.
The dogs bark but the caravan goes on.
(This is an oriental saying which has taken root in Western languages.)

El perro viejo cuando ladra da consejo.
If the old dog barks, he gives counsel.
(Because it is old and has plenty of experience which is supposed to be a good thing.)

El perro viejo no ladra en vano.
An old dog barks not in vain.
(Cf. *El perro viejo cuando ladra da consejo.*)

Los perros, hermanos; y los ganaderos, extraños.
Dog does not eat dog.
(Cf. *Un lobo a otro no se muerden.*)

Más vale perro vivo que león muerto.
A living dog is better than a dead lion.
(Ecclesiastes, Eclesiastés, 9.4, *For to him that is joined to all the living there is hope: for a living dog is better than a dead lion*, mientras uno está unido a todos los vivos, tiene esperanza; porque más vale perro vivo que león muerto. And the L. is: *Melior est canis vivus leone mortuo.*)

Muerto el perro, se acabó la rabia.
Dead dogs bite not.
(Death is is the end of all ills.)

Perro muerto ni muerde ni ladra.
Dead men don't bite.
(Cf. *Perro muerto no muerde.*)

Perro muerto no muerde.
Dead dogs bite not.
(Also, and very popular: *Perro muerto, se acabó la rabia.* L. *Canis mortuus non mordet.*)

Perro que ladra, no muerde.
A barking dog seldom bites.
Barking dogs seldom bite.
(*Perro ladrador, poco mordedor* can also be heard. In French: *chien qui aboit ne mord pas.* Those who threaten are seldom dangerous. L. *Canes que plurimum ladrat perraro mordent.*)

Perro que muchas liebres levanta pocas mata.
If you run after two hares you will catch neither.
(Also: *Galgo que a dos liebres corre, a ninguna coge* and *galgo que va tras dos liebres, ambas las pierde.*)

Un perro a otro no se muerden. *Vide*: LOBO.

PERSEVERAR
Quien perseveró, alcanzó.
Patient men win the day.
Perseverance kills the game.
(Cf. *El que la sigue, la mata.* Those who have a strong will, obtain what they want.)

PESCADO
Pescado quiere el gato mas no quiere mojar el plato.
The cat would eat fish but would not wet her feet.
(L. *Catus amat piscem, sed non vult tingere plantas.* Cf. *El que algo quiere, algo le cuesta.*)

PESETA
A quien sabe guardar una peseta nunca le faltará un duro.
Take care of the pence (dimes) and the pounds (dollars) will take care of themselves.
(Saving small amounts is more realistic than trying to save millions. Also:

P *Un ochavo poco val, pero sin él no hay real; ochavo a ochavo se junta el duca-do.*)

Peseta guardada, dos veces ganada.
A penny saved is a penny earned.
A penny spared is twice got.
(Thrift is always good.)

Salud y pesetas, salud completa. *Vide*: SALUD.

PEZ
El pez grande se come al pequeño.
Big fish eat little fish.
(The powerful always gobble up the weak. L. *Piscim vorat maior minorem*.)

Pez o rana, a la capacha.
All is fish that comes to the net.
All's grist that comes to the mill.
(*Capacho-a*, basket. The implication is that we must accept all that comes to us and not be fussy about it.)

PIE
Darle a uno el pie y tomarse la mano.
Give him an inch and he'll take a yard.
(This is a warning against some people you may be friendly with and who, then, take great liberties. Also: *Al villano dale el pie y tomará la mano*.)

PIEDRA
Dando y dando, la gotera va horadando. *Vide*: GOTERA.

Piedra movediza nunca moho cobija.
A rolling stone gathers no moss.
(People who move about too much, changing jobs, for example, make it good, or gather no moss.)

Quien tiene tejado de vidrio, no tire piedras al de su vecino.
Those who live in glass houses should not throw stones.
(The implication is that people who do not show a good conduct should not criticize the conduct of others.)

PIERNA
Extender la pierna hasta donde llega la sábana. *Vide*: EXTENDER.

PLACER
Día de placer, víspera de pesar.
He that sings on Friday will weep on Sunday.
(Proverbs, sayings, are all rather pesimistic. Or perhaps realistic.)

PLANTA
Planta muchas veces traspuesta, ni crece ni medra.
You cannot shift an old tree without it dying.
(The implication is that too much activity is worthless. Also, a change is not always good.)

PLEITO
Más vale mal ajuste que buen pleito.
Better a poor compromise than a strong case.
(L. *Cum licet fugere, ne quoere litem.* It's wise to settle out of court.)

PLUMA
Pluma a pluma se pela la grulla. *Vide*: PELAR.

POBREZA
La pobreza carece de muchas cosas; la avaricia de todas.
Poverty wants many things, and avarice all.
(Because avarice is never satisfied. Cf. *Zurrón de mendigo, nunca henchido.*)

Pobreza no es vileza.
Poverty is no sin. / Poverty is not a shame.
(For some reason, the poor must always justify their poverty!)

¿Qué mayor riqueza que vivir contento en la pobreza?
He who is content in his poverty, is wonderfully rich.
(We must suspect that these proverbs were an invention of the rich, to show the poor that they were not that bad off.)

Vivir rico y morir pobre. *Vide*: RICO.

P

POCO

Más vale poco que nada.
A little is better than none.
(We must accept our lot and be happy if we have something, however little, because it's always better than nothing!)

Muchos pocos hacen un mucho.
Every little helps.
(Also: *Muchas candelillas hacen un cirio pascual.*)

Poco a poco se anda todo.
Step by step the ladder is ascended.
(Cf. *Slow and steady wins the race.*)

Quien va poco a poco hace buena jornada. *Vide*: **IR.**

PODER

Aquello que nunca fue, cualquier día puede ser.
Likely lies in the nire, and unlikely gets over.
(The unexpected can always happen.)

El que hace lo que puede no está obligado a más. *Vide*: **HACER.**

Quien no puede es quien más quiere. *Vide*: **QUERER.**

Saber es poder. *Vide*: **SABER.**

PODRIDO

La manzana podrida pierde a su compañía. *Vide*: **MANZANA.**

Uva podrida daña racimo. *Vide*: **UVA.**

POETA

El poeta nace, el orador se hace.
A poet is born, not made.
(From the L. *Poeta nascitur, orator fit.*)

PONER

Pon y más pon y llenarás el bolsón.
Little and often fills the purse.

(Saving a little here and a little there one might end up with a full purse. Cf. *Muchos pocos hacen un mucho*.)

PRÁCTICA
La práctica lo hace todo.
Practice makes perfect.
(Habit and repetition make miracles.)

Más vale una onza de práctica que una libra de gramática.
An ounce of practice is worth a pound of precept.
(Also: *La práctica vale más que la gramática*.)

PRECAUCIÓN
Toda precaución es poca.
Look before you leap (for snakes among the flowers creep.)
(Be mindful of your actions because dangers lurk everywhere!)

PRECIO
Peso cabal y en el precio regatear.
Weigh justly and sell dearly.
(It's important to be honest in business dealings and at the same time try to get the most of the bargain.)

PREDICAR
Bien predica quien bien vive.
Example is better than precept. / A good example is the best sermon.
(People are more influenced by a good example than by preaching and sermons.)

Cuando la zorra predica no están los pollos seguros. *Vide*: ZORRA.

No es lo mismo predicar que dar trigo.
Talk is cheap.
Much cry and little wool (quoth the Devil when he sheared his hogs.)
(It's easy to talk but it's a bit more difficult to deliver.)

Predicar con el ejemplo.
Example is better than precept.
Practice what you preach.
(Cf. *Bien predica quien bien vive*.)

PREGONERO
El buen vino no ha menester pregonero. *Vide*: **VINO**.

PREGUNTAR
A pregunta necia, disimulada respuesta.
Ask a silly question and you get a silly answer.
(Those who ask senseless or nonsensical questions deserve a silly answer, or
no answer at all.)

Más fácil es al burro preguntar, que al sabio contestar. *Vide*: **BURRO**.

No toda pregunta quiere respuesta.
It's not every question that deserves an answer.
(Var. *No toda pregunta merece respuesta*. Also: *Preguntas suele haber a las que no
se debe responder*.)

Preguntando acá y allá a todas partes se va.
He that has a tongue in his head may find his way anywhere.
(If you don't know something, ask.)

Quien pregunta lo que no debe oye lo que no quiere.
Ask no questions and be told no lies.
(The implication is that one should not pry.)

Quien pregunta no yerra.
Better to ask the way than to go astray.
(It's healthy to ask when one doesn't know, in order to avoid mistakes.)

PRESENTE
El santo que no está presente, no tiene vela.
The absent saint gets no candle.
(People forget and lose interest in those who are absent.)

PRESO
Preso por mil, preso por mil quinientos.
In for a penny, in for a pound.
One might as well be hanged for a sheep as a lamb.
(The implication is that once started in a venture one might as well go all the
way.)

Quien primero viene, primero tiene.
First come, first served.
(Cf. *Quien primero viene, primero muele.* Also: *Quien antes nace, antes pace.*)

PRESTAR
Bolsa, mujer y espada no quiere andar prestada. *Vide*: MUJER.

Lo prestado es primo hermano de lo dado.
He that lends, gives.
(Proverbs always warn about lending and about the hardships in getting things back.)

Quien no tiene más que un sayo, no puede prestallo.
He who has but one coat cannot lend it.
(The poor cannot lend what they don't have.)

Quien presta no cobra, y si cobra, no todo, y si todo, no tal, y si tal, enemigo mortal.
He that doth lend loseth money and friend.
(Another possibility is: *Quien prestó no cobró, y si cobró, mal enemigo se echó.* L. *Si prestabis non habebis; si habebis, non tam cito; si tam cito non tam bene; si tan bene, perdes amicum.*)

Quien presta sus barbas mesa.
He who does lend, loses his friend.
Who lends to a friend often gains an enemy.
(*Mesar* means, of course, to pull out hair. Lending has never been fashionable and Shakespeare tells us in Hamlet: *neither a borrower nor a lender be.* And Mark Twain, to cite just one, says in *Pudd'nhead Wilson's Calendar*: *The holy passion of friendship is of so sweet and steady and enduring a nature that it will last through a whole lifetime, if not asked to lend money.*)

PREVENIR
Hombre prevenido vale por dos.
Forewarned, forearmed.
(This is a very popular saying in Spanish. The man who is ready at all times is worth two.)

Más vale prevenir que curar.
An ounce of prevention is worth a pound of cure.

Prevention is better than cure.
(Cf. *Más vale prevenir que lamentar.*)

Más vale prevenir que lamentar.
Prevention is better than cure.
(It's better to prevent accidents than let them happen and then try to fix things up.)

PRIMERO
El que primero llega ése la calza.
First come, first served.
(No double meaning to this proverb! The opposite idea is expressed in L. as: *Tarde venientibus ossa*, late comers get the bones. *Calzar* here means to get, obtain.)

Lo primero es lo primero.
First things first.
(Things must be done in order of priority.)

Quien primero viene, primero muele.
First come, first served.
(A warning to those who are late. Late-comers don't get much. Those who come early have a better choice.)

PRINCIPIO
A buen principio, la mitad está hecha.
A good beginning makes a good ending.
(L. *Boni principii bonus finis.* Cf. *Buen principio, la mitad está hecha.*)

Buen principio, la mitad está hecha.
Well begun is half done.
(In Latin: *dimidium factique caepit, habet.*)

PRISA
Date prisa despacio y llegarás a palacio.
Make haste slowly.
Soft pace goes far.
(An older version of the proverb goes: *date priesa de espacio, y llegarás a palacio.*)

La prisa casi siempre aborta.
Haste makes waste.
(Haste comes to no good.)

La prisa es cosa del diablo.
Haste is of the devil.
(The implication is that, coming from the devil, haste cannot be good. L.
Omnis festi natio est a Diabolo.)

La prisa será tardar.
Haste makes waste.
(The more haste the longer it will take.)

Quien muy apriesa quiere correr no se excusa de caer.
Hasty climbers have sudden falls.
(The implication is that those who advance or rise in the world much too
quickly may end up worse off than when they started. This applies to those
who embark on get-rich-quick schemes, so very popular now.)

PROBAR
Hecho confesado hecho probado. *Vide*: CONFESAR.

PROCESIÓN
No se puede repicar y andar en la procesión.
You can't have your cake and eat it too.
You can't have it both ways.
(Cf. *Soplar y sorber, no puede ser,* no man can sup and blow together or a man
cannot whistle and drink at the same time. You can't have it all, specially
two things at the same time.)

PROFETA
Nadie es profeta en su tierra.
A prophet is without honor in his own country.
(L. *Nemo propheta acceptus est in patria sua.* Matthew, San Mateo, 13.57, *A
prophet is not without honor, save in his own country, and in his own house. Solo
en su patria y en su casa es menospreciado el profeta.*)

PROMETER
El que mucho promete, poco da.
He who gives fair words feeds you with an empty spoon.

P

Fine words butter no parsnips.
(Beware of those who promise the moon.)

Lo prometido es deuda.
Promise is debt.
(We must honor our word. It's a debt of honor.)

Prometer y no cumplir, mil veces lo vi.
Promises are made to be broken.
(Also: *Prometer y no dar es un ruin engañar.*)

Quien fía y promete en deudas se mete.
Neither a borrower nor a lender be. / He who promises runs into debt.
(*Fiar* is to sell on credit.)

Una cosa es prometer y otra cosa es dar grano.
It's one thing to promise and another to perform.
Much cry and little wool.
(Also: *Una cosa es prometer y otra mantener.* Some things are easier said than done.)

PROSPERAR
Para prosperar, madrugar. *Vide*: MADRUGAR.

PROSPERIDAD
Muchas veces la adversidad es causa de prosperidad. *Vide*: ADVERSIDAD.

PROVECHO
No hay provecho propio sin daño para otro.
One man's loss is another man's gain.
(If you find a purse it's because someone has lost it. If you are given the job it's because someone has been rejected.)

PUEBLO
Lo que el pueblo quiere, Dios lo quiere. *Vide*: DIOS.

PUENTE
A enemigo que huye, puente de plata. *Vide*: ENEMIGO.

PUERCO

De rabo de puerco nunca buen virote.

You cannot make a silk purse out of a sow's ear.

(There are plenty of things that just can't be done.)

PUERTA

Cuando una puerta se cierra otra se abre.

When one door shuts another opens.

(Also: *Si una puerta se cierra, ciento se abren.* When you miss an opportunity, others will come your way.)

Puerta abierta al santo tienta.

An open door may tempt a saint.

(Temptation lures us all, even saints.)

PULGA

Al perro flaco todos son pulgas. *Vide*: PERRO.

PUNTADA

Una puntada a tiempo ahorra nueve.

A stitch in time saves nine.

(Also: *Un remiendo a tiempo ahorra ciento.* A small act now can save a lot of effort and sorrow later.)

Q

QUEBRAR
Antes quebrar que doblar.
Better break than bend.
(Also: *Antes doblar que quebrar.*)

QUEMAR
Quien juega con fuego, se quema los dedos. *Vide:* FUEGO.

QUERER
Donde hay querer todo se hace bien.
Where there is a will, there is a way.
(There is always some way of accomplishing difficult tasks when there is *querer.* Also: *Más hace el que quiere que no el que puede.*)

En el hombre, querer, poder y hacer.
A wilful man must have his way.
(Cf. *Quien quiere, mucho puede.*)

Querer es poder.
Where there's a will, there's a way.
(The *refrán* is quoted when we wish to urge someone to finish a difficult task.)

Quien bien quiere a Beltrán, bien quiere a su can.
Love me, love my dog.
(L. *Qui me amat, amet et canem meum.* Those who love me must love those I love. Also: *Quien bien quiere a Pedro, no hace mal a su perro.*)

Quien bien te quiere te hará llorar.
Sometimes you must be cruel to be kind.
(L. *Qui bene amat bene castigat.*)

Quien quiere, mucho puede.
A wilful man must have his way.
(Cf. *Donde hay querer todo se hace bien* and *querer es poder*.)

Quien no puede es quien más quiere.
If wishes were horses, beggars would ride.
(Those who cannot attain or have something, want it the more.)

Quien quiso, hizo.
He who wills the end, wills the means.
(Cf. *Querer es poder*.)

Quien todo lo quiere todo lo pierde.
All covet, all lose.
Grasp all, lose all.
(Greedy people who want to get too much may lose everything.)

QUIZÁ
Con "quizá" nunca hagas cuenta.
May-bee was ne'er a gude honeybee.
("Perhaps" means nothing, in reality.)

R

RÁBANO

Coger (tomar) el rábano por las hojas.
To put the cart before the horse.
(To do things in the wrong manner or with the wrong priorities. These expressions are not proverbs but they are very common in both languages.)

RABIAR

Hambre y esperar hacen rabiar. *Vide*: HAMBRE.

RAÍZ

La raíz de todos los males es el afán de lucro. *Vide*: MAL.

RAPOSA

Aunque muda el pelo la raposa, su natural no despoja.
The leopard cannot change his spots.
(People are what they are and won't change.)

Mucho sabe la raposa y más quien la toma.
The fox knows much, but more he that catcheth him.
(Var. *Mucho sabe la zorra, pero más quien la toma.* The implication is that no matter how shrewd someone may be, there's always another even shrewder.)

REAL

Un ochavo poco val, pero sin él no hay real.
Take care of the pence (dimes) and the pounds (dollars) will take care of themselves.
(*Vide*: PESETA.)

REBAÑO
Una res mala a todo el rebaño daña.
One scabbed sheep will mar a whole flock.
(Cf. *Uva podrida daña racimo*. Cf. **APPLE** in the English side.)

RECHINAR
Carro que rechina llega lejos. *Vide*: CARRO.

RECIBIR
Mayor dicha es dar que recibir. *Vide*: DAR.

REFRÁN
Cien refranes, cien verdades.
Old saws speak truth.

No hay refrán que no sea verdadero.
Common proverb seldom lies.
(A self-serving saying!)

Refrán de tiempo remoto, evangelio corto.
A proverb is shorter than a bird's beak.
(Proverbs must be short to be effective.)

Refrán viejo nunca miente.
The proverb cannot be bettered.
(A self-serving proverb!)

REGALAR
A caballo regalado no le mires el diente. *Vide*: CABALLO.

REGIR
Quien supo servir, sabrá regir. *Vide*: SERVIR.

REGLA
La excepción confirma la regla.
The exception proves the rule.
(The fact that there are some exceptions confirms that there are rules. Cf. *No hay regla sin excepción*.)

R

No hay regla sin excepción.
There is no rule without an exception.
(L. *Nula regula sine exceptione*. There are exceptions to every rule.)

Toda regla tiene su excepción.
There is an exception to every rule.
(Cf. *No hay regla sin excepción*, of which this is a variant.)

REIR
Al feír será el reír.
At the game's end we shall see who gains.
Merry is the feast-making till we come to the reckoning.
(Usually this tag is added: *y al pagar será el llorar*. There are several possible origins of the saying. *Vide*: Iribarren. It's clear, however, that while we are cooking we are happy but when the time to pay comes, that's another story, a horse of a different color.)

El reír del llorar, poco suele distar.
Laugh before breakfast, you'll cry before supper.
(Man can go from laughter to sorrow in the twinkling of an eye.)

Quien quiera vivir bien, de todo se ha de reír.
Laugh and grow fat.
(A happy outlook on life helps to live well.)

Quien ríe el último, ríe mejor.
He laughs best who laughs last.
(A very popular saying in both languages.)

REMEDIO
A cualquier duelo, la paciencia es remedio. *Vide*: PACIENCIA.

A lo que tiene remedio, ponérselo; y a lo que no, conformarse con la voluntad de Dios.
For every evil under the sun, there is a remedy or there is none: If there be one, try and find it; if there be none, never mind it.
(The implication is that what happens to us must be accepted in the end, once we have tried to do something about it.)

Es peor el remedio que la enfermedad. *Vide*: ENFERMEDAD.

R

Para el miedo no hay remedio. *Vide*: MIEDO.

Para todo hay remedio, sino para el morir.
There is a remedy for all things but death.
(It is also said that *no hay daño que no tenga apaño*. Also: *A la muerte no hay remedio, sino extender la pierna*.)

REMIENDO
Un remiendo a tiempo ahorra ciento.
A stitch in time saves nine.
(Cf. *Una puntada a tiempo ahorra nueve*. Any damage should be taken care of as soon as it occurs because if neglected it might fast become worse, and more costly to repair.)

RENCO
De padre cojo, hijo renco. *Vide*: COJO.

REÑIR
Dos no riñen si uno no quiere.
It takes two to make a quarrel. / It takes two to tango.
(Two people cannot do something if one is unwilling. This is applied to more than just quarrelling.)

REPETIR
La historia se repite. *Vide*: HISTORIA.

REPICAR
No se puede repicar y andar en la procesión. *Vide*: PROCESIÓN.

REY
A rey muerto, rey puesto.
The King is dead: long live the King.
(The importance of people is relative, even the importance of kings. This is quoted very often to show the relative importance or value of people.)

El rey nunca se equivoca.
The King can do no wrong.
(Because he is, supposedly, above the law.)

Nuevo rey, nueva ley. *Vide*: LEY.

R REZAR
La familia que reza unida permanece unida. *Vide*: FAMILIA.

RICO
El diablo es grande amigo del hombre rico. *Vide*: DIABLO.

Es más fácil que un camello pase por el ojo de una aguja que un rico entre en el reino de los cielos.
It is easier for the camel to go through the eye of a needle, than for a rich man to enter into the kingdom of God.
(Matthew, San Mateo, 19.24. But regardless, people still want to become rich.)

Morir rico y vivir pobre.
Fools live poor to die rich.
(Misers live in poverty in order to hoard money so that they will die rich! Pathetic but true.)

Nadie de aquí rico se va; lo que tenga aquí lo dejará.
You can't take it with you when you die.
(This truism is not heeded, naturally.)

No es rico el que más ha, mas el que menos codicia.
He is rich that has few wants.
(This is said in order to comfort the poor.)

Por rico se puede tener el que con pobreza se aviene.
He is rich that has few wants.
(Again, this *refrán* is quoted to the poor to make them feel contented in their poverty.)

Quien se contenta con lo que ha, rico está.
He who is content in his poverty, is wonderfully rich.
(Cf. *Por rico se puede tener el que con pobreza se aviene.* These proverbs were obviously invented to keep the poor happy.)

RIESGO
A mayor riesgo, mayor cautela.
Look before you leap.
(The greater the risk, the more carful one must be.)

Donde no hay riesgo, no se gana mérito.
The more danger, the more honor.
(Also: *A más honor, más dolor.* There is little merit in getting something when a small risk is involved.)

RÍO

A gran río, pasar el último.
Don't go near the water until you learn how to swim.
(Rivers, water, equals danger. It urges people not to be hasty in going near the water.)

A río revuelto ganancia de pescadores.
It's good fishing in troubled waters.
(This refers to those who take advantage of unsettled situations in order to gain profit. A variant is: *Pescar en río revuelto.* L. *Piscari in turbido.*)

Cruzar el río sólo cuando lleguemos a su margen.
To cross a bridge when you come to it.
(It urges people not to be hasty, and take steps before the time comes.)

Cuando el río suena, agua lleva.
Where there are reeds, there is water.
There's no smoke without fire.
(When there are rumors, gossip, talk, etc. there is always a reason behind.)

De los arroyos chicos se hacen los grandes ríos.
Large streams from little fountains grow.
(Modest biginnings accomplish great deeds.)

De perdidos al río.
In for a penny, in for a pound.
As well be hanged for a sheep as for a lamb.
(Once committed to an undertaking, we might as well go all the way no matter what happens.)

Do más fondo el río hace menos ruido.
Still waters run deep.
(The implication is that those who know keep quiet. A learned man does not make a show of his knowledge as an ignorant man would. Also, what is quiet and still could hide danger.)

R

El río por donde suena se vadea.
Cross the stream where it is shallowest.
(Don't try to do things the hard way; make it easy for yourself: it's safest.
Ford the stream where it's less dangerous. Cf. *Dar tiento al vado.*)

RIQUEZA
La limpieza es media riqueza. *Vide*: LIMPIEZA.

Más vale la salud que la riqueza. *Vide*: SALUD.

ROBAR
A granero robado, cerradura y candado.
It's too late to spare when the bottom is bare.
(Once the harm's been done there is no use taking precautions.)

A robar, a Sierra Morena.
Highway robbery.
(Sierra Morena was a nest of bandits and highwaymen. These are not true
proverbs or *refranes* but very common sayings in both languages.)

Quien roba a un ladrón tiene cien años de perdón. *Vide*: ENGAÑAR.

Sin robar no se junta gran caudal.
Plain dealing is a jewel, but they that use it die beggars.
(Honesty will not make you rich; so says the proverb. Let's hope that both
proverbs are wrong.)

ROBLE
Muchos golpes derriban un roble.
Little strokes fell great oaks.
(With patience and little by little great things can be accomplished.)

Un solo golpe no derriba un roble.
An oak is not felled at one stroke.
(Usually this tag is added: *pero si muchos le dan, lo derribarán.* Cf. *Muchos golpes
derriban un roble.*)

ROGAR
A Dios rogando y con el mazo dando. *Vide*: DIOS.

ROMA

Quien lengua ha, a Roma va.
Better to ask than to go astray.
(Asking for directions is the best method for getting places.)

No se fundó Roma en una hora.
Rome was not built in a day.
(It took a long time to build Rome. These proverbs are quoted in response to those who show impatience with slow work or results. L. *Roma non fuit una die condita.*)

Por todas partes se va a Roma.
All roads lead to Rome.
(As the Roman road network was very good, it was true then that by following roads one could eventually reach Rome.)

Todos los caminos llevan a Roma.
All roads lead to Rome.
(Cf. *Por todas partes se va a Roma.* One can arrive at the same objective by different means.)

ROMPER

Cuerda triplicada difícil de romper. *Vide*: CUERDA.

ROPA

La ropa sucia se debe lavar en casa.
Don't wash your dirty linen in public.
(The implication is that family problems should be kept secret and should not be aired in public. In French: *c'est en famille, ce n'est pas en publique, qu'on lave son linge sale.*)

ROTO

Nunca falta un roto para un descosido.
Scabby donkeys scent each other over nine hills.
(The implication is that weak, unfortunate people get together with those who have the same problems. The saying is very popular in Spanish.)

RUIDO

Do más fondo el río hace menos ruido. *Vide*: RÍO.

Mucho ruido y pocas nueces.

Much cry and little wool.

(Another version, just as popular, is *Ser más el ruido que las nueces*. It refers to the fact that ofentimes walnuts are empty or dried up inside and once you start cracking them open you end up with little. See Julio Cejador, *Fraseología o estilística castellana*, for further information. A good variant is: *Más pan y menos manteles*.)

RUIN
Entre ruin ganado poco hay que escoger. *Vide*: GANADO.

S

SÁBADO

Sábado sin sol nadie lo vio.
There is never a Saturday without some sunshine.
(This weather-predicting proverb must be taken with a grain of salt, *cum grano salis*, naturally.)

SÁBANA

Extender la pierna hasta donde llega la sábana. *Vide*: EXTENDER.

SABER

El saber no ocupa lugar.
Knowledge is no burden.
(Knowledge does not take up too much space in one's head or is too much of a burden.)

No saber es como no ver.
There is no blindness like ignorance.
(The ignorant are like the blind in many ways. Var. *El que no sabe tanto es como el que no ve.*)

Quien de nada sabe, de nada duda.
When in doubt, do nowt.
(No need to doubt if you know nothing.)

Quien poco sabe, poco teme.
Ignorance is the mother of impudence.
(Ignorance is very daring and fearless because it doesn't know what may happen.)

Quien quiera saber que compre un viejo. *Vide*: VIEJO.

S

Saber es poder.
Knowledge is power.
(Proverbs, Proverbios, 14.5, *A wise man is strong; yea, a man of knowledge increaseth strength.* Francis Bacon said in his *Religious Meditations*: *Knowledge itself is power.* L. *Scientia potestas est.*)

Tal habrá que, sabiendo, no podrá; y tal hubo, que pudiendo no supo.
He that will not when he may, when he will he shall have nay.

Todo termina por saberse.
Murder will out.
(Sooner or later everything comes out, even murder. The French say: *tout finit par se savoir.*)

SABIO
De sabios es hablar poco y bien. *Vide*: HABLAR.

El sabio muda consejo, el necio no.
A wise man changes his mind, a fool never will.
(It's wise to change your mind when proven wrong. A var. *De sabios es mudar de parecer.*)

SACRISTÁN
Los dineros del sacristán, cantando vienen y cantando van. *Vide*: DINERO.

SAL
No comas mucha sal que te harás viejo.
Help you to salt, help you to sorrow.
(These two proverbs do not truly jibe, but they deal with salt.)

Quien no tiene sal, ¿qué puede guisar?
Salt seasons all things.
(Salt was the universal seasoning and an excellent preservative, and still is.)

Sin sal todo sabe mal.
Salt seasons all things.
(One variant: *No hay sabor tal como el de la sal.*)

SALSA
Más vale la salsa que los caracoles.
The sauce is better than the fish.
(Sometimes what's complementary is more important.)

SALTAR
Cuando menos se piensa salta la liebre. *Vide*: LIEBRE.

Quien mucho quiere saltar, de lejos lo ha de tomar.
One must draw back in order to leap better.
(If you want to accomplish great or difficult tasks you must prepare first. In this case you must retreat in order to leap better. From Montaigne: *Il faut reculer pour mieux sauter.*)

Saltar de la sartén y dar en las brasas. *Vide*: SARTÉN.

SALUD
La salud no es conocida hasta que es perdida.
Health is not valued till sickness comes.
(We don't value the gifts we possess until we lose them. We take health for granted until we become infirm and then we realize how wonderful it is not to be ill.)

Más vale la salud que la riqueza.
Health is better than wealth.
(Also: *Más vale la salud que el dinero.* This is a consolation to the poor.)

Primero la salud que el dinero.
Health is better than wealth.
(Those who have never been really sick don't know how wonderful health is.)

Salud y pesetas, salud completa.
Ready money is a ready medicine.
(It seems that health and money are two basic ingredients for happiness.)

Tenga yo salud, y dineros para quien los quisiere.
Health is better than wealth.
(This proverb contradicts *Salud y pesetas, salud completa.*)

S

SALVAR

Sálvese quien pueda.
Every man for himself.
(This is shouted when in danger or imminent disaster.)

SAN

San Bernabé le quita al buey la mosca y al burro le hace peer.
Barnaby bright, Barnaby bright, the longest day and the shortest night.
(Barnaby's day is the 11th. of June and the Spanish *peer* means to fart. These two proverbs have Barnaby in common.)

SANAR

Con lo que Pedro adolece, Sancho sana.
One man's meat is another man's poison.
(What's good for one is bad for another.)

SANGRE

La sangre tira.
Blood is thicker than water.
(It was believed that relatives had the same blood and so, in this case, blood refers to the next of kin.)

SANIDAD

Limpieza y sanidad son amigos de verdad. *Vide*: LIMPIEZA.

SANTO

A cada santo le llega su veranillo.
Every dog has his day.
(Every one has his wonderful day, his day of glory.)

Debajo del manto, otras cosas esconde el santo.
The greater the sinner, the greater the saint.
(These two proverbs do not have exactly the same meaning but they both mention sinning as part of sainthood.)

Desvestir a un santo para cubrir a otro.
Do not rob Peter to pay Paul.
(To fix one thing and ruin another. Also: *Desnudar a San Pedro para vestir a San Pablo, no lo ideara el diablo.*)

Puerta abierta al santo tienta. *Vide*: PUERTA.

S

SARDINA
Arrimar el ascua a su sardina (a la de uno.)
To draw water to one's mill.
(To try to do things in such a way as to make one's position more advantageous. Also: *Llevar uno el agua a su molino*, which is closer to the English version.)

SARNA
Sarna con gusto no pica.
A burthen of one's own choice is not felt.
(What is to one's liking, no matter what it may be or how terrible, is happily accepted. *Sarna* is mange.)

SARTÉN
Dijo la sartén al cazo: quítate que me tiznas.
The pot called the kettle black.
(This is said to reprimand those who, having a lot to be silent about, criticise others. There are several: *Dijo la sartén a la caldera, quítate allá, que me tiznas; dijo el asno al mulo: tira allá, orejudo.*)

Saltar de la sartén y dar en las brasas.
To jump from the frying pan into the fire.
(Also: *Salir del lodo y caer en el arroyo; salir de lodazales y caer en cenagales; salir de laguna y entrar en mojadas.* Tertullian [c. 160-225] said: *De calcaria in carbonariam pervenire.*)

SASTRE
Cien sastres y cien molineros, y cien tejedores, son trescientos ladrones.
A hundred tailors, a hundred millers and a hundred weavers are three hundred thieves.
(It seems that tailors, millers and weavers did not enjoy a good reputation among the public!)

SAYO
Según sea el paño, hazte el sayo. *Vide*: PAÑO.

SECRETO
Secreto de tres, secreto no es.
Three may keep a secret if one of them is dead.

S Three may keep counsel, if two be away.
(It's clear that two may, only may, keep a secret, but three cannot.)

SEGUIR
El que la sigue, la mata.
Perseverance kills the game.
(If you want something badly keep trying until you get it.)

Quien la sigue, la consigue. *Vide*: CONSEGUIR.

SEGURO
Cuando la zorra predica no están seguros los pollos. *Vide*: ZORRA.

SEMBRAR
El que siembra temprano tiene. *Vide*: TEMPRANO.

Quien mal siembra, mal coge.
As you sow, so you reap.
As you sow, so shall you reap.
As one sows, so must one reap.
(You will be rewarded according to your acts. Gálatas, Galatians, 6.7, *Pues lo que el hombre siembre, eso mismo cosechará, whatsoever a man soweth, that shall he also reap.*)

Quien siembra vientos recoge tempestades.
He who sows the wind shall reap the whirlwind.
(Hosea, Oseas, 8.7, says: *They have sown the wind, and they shall reap the whirlwind, siembran vientos y recogerán tempestades.*)

SENDA
Para volver a la buena senda siempre es tiempo. *Vide*: TIEMPO.

SENTENCIA
Más vale mala avenencia que buena sentencia. *Vide*: AVENENCIA.

SEÑOR
De lo que eres señor, eres mantenedor.
He who gets does much, he who keeps does more.
(Those who keep what they have, do a lot. Those who squander, keep not.)

De todo hay en la viña del Señor.
It takes all sorts to make a world.
(Cervantes, Don Quijote, II, Cap. 6: *...no todos los caballeros pueden ser cortesanos, ni todos los cortesanos pueden ni deben ser caballeros andantes: de todo ha de haber en el mundo...*)

SEPULTURA

De grandes cenas están las sepulturas llenas.
Many dishes make many diseases.
You dig your grave with your teeth.
(Overeating, as we know today, is certainly not good for our health.)

SERVIR

Ni sirvas a quien sirvió, ni pidas a quien pidió.
Neither beg of him who has been a beggar, nor serve him who has been a servant.
(Another says: *Sirve a señor noble aunque sea pobre*, because it's not a good idea to serve those who have been servants as they are obnoxious and bossy and lack class and style. Those who have been through hell want others to have a taste of it.)

Quien a otro sirve no es libre.
He who serves is not free.
(Because he must take orders and give of his time and efforts. Another proverb says: *Servir es ser vil.*)

Quien sirve a muchos no sirve a ninguno.
No man can serve two masters.
(Matthew, San Mateo, 6.24, *No man can serve two masters: for either he will hate the one, and love the other; or else he will hold to the one, and despise the other. Ye cannot serve God and Mammon. Nadie puede ser esclavo de dos señores, porque aborrecerá al uno y amará al otro, o bien despreciará a uno y afeccionará al otro. No podés servir a Dios y al dinero.*)

Quien supo servir, sabrá regir.
One must be a servant before one can be a master.
(Those who are used to obeying orders can issue them better. Practice makes perfect.)

Si quieres ser bien servido, sírvete a ti mismo.

If you want a thing well done, do it yourself.
(There is nothing like doing things oneself.)

SESO

A quien Dios quiere perder le quita antes el seso. *Vide*: DIOS.

SESUDO

El bobo, si es callado, por sesudo es reputado. *Vide*: BOBO.

SILLA

Más vale perder la silla que el caballo. *Vide*: CABALLO.

SOGA

Cuando te dieren la vaquilla, corre con la soguilla. *Vide*: VACA.

Echar la soga tras el caldero.
Don't throw the baby out with the bath water.
(To ruin everything. The rope and the bucket are needed in order to draw water from a well. If you lose the bucket and throw the rope in also, everything is lost. Don Quijote, II,IX, says to Sancho: *No hay que deshacerse de lo esencial por lo accesorio.* And also: *... tengamos la fiesta en paz y no arrojemos la soga tras el caldero.*)

Más tira moza que soga.
Beauty draws more than oxen.
(Also: *Más tira coño que soga. Más tiran tetas que sogas ni guindaletas. Coño*, of course, is cunt or pussy which, according to the Castilian, proverb draws more than ropes. Also: *Arrastran más dos tetas que cien carretas.*)

No hay que mentar la soga en casa del ahorcado.
Never mention rope in the house of a man who has been hanged.
(This proverb urges people not to bring up subjects in conversation which might be painful to one of the parties. One should be tactful at all times.)

Siempre quiebra la soga por lo más delgado.
The chain is no stronger than its weakest link.
The thread breaks where it is weakest.
(We are as strong as our weakest point. Also, the weak are always at the mercy of the strong and they are the ones who break.)

SOL

Sábado sin sol nadie lo vio. *Vide*: SÁBADO.

No hay nada nuevo bajo el sol.
There is nothing new under the sun.
(L. *Nihil sub sole novum.* Everything is old hat.)

Para todos sale el sol.
The sun shines upon all alike.
(L. *Sol lucet omnibus.* Var. *Cuando el sol sale, para todos sale.*)

SOLANO

Solano, ni en invierno ni en verano.
When the wind is in the east, 'tis neither good for man nor beast.
(The East wind, *solano*, is not good. A var. *Solano, malo de invierno, peor de verano.*)

SOLO

Más vale solo que mal acompañado.
Better be alone than in ill company.
(This proverb is quoted whenever someone complains that he/she is alone. Needless to say that no company is better than bad company. Also: *Más vale soltero andar que mal casar.*)

SONAR

Lo que sea sonará.
What will be, will be.
(The implication is that we must wait and see what happens.)

SOÑAR

Quien anda descalzo sueña con buenos zapatos.
If wishes were horses, beggars would ride.
(The Castilian proverb implies that we are obsessed with what we lack, and wish to have it so badly we even dream about it. Obviously, the proverb is older than Freud's *The Interpretation of Dreams.*)

SOPLAR

Soplar y sorber, no puede ser.
You can't have your cake and eat it too.
(One can't do or have two things at the same time. Also: *Comer y beber, todo no puede ser.*)

S

SOPLO
La vida de un hombre es un soplo. *Vide*: HOMBRE.

SORDO
No hay peor sordo que el que no quiere oír.
There's none so deaf as those who will not hear.
(*Il n'y a pas de mauvais sourd, qui celui qui ne veut pas entendre*, they say in French.)

SORPRESA
Amor y guerra tienen batallas y sorpresas. *Vide*: AMOR.

SUEGRA
No se acuerda la suegra que fue nuera.
The mother-in-law remembers not that she was a daughter-in-law.
(We tend to forget hard times.)

SUEÑO
Sueño sosegado no teme nublado.
A quiet conscience sleeps in thunder.
(Honest people who have a clean conscience sleep soundly.)

SUERTE
La suerte está echada.
The die is cast.
(Julius Caesar: *Iacta alea est* when he crossed the Rubicon.)

SUFRIR
A quien esperar y sufrir puede, todo en su tiempo le viene. *Vide*: ESPERAR.

Mientras fueres yunque, sufre como yunque, y cuando fueres mazo, hiere como mazo. *Vide*: YUNQUE.

SUSTO
Sustos y disgustos matan a muchos. *Vide*: DISGUSTO.

T

TAJO

A tal tajo, tal revés.
Tit for tat is fair play.
(*Tajo*, slash, cut; *revés*, backhanded slap. Cf. *Hacer como hacen no es pecado*.)

TAL

Tal para cual, María para Juan.
Every Jack must have his Jill.
(Cf. *Díos los cría y ellos se juntan*.)

Tal para cual, Pedro para Juan.
What is sauce for the goose is sauce for the gander.
(The one is the equal of the other. The English proverb explains that all things being equal, what is good for the one is good for the other.)

TARDE

Más vale tarde que nunca.
Better late than never.
(Iribarren tells the story of the Greek philosopher Diogenes who when he told a friend he was going to study music he was told, *Iam senex discis*, you are too old to learn, replied: *Praestantius sero doctum esse, quam nunquam*, better late than never. We must suppose this was taken from a Latin writer, Livy [59 B.C.-17 A.D.] in his *History, Ab urbe condita*.)

Nunca es demasiado tarde para enmendar.
It's never too late to mend.
(To mend one's own ways is good, no matter when, even if late.)

Nunca es tarde si la dicha es buena. *Vide*: DICHA.

Para aprender nunca es tarde. *Vide*: APRENDER.

T

Para aprender y tomar consejo nunca es tarde. *Vide*: APRENDER.

Siempre es tarde cuando se llora.
It's too late to grieve when the chance is past.
(We always recognize our mistakes after we have made them, when it's too late.
But Cf. *Nunca es demasiado tarde para enmendar*.)

TAREA
Tarea que agrada presto se acaba.
All things are easy that are done willingly.
(We all enjoy performing tasks we like.)

TEMER
Haz tu deber, y no habrás de qué temer. *Vide*: DEBER.

Sueño sosegado no teme nublado. *Vide*: SUEÑO.

TEMPESTAD
Después de la tempestad viene la calma.
The darkest hour is that before the dawn.
After a storm comes a calm.
A calm is most welcome after a storm.
(A var. *Después de la tormenta viene la calma*.)

No hay tempestad que mucho dure.
Lightning never strikes twice in the same place.
No hay tempestad que mucho dure.
(The implication in both instances is that misfortunes don't strike twice or last long.)

Siembran vientos y recogerán tempestades. *Vide*: VIENTO.

TEMPRANO
Acostarse temprano y levantarse temprano, hace al hombre activo, rico y sano. *Vide*: ACOSTARSE.

El que siembra temprano, tiene.
The early man never borrows from the late man.
(In both cases the farmer is urged to sow early. Those who don't, don't have, or must borrow later.)

No por mucho madrugar amanece más temprano. *Vide*: MADRUGAR.

TEN
Ten con ten y conten.
Measure is treasure.

TENER
Cuanto más se tiene más se quiere.
The more you have, the more you want.
The more you get the more you want.
(Also: *Cuanto más poseo, más deseo.*)

Más vale tener que desear.
Better to have than to wish.
(Obviously!)

Quien primero viene, primero tiene. *Vide*: PRIMERO.

Tanto tienes, tanto vales.
A man's worth is the worth of his land.
(From the L. *Quantum habebis, tantus erit.*)

TERCERA
A la tercera va la vencida.
Third time lucky.
The third time pays for all.
(Number three has always been lucky. L. *Onme trinium perfectum.*)

TERMINAR
Todo termina.
Everything has an end.
(Another proverbial truism!)

TÉRMINO
En el término medio está la virtud. *Vide*: VIRTUD.

TESTIGO
La buena conciencia vale por mil testigos. *Vide*: CONCIENCIA.

TIEMPO

A mal tiempo buena cara.
Grin and bear it. / To put a good face on a bad business.
(We must accept weather changes with a grin, *buena cara*, because there's nothing else we can do about it. However the implication is that we must endure hard times as best we can.)

Al tiempo el consejo.
Time will show.
(Time tells us what we want to know; it's only a question of patience.)

Amar y no ser amado es un tiempo mal empleado. *Vide*: AMAR.

Cada cosa a su tiempo.
There is a time for everything.
(Ecclesiastes, Eclesiastés, 3.1, *To everything there is a season and a time to every purpose under the heaven. Hay un momento para todo y un tiempo para cada acción bajo el cielo.* This Spanish saying has a tag to it: *y los nabos en adviento.*)

Con el tiempo y la paciencia se adquiere la ciencia. *Vide*: PACIENCIA.

El tiempo corre que se las pela.
Time flees away without delay.
(L. *Tempus fugit.*)

El tiempo cura al enfermo, que no el ungüento.
Time is a great healer.
(Time cures all ills, physical and spiritual.)

El tiempo cura las cosas.
Time is a great healer.
(Cf. *El tiempo cura al enfermo, que no el ungüento.*)

El tiempo es oro.
Time is money.
(In the business sense. So many dollars, so many hours.)

El tiempo todo lo cura y todo lo muda.
Time is the great healer.
(Time helps us forget and change.)

El tiempo todo lo descubre.
Time tries truth.
(Eventually truth comes out; it's only a question of time.)

El tiempo vuela.
Time flies.
(Vergil [70-19 B.C.] said in the *Aeneid*: *Sed fugit interea, fugit inreparabile tempus*; time meanwhile flies, flies never to return. L. *Tempus fugit*.)

Luna llena brillante, buen tiempo por delante. *Vide*: LUNA.

Múdanse los tiempos, múdanse las condiciones.
Other times, other manners.
(The French put it thus: *Autres temps, autres moeurs*. L. *O tempora, o mores*.)

No hay mal que el tiempo no alivie su tormento.
Time tames the strongest grief.
(With the passing of time our grief lessens because we forget.)

No hay tal vencedor como el tiempo.
Time devours all things.
(Because time conquers all.)

Para volver a la buena senda siempre es tiempo.
It's never too late to mend.
(It's never late to take the right path in life.)

Quien tiempo toma, tiempo le sobra.
Busiest men find the most leisure time.
(Those who don't hurry and take it easy have plenty of time to spare.)

Tiempo ido, nunca más venido.
Things past cannot be recalled.
(And there is no sense in crying over spilt milk.)

Tiempo ni hora no se ata con soga.
Time and tide wait for no man.
(There is no way of stopping the clock.)

T **Todo lo cura el tiempo.**
Time cures all things.
(Cf. *El tiempo cura las cosas.*)

Todo lo muda el tiempo.
Times change, and we with them.
(L. *Omnia mutantur, nos et mutamur,* all things are changing, and we are changing with them. Note that the Spanish proverb uses the word *todo,* which includes us, of course.)

Vuela el tiempo como el viento.
Time has wings.
(It's difficult to keep pace with time.)

Ya vendrán tiempos mejores.
There's a good time coming.
(This is said as a way of consolation when we hit hard times.)

TINO
A mucho vino, poco tino. *Vide*: **VINO.**

TIÑA
Si la envidia fuera tiña, muchos tiñosos habría. *Vide*: **ENVIDIA.**

TIRO
Matar dos pájaros de un tiro. *Vide*: **PÁJARO.**

TIZNAR
Dijo la sartén al cazo: quítate que me tiznas. *Vide*: **SARTÉN.**

TODO
Lo que todos dicen algo debe ser. *Vide*: **DECIR.**

Tiene que haber de todo en este mundo.
It takes all sorts to make a world.
(People are different: some are good, some bad; some are short, some tall; we must try to accept averyone. Cf. *De todo hay en la viña del señor.*)

Todo es bueno y pan para casa.
All is fish that comes to the net.
(When in need, everything is good.)

T

TOMAR
Más vale un toma que dos te daré. *Vide*: VALER.

Tomar las cosas a pechos, da fin a los hechos. *Vide*: PECHO.

TONEL
El tonel vacío mete más ruido. *Vide*: VACÍO.

TONTO
Los niños y los tontos no saben mentir.
Children and fools cannot lie.
(L. *Ex ore parvulorum veritas*, because they are naive, supposedly.)

Todos los tontos son dichosos.
Children and fools have merry lives.
(L. *Risus abundat in ore stultorum*. The implication is that they are happy
because they don't know any better!)

TORMENTA
Después de la tormenta viene la calma.
After a storm comes a calm.
(Nothing lasts for ever and after hard times we usually enjoy peaceful
moments. Also: *Después de la tempestad viene la calma. Tras tormenta, gran
bonanza.*)

Gran nao, gran tormenta.
A great tree attracts the wind.
High winds blow on high hills.
(Big, important things attract many problems.)

TORO
Al toro hay que cogerlo por los cuernos.
The bull must be taken by the horns.
(The implication is that we must face reality come what may.)

T TORTILLA

No se hacen tortillas sin tocar los huevos.
You cannot make an omelette without breaking eggs.
(From the French *on ne fait d'omelette sans casser des oeufs*. Needless to say that the *tortilla* above has nothing to do with Mexican *tortillas*. Also, no pun is intended in this Spanish saying.)

TOS

Una tos seca es de la muerte trompeta.
A dry cough is the trumpeter of death.
(Consumption was heralded by a dry cough and people feared tuberculosis more than anything else in life, and rightly so. Nowadays we have new diseases that modern man dreads just as much.)

TRABAJAR

En esta vida caduca el que no trabaja no manduca.
No mill, no meal.
(The French say: *Il faut travailler, qui veut manger*. L. *Si quis non vult operari, nec manducet.*)

Trabajar para manducar.
If you won't work you shan't eat.
(Paul, San Pablo, Thessalonians II, Tesalonicenses II, 3.10, *For even when we were with you, this we commanded you, that if any would not work, neither should he eat. En efecto, cuando todavía estábamos con vosotros, os dimos esta norma: el que no trabaje, que no coma.*)

TRABAJO

A más manos, menos trabajo. *Vide*: **MANO.**

Los trabajos vienen al trote y se van al paso.
Misfortune arrives on horseback and departs on foot.
Mischief comes by the pound and goes away by the ounce.
(By *trabajos* it is meant misfortunes, which come speedily but depart slowly.)

TRAJE

Por el traje se conoce al personaje.
Fine feathers make fine birds.
(The way a man dresses tells us what kind of person he is in spite of the fact that other proverbs hold the contrary: Cf. *El hábito no hace al monje*.)

T

TRATO
Lo tratado es lo tratado.
A deal is a deal.
(Also: *El trato es trato*. We must honor our word.)

TRECHO
Del dicho al hecho hay un gran trecho. *Vide*: DICHO.

TRES
No hay dos sin tres. *Vide*: DOS.

TRIPA
Hacer de tripas corazón.
What can't be cured must be endured.
(Cf. *Mal que no tiene cura, hacerlo curar es locura.* Also: *Buen remedio es olvidar lo que no puedes enmendar.*)

TRONAR
Nos acordamos de Santa Bárbara cuando truena. *Vide*: BÁRBARA.

TROPEZAR
El ciego que ha tropezado le echa la culpa al mal empedrado. *Vide*: CIEGO.

TUERTO
En el país de los ciegos, el tuerto es rey. *Vide*: CIEGO.

TUYO
Mío y tuyo es causa de todos los males.
Meum, tuum, suum, set all the world together by the ears.
(Don Quixote has a famous chat with Sancho about the *Edad de Oro* and the *Edad del Hierro* on the idea of mine and yours.)

U

ÚLTIMO

Para el último no hay cuchara.

The early man never borrows from the late man.

(The implication here is that the late man ends up with nothing. It's better to be an early bird. Cf. *El que madruga, Dios le ayuda* and *el que madruga coge la oruga*.)

UNO

Más vale uno en paz que ciento en guerra.

Better a lean peace than a fat victory.

(Certainly peace -and quiet- is best.)

Uno y ninguno todo es uno.

One and none is all one.

(One equals nothing. For these proverbs one is just not enough.)

USO

El uso hace maestro.

Use makes mastery.

Use is all.

(Use, practice, is everything. L. *Usus magister est optimus*.)

UVA

Uva podrida daña racimo.

The rotten apple injures its neighbors.

(The implication is that what's bad is a negative influence on others.)

V

VACA
Cuando te dieren la vaquilla, corre con la soguilla.
Put out your tubs when it is raining.
(Cf. *Cuando te dieren el anillo, pon el dedillo.* Don't let a good opportunity pass you by.)

VACÍO
El tonel vacío mete más ruido.
Empty vessels make the most sound.
Toom bags rattle.
(The ignorant talk too much and brag a lot.)

VADEAR
El río por donde suena se vadea. *Vide*: RÍO.

VADO
Dar tiento al vado.
No safe wading in an unknown stream.
(*Dar tiento* is to feel. Before fording a stream, it's important to know how deep it is. The implication is that we must take measures before treading shifty sands.)

Ni pases vado ni duermas en prado.
No safe wading in an unknown stream.
(Both are dangerous. Cf. *Dar tiento al vado.*)

VALER
Hombre prevenido vale por dos. *Vide*: HOMBRE.

Más vale. *Vide*: MÁS VALE.

Más vale fortuna que consejo ni industria. *Vide*: FORTUNA.

Más vale un toma que dos te daré.
Better is one *accepi*, than twice to say *Dabo Tibi*.
One take it is more worth than two thou shalt have it.
(The Spanish saying is very well-known.)

Tanto tienes, tanto vales. *Vide*: TENER.

Tanto una cosa valdrá cuanto por ella darán.
The worth of a thing is what it will bring.
(L. *Valet quantum vendi potest.*)

VALIENTE
A quien más que tú es valiente, no le muestres el diente.
Be not too bold with your biggers or betters.
(Beware of being too bold with those who can defeat or harm you in any way.)

Lo cortés no quita lo valiente.
There's nothing lost by civility.
Courtesy costs nothing.
(The Castilian proverb implies that the fact that someone is polite does not mean he is a coward.)

VARA
A la mujer y a la mula, vara dura. *Vide*: MUJER.

Quien ahorra la vara odia a su hijo.
He that spareth the rod hateth his son.
(Proverbios, Proverbs, 13.24, *He that spareth his rod hateth his son: but he that loveth him chasteneth him betimes. El que usa la vara odia a su hijo, pero el que le ama le prodiga la corrección.* Needless to say that the rod is not popular nowadays.)

VARIEDAD
En la variedad está el gusto.
Variety is the spice of life.
(*Está* is often changed to *consiste.*)

La variedad es la madre de la amenidad.
A change is as good as a rest.
(Variety, change, is the mother of interest. Our interest is enhanced if we change activities.)

VARÓN
En la casa de bendición, primero hembra y después varón. *Vide*: HEMBRA.

VECINO
Buen abogado, mal vecino. *Vide*: ABOGADO.

VEJEZ
Guardar para la vejez, acierto es. *Vide*: GUARDAR.

La vejez, grave enfermedad es.
Old age is sickness of itself.
(Also: *La vejez no viene sola*, because it comes with infirmities and pain.)

VELA
Cada palo aguante su vela. *Vide*: PALO.

Vela que arde por las dos puntas, poco dura.
You can't burn the candle at both ends.
(The implication is that too much activity leads to no good.)

VENDER
Compra en la plaza y vende en tu casa. *Vide*: COMPRAR.

No vendas la piel del oso antes de haberlo muerto.
Don't sell the skin before you have caught the bear.
(This implies that it is a mistake to bank on future winnings.)

Quien compra ha de tener cien ojos; a quien vende le basta uno solo. *Vide*: COMPRAR.

Si el necio no fuese al mercado no se vendería lo malo. *Vide*: NECIO.

VENTANA
Los ojos son la ventana del corazón. *Vide*: OJO.

VENTURA

Buena ventura, poco dura.
The mirth of the world dureth but a while.
(This pessimistic proverb is in keeping with the *Zeitgeist* of a few centuries ago.)

Cada uno con su ventura.
No flying from fate.
(Each one has his fate in life.)

Cuando la mala ventura duerme, nadie la despierte.
When sorrow is asleep, wake it not.
(Cf. *Let sleeping dogs lie.*)

La ventura sólo pasa una vez por cada casa.
Fortune knocks once at everyone's door.
(These proverbs urge us not to miss opportunities because they only come once.)

VER

No hay mayor ciego que el que no quiere ver. *Vide*: CIEGO.

No saber es como no ver. *Vide*: SABER.

Para bien creer no hay cosa como ver. *Vide*: CREER.

Ver para creer.
Seeing is believing.
(There is no room for blind faith in the *refranero*.)

VERANO

A cada pajarillo le llega su veranillo. *Vide*: PÁJARO.

Una golondrina no hace verano. *Vide*: GOLONDRINA.

VERAS

Las burlas se vuelven en veras. *Vide*: BURLA.

VERDAD

Algunas veces dice el diablo la verdad. *Vide*: DIABLO.

Bromeando, bromeando, amargas verdades se van soltando. *Vide*: **BROMEAR.**

Donde entra el vino la verdad sale.
What soberness conceals, drunkenness reveals.
(Cf. *La ebriedad es amiga de la verdad*.)

En el vino, la verdad.
There is truth in wine.
(From Pliny the Elder [A.D. 23-79], who made this saying famous, in his *Natural History*: *In vino veritas*.)

La ebriedad es amiga de la verdad.
What soberness conceals, drunkenness reveals.
(Drunks have big mouths and tell all.)

La verdad padece, mas no perece.
Truth will conquer.
(Also: *La verdad adelgaza, pero no quiebra*. In the end truth conquers. In Latin: *magna est veritas et praevalebit*, truth is mighty and will prevail.)

La verdad y el aceite nadan siempre encima.
Truth and oil are ever above.
(Truth can't be hidden and it's always above, where it can be seen.)

Los niños y los locos dicen la verdad.
Children and fools tell the truth.
(L. *Ex ore parvulorum veritas*. Both tell the truth because they are naive and lack experience. The implication is that the rest lie all the time!)

Quien dice las verdades pierde las amistades.
Truth finds foes, where it makes none.
(L. *Veritas odium parit*, truth fosters hate, resentment and enmity.)

Sacar de una mentira una verdad. *Vide*: **MENTIRA.**

Toda verdad no es para dicha.
All truth is not always to be told.
(A white lie, a fib, in the nick of time can save the day and we will not be the worse for it.)

VERGÜENZA

Donde no hay vergüenza no hay virtud.

He that has no shame, has no conscience.

(The implication is that those who don't have shame, *vergüenza*, don't care a hoot about others.)

Quien no tiene vergüenza, toda la calle es suya.

He who is without shame, all the world is his.

(Because lack of *vergüenza* makes people bold; they have no qualms about treading on others.)

Vergüenza es madre de virtud.

So long as there is shame, there is hope for virtue.

(Because *vergüenza* or shame keeps people in check.)

VICIO

La ociosidad es la madre de todos los vicios.

Idleness is the root of all evil.

The devil finds work for idle hands (to do).

(L. *Omnium malorum origo otium.* In French it is said that *l'oisiveté est la mère de tout vice,* and also *Qui ne fait rien, fait mal.*)

VIDA

Buena vida, arrugas trae.

Those who live comfortably, live long.

(The good life makes you live long and so you will get many wrinkles on your face.)

En esta vida caduca el que no trabaja no manduca. *Vide*: TRABAJAR.

Mientras hay vida, hay esperanza.

While there's life, there's hope.

(Terence [c. 194-159 B.C.], in *Heautontimoroumenos, The Executioner of oneself,* wrote: *Modo liceat vivere, este spes.*)

VIDRIO

Quien tiene tejado de vidrio no tire piedras al de su vecino. *Vide*: PIEDRA.

VIEJO

Antes faltarán peces en el mar que le falten al viejo cosas que contar.

An old man never wants a tale to tell.
(The old are garrulous. They love to spin a yarn!)

De joven se puede llegar a viejo; pero de viejo, sólo soltar el pellejo. *Vide*:
JOVEN.

El buey viejo da mayor patada en el suelo. *Vide*: **BUEY.**

El viejo desvergonzado hace al niño osado.
There's no fool like an old fool.
(The meaning of these two proverbs is not exactly the same, but they'll have
to do for now. Old folks who act like fools, *desvergonzados*, make people lose
respect for them. The English saying implies that an old fool is the worst
fool. Also: *La cabeza blanca y el seso por venir.*)

Las más de las cosas viejas son mejores que las nuevas.
Old customs are best.
(Yet it is said otherwise in Cf. *Lo nuevo sabe a bueno.*)

Los viejos, a la vejez, se tornan a la niñez.
Old men are twice children.
(Because they dote and become senile.)

Más quiero viejo que me regale que mozo que me mande.
Better be an old man's darling than a young man's slave.
(A good variant is: *Más quiero viejo que me ruegue que galán que me abofetee.* These
two proverbs advise women about marriage.)

Más sabe el diablo por viejo que por diablo. *Vide*: **DIABLO.**

No comas mucha sal que te harás viejo. *Vide*: **SAL.**

No hay viejo pecador.
Old cattle breed not.
(Because they have lost the fires of youth.)

Pájaro viejo no entra en jaula. *Vide*: **PÁJARO.**

Parientes y trastos viejos, pocos y lejos. *Vide*: **PARIENTES.**

Pasando el tiempo llegamos a viejos.
Old age comes stealing on.
(Old age creeps up on us. These proverbs are truisms; platitudes even.)

Quien quiera saber que compre un viejo.
If you wish good advice, consult an old man.
(Because they have experience, and just love to give advice.)

Viejo que se cura, cien años dura.
A creaking gate hangs long.
(These two proverbs do not overlap completely but they do have something in common: those who complain and take care of themselves last long.)

VIENTO
Quien contra el viento mea, mojado queda. *Vide*: MEAR.

Palabras y plumas el viento las lleva. *Vide*: PALABRA.

Siembran vientos y recogerán tempestades.
They have sown the wind, and they shall reap the whirlwind.
(Oseas, Hosea, 8.7, *They have sown the wind, and they shall reap the whirlwind, siembran vientos y recogerán tempestades.*)

Veletas y mujeres, a cualquier viento se vuelven. *Vide*: MUJER.

VILLANO
Juegos de manos, juegos de villanos. *Vide:* JUEGO.

VINO
Amigo y vino, el más antiguo. *Vide*: AMIGO.

A mucho vino, poco tino.
When the wine is in, the wit is out.
(Much drinking affects people negatively.)

Donde entra el mucho vino, sale el tino.
When the wine is in, the wit is out.
(Also: *El vino es ganzúa de la verdad.* Drinking in excess is not a good idea, to say the least.)

Donde entra el vino la verdad sale. *Vide*: **VERDAD.**

El buen vino no ha menester pregonero.
Good wine needs no bush.
(There is no need to advertise good wine. Marketing people probably would question this saying. *Pregonero*: town crier.)

El buen vino no ha menestar ramo.
Good wine needs no bush.
(Cf. *El buen vino no ha menester pregonero*. In ancient times taverns had a bush outside the door.)

El vino anda sin calzas.
Wine wears no breeches.
(Simply because it tells the *naked* truth and doesn't *cover up* anything. A variant: *El vino anda sin bragas*.)

El vino y la mujer, el juicio hacen perder.
Wine and wenches empty men's purses.
(Probably the Castilian proverb is kinder to women, all things being equal.)

En el vino, la verdad. *Vide*: **VERDAD.**

Naipes, mujeres y vino, mal camino. *Vide*: **MUJER.**

VIÑA
De todo hay en la viña del Señor. *Vide*: **SEÑOR.**

VIRTUD
En el término medio está la virtud.
More than enough is enough.
(Horace: *In media res*. This one teaches moderation.)

VISITA
Visitas, pocas y cortitas.
A constant guest is never welcome. / Fish and guests stink after three days.
(Also: *Las visitas, raras y no reposadas*. The Bible says: *Pon rara vez el pie en casa de tu vecino, no sea que se canse de ti y te aborrezca. Withdraw thy foot from thy neighbour's house; lest he be weary of thee, and so hate thee.* Proverbios, Proverbs, 25.18.)

VISITANTE
Antes seas deseado que visitante pesado.
Do not wear out your welcome.
(The implication is, of course, that visitors should make their stay as short as
possible so as not to wear out their welcome. Cf. *Visitas, pocas y cortitas*. Also:
Visita rara, convidado amable.)

VIVIR
Alegría ten y vivirás bien. *Vide*: ALEGRÍA.

Bien predica quien bien vive. *Vide*: PREDICAR.

Comer para vivir y no vivir para comer. *Vide*: COMER.

Cuando empezaste a vivir, empezaste a morir.
As soon as a man is born he begins to die.
(The contrary is: *Morir es nacer* and *morir es volver a vivir*. A sort of consolation:
the beginning is the beginning of the end.)

La mancebez sólo se vive una vez. *Vide*: MANCEBEZ.

Morir rico y vivir pobre. *Vide*: RICO.

Quien mucho vive, mucho ve.
They that live longest, see most.
(More living, more experience.)

Vive y deja vivir.
Live and let live.
(We must try to live at peace with others. For further information *Vide*: **LIVE**
in English side.)

Vivir es sufrir.
Long life has a long misery.
(A rather pessimistic outlook on life but probably in keeping with the *Zeitgeist*
of the Middle Ages.)

Vivir para ver, y ver para saber.
Live and learn.
(Living is the best schooling.)

Y

YERBA

Mala yerba nunca muere.
A Bad penny always turns up.
(A bad lot -weed- is hard to get rid of.)

YERRO

Un yerro no se remedia con otro.
Two wrongs do not make a right.
Two blacks don't make a white.
(It's not good to repay evil with another evil.)

YUNQUE

Mientras fueres yunque, sufre como yunque; y cuando fueres mazo, hiere como mazo.
When you are an anvil, hold you still; when you are a hammer, strike your fill.
(Var.: *Cuando yunque, sufre; cuando mazo, tunde.* Act according to your circumstances.)

Z

ZAMORA
No se ganó Zamora en una hora.
Rome was not built in a day.
(In reference to the siege of Zamora by Sancho II in 1072. Difficult tasks take time to accomplish. Also: *No se ganó Toledo en un credo.* The saying has also this variation: *No se ganó Zamora en una hora, ni Roma se fundó luego toda.*)

ZAPATERO
Zapatero, a tus zapatos.
Shoemaker, stick to your last.
(L. *Sutor, ne supra crepidam.* It implies that we should stick to what we know something about. The origin is the story of Pliny about a shoemaker who criticized the way a painter had drawn a shoe in one of his canvases. When the cobbler saw that his criticism had been accepted proceeded boldly to take objection to the painting as a whole. The artist then said the expression which has come down to us as: *Zapatero, a tus zapatos.*)

ZAPATO
Cada cual sabe dónde le aprieta el zapato.
Only the wearer knows where the shoe pinches.
(Plutarch, *Parallel Lives*, in the life of the Roman Emilius Paulus, tells an anecdote which is the origin of the saying in Western languages. For further information *Vide*: **SHOE** in English side.)

Quien anda descalzo sueña con buenos zapatos. *Vide*: **SOÑAR**.

ZORRA
Cuando la zorra predica no están los pollos seguros.
When the fox preaches, then beware your geese.

(When certain people pontificate, we must beware and reach for our wallets.
Whenever politicians start talking about the National Debt, taxes go up soon
after!)

ZURRÓN
Zurrón de mendigo, nunca henchido.
Beggars' bags are bottomless.
(*Zurrón*: shoulder bag, bag. This illustrates quite well the popular belief that
beggars are greedy!)

BIBLIOGRAPHY - BIBLIOGRAFÍA

Borrás, José. **Diccionario citador de máximas, proverbios, frases y sentencias...** (Barcelona: Imprenta de Indar, 1836).

Burroughs, Barkham. **Encyclopaedia.** (New York: Bonanza, 1989). Reprint of the 1889 edition.

Burton, Robert. **The Anatomy of Melancholy.** (London: Everyman's Library, 1932).

Carbonell Basset, Delfín. **Diccionario fraseológico/A Phraseological Dictionary, inglés castellano, castellano-inglés.** (Barcelona: Ediciones Del Serbal, 1995).

——-**Diccionario malsonante, inglés-castellano-inglés.** (Madrid: Ediciones Istmo, 1992).

Casares, Julio. **Nuevo diccionario inglés-español y español-inglés.** (Madrid: Editorial Saturnino Calleja, s.f.)

Caudet Yarza, F. **Los mejores refranes españoles.** (Madrid: M.E. Editores, 1994).

Cervantes, Miguel de. **El ingenioso hidalgo don Quijote de la Mancha.** (Madrid: Edaf, 1990).

Concise Dictionary of Quotations. (n.p.: Wm. Collins and Sons, Ltd., 1985).

Diccionario enciclopédico abreviado. (Madrid: Espasa-Calpe, 1957).

Fergusson, Rosalind. **The Penguin Dictionary of Proverbs.** (Oxford: Oxford UP, 1992).

Fernández, Mauro. **Diccionario de refranes.** (Madrid: Alderabán, 1994).

Guim, J.B. **Diccionario castellano.** (Paris: Librería de Rosa y Bouret, 1863).

Holy Bible. (Cambridge: Cambridge UP, n.d.).

Iribarren, José María. **El porqué de los dichos.** (Pamplona: Gobierno de Navarra, 1994).

Johnson, A. **Common English Proverbs.** (London: Longman's, Green and Co., 1958).

Laird, Charlton. **Webster's New World Thesaurus.** (New York: Warner Bros., 1990).

La Santa Biblia. (Madrid: Ediciones Paulinas, 1981).

Martínez Kleiser, Luis. **Refranero general ideológico español.** (Madrid: Editorial Hernando, 1980).

Rayner, John L. **Proverbs and Maxims.** (London: Cassell & Co., 1910).

Real Academia Española. **Diccionario de la lengua española**, vigésima primera ed., (Madrid: Real Academia, 1992.)

Select Proverbs. (London: J.M., 1707).

Shakespeare, William. **Complete Works.** (London: Spring Books, n.d.).

Simpson, John. **The Concise Oxford Dictionary of Proverbs.** (Oxford: Oxford UP.,1992).

Tegg, William. **Proverbs from Far and Near.** (London: Wm. Tegg and Co., 1875).

Traupman, John C. **Latin and English Dictionary.** (New York: Bantam Books, 1995).

Wilson, F.P. **Oxford Dictionary of English Proverbs.** (Oxford: Oxford Press, 1970).

Woods, Richard D. **Spanish Grammar and Culture through Proverbs.** (Potomac, Md.: Scripta Humanistica, 1989).